全国校本教研与校本课程数字出版平台
中国校本教研网 www.schooledu.com.cn
◎特别推荐◎

师道新说

给教育者的30条修炼箴言

徐 卫◎著

江蘇教育出版社

图书在版编目（CIP）数据

师道新说：给教育者的30条箴言/徐卫著. —南京：江苏教育出版社，2012.7

ISBN 978-7-5499-2055-6

Ⅰ.①师…　Ⅱ.①徐…　Ⅲ.①教师—修养　Ⅳ.①G451.6

中国版本图书馆CIP数据核字（2012）第139230号

书　　名	师道新说——给教育者的30条箴言
作　　者	徐　卫
责任编辑	韩宇新　马春霞
出版发行	凤凰出版传媒集团 凤凰出版传媒股份有限公司 江苏教育出版社（南京市湖南路1号A楼　邮编210009）
苏教网址	http：//www.1088.com.cn
集团网址	http：//www.ppm.cn
照　　排	润星之源文化有限公司
印　　刷	九洲财鑫印刷有限公司
厂　　址	河北省三河市灵山大口
开　　本	787毫米×1092毫米　1/16
印　　张	15.25
字　　数	242千字
版　　次	2012年7月第1版　2012年7月第1次印刷
书　　号	ISBN 978-7-5499-2055-6
定　　价	30.00元
邮购电话	025-85406265，85400774　短信　02585420909
E - mail	jsep@vip.163.com
盗版举报	025-83658837

苏教版图书若有印装错误可向承印厂调换

提供盗版线索者给予重奖

自 序

摸索在教育路上

男性——初当教师的通行证

1982年高考失利后，通过面向教师子女的小学教师招考，我进入了一所小学教书。学校说正需要一个体育老师。于是，很想当语文老师的我欣然接受了学校的安排，因为学校需要嘛。后来我才知道，连正规中等师范都没上过的我，别说不配教语文这样的主科，学校最后同意招我，也是看在我是男性，还可以教教体育的分上！庆幸的是，教体育让我感悟到教学就是与学生共同活动；庆幸的是，教体育的"悠闲"，让我通过自修获得了汉语言专业专科文凭。四年后，学校要求我改教语文并担任班主任。

杂牌——成就风格的双刃剑

在人们眼里，只有上过师范院校的老师才是"正规军"，而像我这样的只能算是教师队伍中的"杂牌军"。然而，正是因为没学过正规的教学套路，我特别敢想敢做，总能想出一些别出心裁的花样来进行语文教学和班级管理。在1986年第一次当班主任时，我就给班级写了"集体荣誉无上高"的班训并以此为题谱写了班歌。那年期末，我以亲切的对话形式为孩子们写学期评语，当时的教导主任还教导了我一番："小徐啊，你这种写法不严肃，评语应该更庄重些！"在视教材为圣经的1988年，我鼓励学生给人民教育出版社编辑写信反应教材的不当之处，给教材提意见，并有意识地在教学中增加了"我为课文找缺点"的教学环节。虽然我受到了孩子们的热烈欢迎，然而，课堂教学的随意性，学生成绩的不稳定等问题也不断暴露出来。我渐渐明白，教育，不能只靠热情，不能只凭兴致！掌握专业知识成了我的一大迫切需要。

良知——专业成长的内驱力

教师不能用自己的平庸去耽误孩子们不可复返的成长时光！随着对教育

的理解不断加深，我越来越明白了教育无小事的深层含义，并逐步形成了对师生关系及教师责任的认识：能在茫茫人海中与几十个孩子有缘成为师生实属不易。为此，我们应特别珍惜与学生们相处的有限日子，要努力让自己更加优秀，要努力避免因自己一时的疏忽给成长中的孩子留下心灵的阴影，要对学生的现在和未来负责任。我时常想，如果我的学生能遇到比我更优秀的老师，那么，他们不是就比遇到我更幸福了吗？每每想到这些，我就会告诫自己必须努力做到更优秀。在良知的驱动下，我的教育思想和教学理念在逐步提升，在省市级赛课及教育征文活动中均获得过一等奖，日常的教育教学工作也得到了学生、家长及学校的认可。

钻研——增值生命的点金指

2004 年，我调入宜宾市教科所担任小学品德学科教研员并兼职中小学班主任研究工作。在工作期间，我自觉地学习教育教学理论知识，不断弥补自身在理论基础方面的欠缺，不久，就被人民教育出版社聘为《品德与生活》《品德与社会》教材培训团专家，为全国十几个省市的小学品德学科教师做教材培训。为了对得起听我讲座的老师们，我更全身心地投入教研工作中，对教育的感悟一步步加深，也取得了一定的成绩。如我指导的教师有两名参加全国性赛课获一等奖，三名获四川省赛课一等奖；应陕西省第六届“全国著名特级教师课改示范课观摩活动”会务组邀请，为陕西省小学品德课教师上示范课并作专题讲座；参与了《四川省民族地区小学品德与生活、品德与社会课程教师培训标准》《四川省民族地区中小学班主任教师培训标准》的制定和具体培训工作，主持教育部课程教材研究所“十一五”重点课题“品德课程与学校文化建设渗透性开发与利用”的研究工作，其前期成果获四川省第三届基础教育课程改革优秀成果二等奖。同时，应人民教育出版社国家级“十一五”研究课题“课改后各类教材的比较研究”课题组邀请，我主持了四川课题组“人教版与教科版品德与生活、品德与社会教科书及配套教材的分析与研究”的研究工作，参与澳门特别行政区中小学《公民与道德》教材的编写工作。我在《中国教育报》《四川教育》《少年儿童研究》《德育报》等国家级、省市级教育报刊上发表了数十篇文章；与人合作出版了《班主任走向成功的修炼》《魅力少年军校》等书。

著书——传播思想

随着对自己的教育教学思想的不断梳理，我开设了“徐痴人教育梦话”的博客，自号徐痴人，与同行们开始了网上交流。博友们对我的关注与肯定，让我觉得应该让更多的关注教育的人一起分享我的教育理念。整理教育思想成书成为我的又一个梦想。

在我看来，“心”是人的一切行动的核心能源。教育，唯一要做的就是通过叩击学生的内心，挖掘和唤醒他们的潜能。希望将学生培育成什么样的人，我们就要唤醒学生什么样的心！我们要掘醒学生的心，自己必先有这样的意识和本事。本书基于此观点，提出了对教育的“悟之十铭”“行之十招”和“忧之十谏”，以期引起更多的教育人对中国教育的反省与期冀。

“悟之十铭”即把我对教育的感悟化为十大“座右铭”，以表达我对教师的使命、师德、爱的艺术、师生关系及专业成长等内容的理解。我想，其中的某一“铭”也许会让您对某一方面的教育生活有所思考。

“行之十招”即从我的教育行动中提炼出十大“教育招数”，分别从常规教育教学、特定教育活动的预设、后进学生的转化等方面向大家展示我的教育实践。我想，其中的某一“招”，也许对您处理某个教育个案会有所启示。

“忧之十谏”即从我的教育忧患中参悟出十大应对的“教育谏言”，针对某些一时难以解决的教育问题，针对一些大家习以为常而实质上对孩子危害很大的教育方式，针对教育者所忽视的自身的品学修炼问题提出相应的建议。我想，我们不一定能立即终止某些势力还很强大的伪教育的寒流，却可以多想办法，让孩子们规避这种伪教育寒流或获得在这种寒流中保暖的方法。或许，越来越多的教育之蝶扇动了探索的双翅，那么，飓风般强烈的教育春风一定能早日吹遍神州大地①。

希望这个小册子中所蕴涵的教育思想，能如一只小蝴蝶，在你的手中扇动出一点微微的暖风……

① 美国气象学家爱德华·罗伦兹说：“一只南美洲亚马孙河流域热带雨林中的蝴蝶，偶尔扇动几下翅膀，可以在两周以后引起美国得克萨斯州的一场龙卷风。”其原因就是蝴蝶扇动翅膀的运动导致其身边的空气系统发生变化，并产生微弱的气流，而微弱的气流的产生又会引起四周空气或其他系统产生相应的变化，由此引起一个连锁反应，最终导致其他系统的极大变化。

目　录

第一章　悟之十铭

第二章　行之十招

第三章　忧之十课

第一章 悟之十铭

教师的使命是什么？我们应该如何理解师德、爱的艺术、师生关系及教师的专业成长？作者从自己的教育感悟中总结出来的十句教育座右铭能否给您以启示？

Wu Zhi Ming

悟之铭 1

师者，启道、拓业、创惑、养行者也

——重新推敲“传道受业解惑”

为什么在大力倡导素质教育的今天，依然会出现“穿新鞋走老路”的假素质教育现象，或矫枉过正的伪素质教育现象？徐痴人认为，罪魁祸首并非高考，而是韩愈“师者，所以传道受业解惑”之说。依照痴人“‘心’是人的一切行动的核心能源。教育，唯一要做的就是挖掘和唤醒受教育者的潜能”的观点，痴人认为“传道受业解惑”者误人子弟久也！师者，当为启道、拓业、创惑、养行者。

钱学森走了好长一段时间了，而他的那句“为什么我们的学校总是培养不出杰出人才”的“钱学森之问”依然振聋发聩！钱老之问的答案极多，但就教育本身而言，长期以来深受韩愈之“师者，所以传道受业解惑”观的影响是培养不出杰出人才的重要原因。韩愈认为，教师，就是传授道理、讲授学业、解答疑难问题的人。也许是这种对教师作用的阐述太具有概括性，它几乎成为几千年来中国教育人的共识。然而，它过分强调教育的灌输作用的认识是有失偏颇的，而正是这一有失偏颇的价值观支撑着我国的灌输式教育体系，将我国的教育引向了一条师授生受的重传输轻启发、重知识轻智慧的死胡同，中国的创新人才培养之路被无形地封闭起来了。

徐痴人以为，师者，启道、拓业、创惑、养行者也！唯有这样的教师，方能解决“钱学森之问”！

教师不在“传道”而在“启道”

“启道”是指启发学生悟出道理，而学生悟出的这种“道理”不一定是教师已知的或能传授的。

长期以来，我国教师总以“得道者”的身份向学生“传道”，学生也总以为教师就是真理的化身，教师讲的就是“真理”。在这里，教师的作用是“传授道理”，学生的任务是“接受道理”。结果，学生从教师那里学到的，往往只是教师的而不是自己弄明白的道理。我们还要进一步追问：在这种“师传生受”的教育环境中，老师没弄懂的道理怎么办呢？是不传授还是糊里糊涂地传授给学生？学生又如何学习到教师之外的知识或道理？

教师的重要责任之一，应该是启发学生悟出道理，并促使学生在不断“悟理”中形成主动追求真理的思维习惯。全国养成教育总课题组组长林格先生在《教育是没有用的》一书中提出：“教育者唯一要做的事情，是保护甚至捍卫孩子的主动性。”教师最重要的任务不是传递给学生知识和道理，而是引导学生寻找到一个属于自己的前进方向。指向这个前行方向的，不只是教师的知识与经验之“道”，更是需要学生用自己的创新意识去开拓的对他们来说还是“原始森林”的全新之“道”。如果我们的老师用这样的观念教育学生，那么，我们将与学生们一路同行，在自己熟悉的“道”上放慢脚步，悉心引导对此“道”尚很陌生的学生向前探索，而绝不是一心想把他们“多快好省”地拉到“胜利的彼岸”。著名教育家郭思乐教授与朋友谈什么是教学时说：“如果你告诉学生‘3 乘以 5 等于 15’，这不是教学；如果你说‘3 乘以 5 等于几’，这就有点是教学了；如果你有胆量说‘3 乘以 5 等于 14’，那就更是教学了。这时候，打瞌睡的孩子睁开了眼睛，玩橡皮泥的学生也不玩了：‘什么什么？等于 14?’然后他们就用各种方法，来证明 3 乘以 5 等于 15 而不是 14。4 个 3 是 12，再多一个 3，是 15；数一数，5 个 3 是 15……”无独有偶，居里夫妇的好朋友、大物理学家朗之万在给居里夫妇的女儿伊伦·约里奥·居里上课时，出过这样的题：把一条金鱼放进一个装满水的鱼缸里，然后把溢出来的水接到另一个缸里，结果却发现这些水的体积比金鱼的体积小，为什么？伊伦怎么也想不通：按浮力定律推断，排出的水应该是和金鱼的体积一样，为什么这个规律这次就不灵了呢？朗之万又是大物理学家，应该不会弄错吧？回到家中，百思不得其解的小伊伦问妈妈。居里夫人说：“这真是有些奇怪，为什么不亲自试试看？”于是，伊伦就开始做实验，结果是溢出的水的体积与金鱼的体积一样。第二天上课，她就质问朗之万，为什么给她提出个错误的结论，并详细地描述了自己的实验经过和结果。朗之万听完，高兴地笑了，说："我也是听别人说的，还觉得奇怪呢，多亏你做了实验，帮我纠正了错误，谢谢你，你真行啊。"从此，小伊伦对探究与实验的兴趣大增，1935年，她与丈夫一起获得了诺贝尔化学奖。朗之万和居里夫人才是真正高明的老师！高明就高明在他们懂得在孩子面前示弱，会装糊涂。优质的教育就是这样，它不是"多快好省"地直接教给学生所谓的知识，而是给予学生充分的时间让他们在自己未知的"道"上探索"道"的本质。学生有了这种对未知之"道"的探索习惯之后，就会对一切感兴趣的"道"进行探索并练就相应本领，渐渐地，他们所探索的"道"也许连我们做老师的也不太熟悉了。对自己尚不熟悉的这些"道"，我们也要乐于与学生们共同探究，并努力为其提供一些好的经验和思维方法，激励他们勇于创新，迈开大步向前走！

"启道"和"传道"在教育目的上的最大区别是：前者以诱导学生开拓新"道"为目标，后者以让学生认识现有的或教师知道的"道"为目的。

如果把此"道"比做城市交通之道，我们就会看到："传道"之师就是希望学生把现有的道路记得越多越好，全记在脑子里最好。对那些博记强识的"活地图"，我们的确会佩服之极，但仔细想想，他记这么多道路及位置，要花多少时间、多少精力？而这些现成的东西，我们不知道并不等于我们就找不到它。我们完全可以通过地图、导航仪等很多方式找到它并解决我们的问题。我们何不把更多的精力用在开拓新的道路上！"启道"之师所教出来的学生也许记不住多少现有道路，却注重了解哪些地方的道路还不通畅，他们总在想如何打通这些通道，如何采用新的方式建构新的交通模式。所以，我们最需要培养的，不是知识渊博的学生，而是思维广博的学生。

"启道"和"传道"在教育方法上的最大区别是：前者总是潜心创设能激发学生心智体验的教育活动，从而使学生自悟道理；后者极力追求高速达成学生对课本知识的掌握，从而使学生学到教师或教材认定的道理。

有位到美国名校读研读博并最终留在美国的科研人员，对朋友发出了这样的感叹："刚进入美国这家研究所时，我特别瞧不起所里的美国人，认为他们不学无术，很多常识性的知识也一问三不知。一年后，我特别佩服这些美国人，他们的思维太广博太灵活了，自己埋头苦干了很久才弄明白的事，人家很快就能找到门路。有时，自己做了大量的工作，就是找不到突破口，人家的一句话，就豁然开朗。就好比自己辛辛苦苦地画好了龙，最终却是让他们来点了睛！三年后，我特别嫉妒这些美国人，他们从小有一个好的学习和生活环境，他们热爱生活，在生活中学习，在生活中成熟，因此，他们的脑袋装的'知识'虽然不多，但内存变得很大，可以高速运转。而自己在国内'十年寒窗苦读书'，装了满脑袋所谓的'渊博知识'，并以此为荣地洋洋得意了大半辈子。结果却发现，自己如此聪明的大脑，全被这些过时的东西占据着，反而使自己的大脑无法像美国同行那样高速运转了。"于是，他开始反思自己在国内所受的教育：那么美好的青春岁月，那么充沛的精力，全浪费在了死记教师及书本上传授的知识、追求标准答案、追求高分甚至满分上。而这些，曾是他一直引以为自豪的东西。

教师不在"授业"而在"拓业"

"拓业"是指教师一定要帮助学生开拓属于学生自己的事业。

爱因斯坦说过："所谓教育，是忘却了在学校学的全部内容之后剩下的本领。"教育的最根本目的，不是简单地传授教师拥有的知识或业务，而是要求教师站在学生的立场，把学生各方面的才能激发出来，特别是把学生最佳的潜能开发出来。因此，一位伟大的中小学教师也是孩子的人生导师：他绝不会只想把学生培养成自己所教学科的优秀人才，他绝对会关注学生的全面发展，既会引导又能理解学生对人生之道的自主选择，同时，他一定能容忍学生对自己观点有不同意见甚至否定意见。18 世纪的启蒙思想家伏尔泰有句发人深省的名言："我不同意你说的话，但我誓死捍卫你说话的权利。"作为教师，更要时刻牢记这句话。

李开复博士在谈及他在卡耐基·梅隆大学读博时的恩师瑞迪教授对他的学术"背叛"的态度时说："那一刻，我的感动无与伦比。"从 1983 年起，李开复就跟随瑞迪教授研究当时世界的一个尖端领域——专家语音识别系统。1984 年，瑞迪教授从美国国防部得到了 300 万美元的经费，以专家系统作基础做不特定语者、大词库、连续性的语音识别的研究项目。李开复是瑞迪教授一手培养的最得力的大弟子，当然应该是这个项目组的最重要的成员。而这时，李开复却对专家语音识别系统能否解决问题产生了怀疑，开始思考是否从这个研究中退出来，并选择从统计学的角度去解决语音识别难题。思考再三后，他终于向瑞迪教授提出了自己的想法。瑞迪教授沉思了一下，轻轻地问："那统计方法如何解决这三大难题呢?"李开复一下子打开了自己的话匣子，激情澎湃地讲了十多分钟。瑞迪教授耐心地听完之后，用他那永远温和的声音告诉李开复："开复，你的观点，我是不同意的，但是我可以支持你用统计的方法去做，因为我相信没有绝对的对错，我们是平等的。而且，我更相信一个有激情的人是可以找到更好的解决方案的。"后来，瑞迪教授虽然还是不太认同李开复的观点，但却给予李开复几十万美元的经费支持，并主动帮他说服美国国防部为他建立一个很大的数据库。再后来，统计方式比专家系统在语音识别方面取得了更大的成果，瑞迪教授不但没有恼怒，反而不断地为他提供向全世界展示成果的机会，并教给他如何让自己的成果产生轰动效应。1988 年 4 月，李开复应邀到纽约参加一年一度的世界语音学术会议并发表学术演说，由于事先有恩师面授机宜，他在 30 分钟的演讲时间内，只用 25 分钟进行学术成果演讲，把最后的 5 分钟留给了参会者，让他们亲身体验了这套语音系统的真实性，使语音识别系统征服了所有现场的专家学者。从此，以专家系统研究语音识别的人全部转向了统计方法，他的发明也被《商业周刊》评为 1988 年最重要的科学发明。那一年，李开复才 26 岁。可以说，李开复是在自己的恩师的最无私帮助下，才将恩师最钟爱的专家语音识别的研究体系及研究阵容给打败和瓦解的。以"授业"者的标准来衡量瑞迪教授，他或许是个失败的教师，而从"拓业"的角度来看，他是一个真正而且无比伟大的教师。

长期以来，中国教师的职责只是"授业"——授自己的专业。所以，语文老师只管学生的作文能否得高分，数学老师只管学生的计算是否会出错。他们很难用宽容的心态看待学生的个性特点，包容学生在自己所教的学科上的相对弱势，以致很多文化成绩不好的学生在这些所谓主科教师眼里都是"差生"。这都是狭隘的"授业"思想在作怪：你是我的学生，你就得老老实实学我传授的知识，我传授给你，你没接受好，就不是好学生，就是对不起我。我们仔细观察还会发现，"师者授业"观还会让一些"业"本来并不精的老师以"授业者"自居，容不得学生的反驳，学生也渐渐失去了反驳的勇气和想法。结果，学生的自主意识和创新意识一点点地泯灭了，他们变成了一个个听话的“乖孩子”。

好在这样的现象正在悄悄改变。

齐鲁名师韩兴娥搞海量阅读教学法，两周上完一册教材，三年级学完六年级教材，二年级识字量达到2500字，三年级认识3000字，完成小学阶段的识字教学任务；低年级一学期课堂阅读量平均达到50万字，中高年级一学期课堂阅读量平均达到100万字；唯一的家庭作业是班级循环日记；四五年级的学生在40分钟内写出立意新颖、自然通畅的600字左右的习作成了普遍现象，其中也不乏富有文采者；全班成绩在全校一直名列前茅。其具体做法和所取得的成果在她的个人著作《让孩子踏上阅读快车道》中都进行了介绍。她还有两个志同道合的好姐妹：一位是华南师范大学附属小学的语文教师陈琴，她十余年致力于小学语文“素读”经典的探索，率先提出在小学语文课堂上进行“素读”训练，2008年度被中国教育报《读书周刊》评为“推动读书十大人物”；另一位是在多年的教学实践中坚持带领学生从一年级就开始进行高品位的阅读的安徽省合肥市第62中学小学部语文教育名家，网名“看云”的薛瑞萍。

我在与韩兴娥老师进行网上交流时说：“我希望陈琴、韩兴娥、看云不但是优秀的语文老师，更是学生优秀的人生导师！我希望三位老师带领学生阅读的不只是名篇名著，还要加入‘百科全书’，我希望你们的学生不但出文人，更出科学家，出诺贝尔奖获得者。你们已经有了这样的能力，你们已经为学生赢得了这样的学习时间，你们再进一步，学生就能回答‘钱学森之问’了。我真心希望你们能跳出语文的思维，为学生的全面发展作更长远的打算。”

不久，韩老师在博客里专门提到此事，并说：“相信岁月，相信种子!”

我留言道：“相信孩子们能在您的带领下真正解决钱老之问!”

韩老师回复说：“我哪有这么大本事?”

我说：“这个，你真有。您高超的教学方法为学生赢得了时间，对于一些特长不在语文上的学生，只要求他们用较少的时间获得合格的语文成绩，从而把更多的时间让给他们去探究其他知识和发掘自身的潜力，谁敢说这些孩子不会成为物理人才或化学大师呢？如果您把一个物理天才培养成了一位很有名气的作家，我认为您的确是个杰出的语文教师，但我绝不认为您是一个伟大的教育家，甚至我很失望地觉得您还是个隐性的‘罪人’，因为您把一个物理天才给‘语文’掉了。然而您是真正的教育家，您没有犯这样的‘罪’，您跳出了语文学科的圈子来看学生。于是，您一定会发现这孩子在物理上更具天赋。于是，您一定会忍痛割爱，让孩子把更多的时间放在物理学著作的阅读上而不是文学作品的阅读上。因此，文学史上少了一个不错的文学家，但科学史上却可能多了一个改变世界科学进程的‘牛顿’或‘爱迪生’！这样，您不是解决了钱老之问了吗?”

韩老师再回复说：“部分学生一点儿作业也没有，我把时间给了这些孩子，他们在哪个方面发展是他们的事。读书的要求也很宽松，能背也行，能读也行。”

我很激动地作了以下回复：“做得太好了！看似‘无为’，实是‘大为’！‘部分学生一点儿作业也没有’，不是您不布置作业，而是您高效的教学为他们赢得了主动发展的时间和空间。‘他们在哪个方面发展是他们的事’，不是您对他们放任自流，而是要他们自己对自己的发展负起责任来。这就是真教育！这就是解决钱老之问的最佳教育良方！谢谢您给我的启示！也替您的学生谢谢您，替中国教育谢谢您!”

我想，韩老师所做的，就是“拓业”而不是“授业”。

教师不在“解惑”而在“创惑”

无能的教师解决不了学生的困惑，平庸的教师让有困惑的学生变得没有困惑，优秀的教师让没有困惑的学生充满困惑!

创惑，就是不断创设学生无法用已有知识体系自圆其说的“困惑问题”，迫使其不断地重构自己的认知体系，并最终形成自我“创惑”和“解惑”的能力。古人说：“授人以鱼，不如授人以渔。”徐痴人说：“授人以鱼，不如授人以渔；授人以渔，不如诱人以渔鱼之欲!”教育的最高境界，是诱发学生“渔”真理之“鱼”的欲望。前面提到的郭思乐教授的“3 乘以 5 等于 14”与朗之万的“金鱼溢出的水的体积比金鱼本身的体积小”的事例，就是在为孩子们“创惑”，并由此唤起他们的“渔鱼之欲”。

韩愈说："惑而不从师，其为惑也，终不解矣。"很多教师总是以帮助学生"解惑"为己任，要求学生有惑就要请教于他们。我们的教师总是以培养出没有问题的学生而感到自豪和欣慰，殊不知，这正是教育的最大失败。这种做法在很大程度上剥夺了学生自我探究的权利和学习的机会，进而抹杀了学生的创新思维能力和创新精神。最突出的表现就是：如果在一堂公开课中，学生总能很出彩地回答老师提出的问题，我们的听课教师就会对这位授课教师及其学生佩服得五体投地。然而，这却让很多外国教育家们无法理解：既然这些问题学生都回答得这么好了，上这节课还有什么用？他们哪里知道，这正是以"解惑"为己任的教师最引以为自豪的功绩：让学生学懂了，没有问题了。而这正是教育的最大悲哀：学生没有问题，哪来进一步学习的兴趣和动力？另外，教师把"解惑"的责任全揽了过来，最终可能让学生有这样的认知：我有什么不懂，自然有老师帮我"解惑"，如果是老师都"解"不了的"惑"，那我不懂也就只能怪老师而不能怪我了。学生有这样的认知，又怎么能成为钱老希望看到的那种"杰出人才"呢？著名电视访谈节目主持人杨澜在《一问一世界》的序中曾深有感触地说："我们从小受的教育当中有多少环节是在训练我们问问题呢？基本上没有。我们一直受到的训练是回答问题，先把老师教的答案记住，然后在考试的时候再还给老师。"在书中，她还讲述了一段难忘的经历："我在北京外国语大学读书时，正好有一节是外教上的宗教课，他讲完了以后问大家有什么问题吗？一个大教室里面，100多个学生，寂静无声，大家都羞涩地低下了头，没有一个人举手。教授非常生气地从兜里掏出一美元，说：'谁要是问出一个问题，哪怕是再愚蠢的问题，我就把这一美元给他。'我们都有一点受屈辱的感觉，作为一个学生难道我们真的没有问题吗？记得后来我举手了，至于硬着头皮问了个什么问题，毫无印象。"

亚里士多德有句名言："思维是从疑问和惊奇开始的，常有疑点，常有问题，才能常有思考，常有创新。"可是，我们的教育，不但不需要孩子对所学的知识质疑，甚至连为什么要学习或学习知识到底有什么用都不需要他们去追问和知晓，我们的孩子们就一直痛苦地走在这样一条为学习而学习的路上。我女儿在四川美术学院就读装潢与设计专业，已经大三了。一天，我们在QQ上聊天，她大发感慨："现在，面对各种设计的思考，我突然觉得自己简直就是个文盲！过去读书，除了是为老师读为家长读为了考大学读，我根本不知道还为什么要读，也没有兴趣读，只觉得太累，也一直很埋怨读了太多的书，学了太多的知识，因为根本不知道这些知识拿来有什么用。好在我现在选择了艺术专业，不少大师级的老师让我感到，真正搞艺术设计和创作的人真是一群充满思想与文化情怀的人。和他们在一起，我才开始学会追问问题，才开始感觉到自己的知识储备根本回答不了很多问题，才开始感到自己在诸如哲学、美学、世界史、文学乃至心理学等方面的无知。所以，我现在才知道，其实自己是白白浪费了 12 年中小学学习的光阴，到今天还是真正意义上的文盲！”和女儿的交流，让我想起了 17 世纪捷克教育家夸美纽斯的话：“假如教师在教授任何事情的时候，同时把它在日常生活中的用途告诉学生，学生工作就会来得轻松些……使他们相信自己的知识，并因知识的运用感到快乐。”今天，女儿能“感觉到自己是个文盲”，这是一件多么可喜可贺的事啊，这说明她已经真正体会到了知识的重要性，知道了要不断问问题并力求运用自己拥有的知识去解决问题。也正因如此，她才意识到了自己知识储备的严重不足。我相信，以后，她会努力去追求知识，并“因知识的运用感到快乐”。这样的大学教育才是真正的教育，我对女儿真正放心了。

一个个可悲的教育现象为我们敲响了警钟：教师的首要任务不是为学生“解惑”而是为学生“创惑”！我们首先要培养的，就是学生的问题意识。我们要不断向自以为懂了、自以为没问题了的学生提问，使其在对自身已经构建的知识体系产生困惑的基础上，学会自己向自己发问。学生只有在不断地发现并提出问题再不断地解决自己提出的问题的过程中，才能真正地完成“解惑”的任务，并形成完全属于自己的知识体系。如果把学生自己真正拥有的知识比做一个圆，那么，这个圆面积越大，所形成的知识圈与圈外的未知世界的接触面就越大，需要解决的新问题也就越多。同时，在不断解决新问题的过程中我们又会形成更大的学问之“圆”。渐渐地，学生的疑惑已不是教师能解的了，学生的知识广度和深度已可能是教师难以企及的了。这时，钱老希望培养出来的“杰出人才”可能就出现了。

很多人表面承认以上观点，但骨子里还是认为“解惑”比“创惑”更实在，更重要。他们始终认为，教育的最终目的是帮助学生解决问题，学懂知识，如果只注重“创惑”而没有去“解惑”，教育一定是不成功的。其实，这种观点是有些短视的。

从学生的长远发展来看，专注于为学生“创惑”而不急于帮助学生“解惑”，才是最具价值的教育。如果你迫不及待地把学生的“惑”过早地“解”了，就把学生的求知欲给扼杀了。因为，一些一时让学生想不透的知识或问题对孩子的吸引力如同魔术对我们的吸引力一样，一旦你帮他轻易解密了，学习也就无趣了。学习无趣了，学生也就懒于再探索什么了，而探索行动的过程，才是锻炼学生的思维能力的过程，它比学生获得一时之知识、明白一事之道理要重要得多。有这样一个事例，在英国的某一科技博物馆中，指导教师在给孩子们做有关大气压能托起水柱的演示活动，他让孩子们跟着他念不准水流动的“咒语”，然后将一个装满水的水杯杯口向下用薄板托住，移到一个孩子的头顶，随后他在孩子们激动的“咒语”声中抽掉薄板，水真的不往下落，一点也没有流到孩子的身上去（我想，所有的孩子特别是头顶倒置水杯的孩子，在那一刻都经历了一种“惊心动魄”的情绪体验吧）。然后，他把杯子移到水桶上方，又让孩子们跟着他念“解咒的咒语”，水下一子就流到水桶里了。接下来他问：“我的咒语神奇吗?”“神奇!”“那你们回去也做一做这个神奇的实验吧。”这个演示活动在孩子们的兴奋与疑惑中结束了。也许，在我国的一些教师看来，这不但算不上科普教育，甚至像是在宣扬迷信。因为他不但没有提大气压的作用，还一个劲地教学生念“咒语”，而且最终也没告诉学生产生这一现象的科学原理。殊不知，正是教师这种“不解惑”，才让这个“困惑”一直住在孩子的心中，才让孩子们在今后一段时间内对这个现象充满了好奇，从而产生努力去解密的冲动。孩子们也就在这个解密的过程中养成了不断追问、不断探究的良好学习习惯。如果换成我们的教师，就可能在做这个实验的同时，很理性地进行科学的分析，为学生“解惑”。结果，学生的确知道了这是大气压的作用（其实也只是知道而不是真正理解），但对这一实验的好奇心也一下子就没有了，那还谈什么探究的热情呢？学生的学习热情都没了，还谈什么提高教学质量呢？

长期以来，以“解惑”为己任的课堂，一直遵循的都是“先教后学，先讲后练”的灌输式教学模式，潜台词是老师不教，学生就可以不懂，老师认真教了，学生就应该弄懂。随着当今课改的不断深入，越来越多的新教育实践者不约而同地突破了为学生"解惑"的藩篱，走向了专注于为学生"创惑"的道路。他们最重视的，就是学生一定要有自己的困惑；他们最坚信的，是学生一定能学会自己解决自己的困惑！于是，他们在课堂上花大量时间做的，就是要让学生先尝试自学练习，然后才是教师用少量时间进行点拨。由于坚信学生的能力，由于坚持在课堂上少讲，他们都取得了非凡的成就。邱学华教授 30 年来大力推行"尝试教学法"，最早提出了"先练后讲，练在当堂"的教学模式，替学生发出了"请你不要告诉我，让我先试一试"的呐喊。而提出"先学后教，当堂训练"的洋思中学，实施"先学后交（交流），当堂达标"的杜郎口中学，因其高效率、高质量的课堂教学模式都成为当今教育界的排头兵，各地都前往取经。据说到杜郎口中学参观学习的门票已卖到 100 元一张，但全国各地的教育界人士依然络绎不绝地来到这里。虽然个人觉得杜郎口将其教学模式宣传得过于神话，一些具体的做法还有待商榷，但我坚信尝试教学的科学性和实效性。然而，有多少教师参观学习回来后敢于尝试这样的教学模式呢？相信很多人不敢，还有很多人只学到形而未学到神，回来一试反而可能会更糟。原因在于，他们未必坚信：我们为学生"创惑"并让学生自己去"解惑"比直接为学生"解惑"更有效；我们培养学生的问题意识比向学生灌输知识更重要。观念不改，学其皮毛能有何用？

以"解惑"为己任的教师培养出来的学生，是装满知识的容器；以"创惑"为己任的教师培养出来的是充满智慧的精灵。康德说："科学是整理的知识，智慧是整理的人生。"只是靠别人的"解惑"而获得知识的人，拥有的知识再多，也难以学会自行"整理"，因此，他是很难成为有杰出成就的科学家的。只有在整个人生的学习路上时刻充满困惑、时刻思索并力求解决困惑的人，才可能打通智慧的"任督二脉"，从而不断推陈出新，只有这样的人才可能成为造福社会的人才。

教育重在"养行"

所谓"养行"，就是对学生进行良好的行为习惯的培养，而行为习惯实质上是人的条件反射性的思维习惯或思想意识的表现。叶圣陶先生说："什么是教育？一句话，就是要培养良好的学习习惯。”良好的学习习惯是学习成绩能够持续提高的保障，它是一个人取之不尽、用之不竭的财富。其实，教育不仅仅是培养学习习惯，更应该是培养一切良好的行为习惯，正如林格教授所讲：“习惯是教育的最终成果。”大家都很认同这样一句话：“播种行为，收获习惯；播种习惯，收获性格；播种性格，收获成功。”的确，习惯一旦形成，在遇到同样的情境时就会做出同样的行为反应。因此，习惯又被称为人的第二天性。所以，徐痴人以为，“养行”比“启道拓业创惑”更重要。或者说，教师在对学生进行“启道拓业创惑”的教育过程中，必须伴随“养行”教育。良好行为习惯的养成，是学生深谙道义、拓展事业、质疑解惑能力达到一定程度的基础！

在“养行”的教育过程中，我们要力求学生所表现的“言行”是由其内在意识支配的，要把“慎独”作为行为养成的最高层次。只靠在人前的自我约束而做出的好的“表现”是靠不住的，只有通过自律的方式养成的慎独习惯，才会使人受益终身。

我国的传统教育特别注重利用规章制度来教育和管理学生，在对学生进行评价时，特别注重评价学生是否听话、是否守纪。徐痴人认为，我们在做学校德育工作时，不要随时拿规章制度来压制学生。规章制度对学生个体的社会性发展而言，其影响只是外在的。我们要站在力求养成学生良好行为习惯的高度来认识制度的作用，要让学生意识到规章制度不只是用来约束大家的，更是从对我们有好处的良好行为习惯中提炼出来帮助大家的。这样，学校的各种校规校纪才能不但制约孩子的言行，还能引导孩子心灵。

我并不否认纪律与制度的重要性，相反，在“养行”的教育过程中，要求学生严格遵守校规校纪、班规班纪是非常必要的。

什么是习惯？所谓习惯，就是指人在长期的情境刺激或重复练习后形成的自动化的连锁动作。因此，“养行”是一个长期的连贯的行为教育过程，在这一过程中，我们要及时地对学生的良好言行进行不断的强化，对其不良言行进行反复纠正，而不是只给学生讲大道理。因为，有很多道理，学生都是懂的，学生所缺的，是对良好行为的反复强化。例如，大家都知道，离开教室应该随手关门关灯，但是，如果不经常要求，反复强调，有多少孩子能做得很好呢？如果我们的班级在这方面有很严格的要求并坚持长期认真执行，那么，当有的学生在离开教室后突然想起灯还未关时，会赶回教室关灯，这就是班规的作用。但此时“养行”尚未成功，同志仍需努力：渐渐地，大多数学生都养成了随手关灯的习惯，那时，最后离开教室的那个同学会主动关灯关门。这时，孩子们随手关门关灯的良好习惯才算已经养成，这才达到了我所说的“养行”目标。

请牢记：

师者，启道、拓业、创惑、养行者也。

相关博文的博友留言：

神奇斑鸠：“孩子们在校接受教育是有时限的，但‘启道、拓业、创惑、养行’会使他们在潜移默化中发生改变，并使他们受益无穷。我会牢记！”

西汪：“赞同你的观点。学生成长的过程，不是提高分数的过程，而是自我完善、自我发展的过程。这个过程没有捷径，学生必须通过自己实践积累经验，再用于以后的创新。所以给予孩子充分的时间和空间很重要，这是一个保证。”

Wu Zhi Ming
悟之铭 2

教书就是做人

在徐痴人眼里，教育首先要挖掘和唤醒的是学生的心。希望将孩子培育成什么样的人，我们就要唤醒孩子什么样的心！但是，我们要挖掘和唤醒孩子的潜能，自己必先有这样的意识和本事。人们常说，教育是良心的工作。痴人说得更直一些：教书就是做人。判断一个人是不是凭良知做人，看看他如何教书就知道了。一个会做人的人，基本都能成为会教书更会育人的人。

人做得到位，书就教得到位

一直以来，我总认为，无论教书也好，还是做其他工作也罢，其实，都是在做人。作为教师，你会做人，就会教书。你做人做得到位，你教书就一定教得到位，你和学生的感情、感觉也会到位。这甚至与你起初教书的基础和能力无多大关系。能力与水平会因为你的做人而得到相应的改变。学者市长朱永新教授在《我的教育理想》一书中说："我心目中的理想教师，是一个胸怀理想、充满激情和诗意的教师；是一个自信、自强、不断挑战自我的教师；是一个善于合作、具有人格魅力的教师；是一个非常尊重他的同事、非常尊重他的领导、非常善于调动帮助他成长的各方面因素的教师；是一个充满爱心、受学生尊敬的教师；是一个追求卓越、富有创新精神的教师；是一个善于学习、不断充实自我的教师；是一个关注人类命运、具有社会责任感的教师；是一个坚韧、刚强、不向挫折弯腰的教师。"我想，具有如此品格的人，不仅会成为理想的教师，也会成为行业中的佼佼者。有人说，我只想做一个平凡的教师，我没有那么高远的追求。那么，就让我们从做一个有良知的平凡教师开始吧。

一个真正有良知的平凡人，一定会对自己负责。老子说："爱人如己。"他希望人都能像爱自己一样去爱别人，这就是他心目中理想化的人。爱自己是做人的最基本的要求，就算你要做一个还不想去爱别人的人，最起码也要学会爱自己。而一个真正爱自己的人，一定是会追求真正幸福的人。一个追求真正幸福的人，不但会追求生活上的幸福，也会追求工作上的幸福。作为一个教师，能追求自己在工作上的幸福，将不仅仅是教师个人的幸福，也是他所教的学生的幸福。

我们不用说"教育是多崇高多伟大的事业，因此我们要对教育事业充满激情"之类的豪言壮语。我们的很多老师并不是冲着这样的理想而来的。假如说教育真是太阳底下最灿烂的事业，那也是很烤人的事业。教师每天都被学生的安全问题、分数问题烤着，实在有太多烦心的事情。但是，无论如何，只要你选择了这个职业，就要坚持走下去。为了让自己快乐幸福一点，你也得想方设法把书教得更顺一点，与学生的关系处得更好一点，教学的成绩更好一点。

有人说："我教书就是为了挣点工资，养家糊口，有个安定的生活，如此而已。"那么试想一下：一天 24 小时，睡觉睡去了 8 小时，剩下的 16 小时上班和下班各占了一半，如果你只是追求下班后 8 小时的快乐生活而让自己在上班的 8 个小时中处于水深火热的状态，那么，你会幸福吗？我认为你这是对自己的人生的极其不负责任。一个对自己负责的人，即使是不得以才走上教师岗位的，他也一定会努力在教学工作中作出成绩，并从中寻求幸福与快乐！一个老师如果在工作中感到很累、很无助、很不情愿或者很烦恼甚至害怕走进课堂，一见到学生特别是问题学生就头疼，觉得与学生相处的几十分钟很难熬，却不曾想过用点心思去改变这一切，只是一味地埋怨现在的学生不好管，现在的教育环境不好办，那么，你一辈子的教书生涯都不快乐不幸福：当你每天至少有 8 小时是生活在心理紧张、身心疲惫的状态中，你的人生就是不幸福的。当你觉得自己的人生不幸福时，你工作时是无法做到心平气和的。于是，你传递给学生的一定是个消极负面的形象，他们看到的只是你的一张苦瓜脸，这种情绪无疑将感染他们，于是，他们也以一张张苦瓜脸面对你。当这样几十根苦瓜在教室里盯着你包围你的时候，你这个老师多惨啊，多苦啊！你的脸也一定会变得更苦更让人难受，这样，师生间相互痛苦的恶性循环就产生了。

所以，即使为了自己的幸福，我们也一定要想办法让自己笑起来、快乐起来，让自己的学生笑起来、欢乐起来。那么，怎么才能让学生快乐起来呢？我想，我们除了要关心学生的学习成绩外，还要关心学生心灵深处的幸福，要关注与学生在课堂上、在办公室里、在大街上的每一次相遇，尽量让每一次与学生的对话都成为学生的一次幸福的回忆。做到这些，你自然而然就会尝试着寻找一些有效的方法，在这样的尝试和探索中，你会变得越来越成熟。你就会发现，原来处理起来那么吃力的问题，现在却变得越来越轻松，于是你自然会产生满足感、成就感，这就是一种幸福感，当你获得了这样的幸福体验后，你自然又会更深入探究教育教学的内在规律，慢慢地，你就真的摸索出了一些有效的教育方法，掌握了非常丰富的教育规律，成为一个教育教学能手。而这绝不是因为什么教师职业的崇高性所致，也不是校长的要求使然，这纯粹取决于一个人对人对己负责的程度。所以我说，做人的态度决定了你做教师是不是成功，是不是幸福。

有一部美国影片叫《生命因你而美丽》，讲述的是音乐家霍兰德先生的故事。他本来一心要写出一部流芳百世的交响乐，却为生活所迫，无可奈何地当了一个中学的音乐老师。一开始，他找不到一点点教书的感觉，他照本宣科，教得学生呵欠连天，自己也产生了一种强烈的想逃离课堂的感觉。校长对他提出了批评："我不知道你的专业水平到底怎样，但我知道，只是这些还远远不够。一个教师，不仅要教给学生知识，更重要的是要给予学生方向。"

当他处于极度痛苦中而准备摆脱这个烦人的工作的时候，他的妻子怀孕了，他不得不继续维持这份工作。作为一个有着强烈责任心的人，一个对音乐充满热情的音乐家，他开始对自己的教学工作进行认真思索——他没有选择只是为获得工资而消极工作，而是选择了努力改变自己。他开始思考如何才能让自己的课堂变得生动有趣，如何才能在教学中获得幸福。在不知不觉中，他忘了自己只是把当音乐教师作为临时应对窘迫生活的权宜之计的初衷，一心一意地投入幸福的音乐教学之中，一干就是30多年，启发并改变了一批又一批学生。

吹肿了嘴唇也找不准单簧管音的小女孩葛楚·凌，她是那样自卑，以至准备退出交响乐队。霍兰德帮她找到了她的问题所在——缺乏自信心。于是，在知道孩子最自豪的事是自己长有一头她父亲描述为美丽的晚霞的棕色的长发后，他让她想象着美丽的晚霞，闭上眼，吹出晚霞的感觉来！终于，她成功了，她吹出了想象中的音符！葛楚·凌的成功，不只是她吹出了那个音符，而且是她找到了自信，找到了自己的方向！除了葛楚·凌，还有只会摔跤的路易·华斯、傲慢的史特拿、才华横溢的露云娜·摩根，无数的学生在霍兰德老师的帮助下，都找到了自己的人生方向。在霍兰德的退休告别晚会上，已经成为女州长的葛楚·凌说："霍兰德老师对我一生有着深远影响，对我们许多人亦然。据说他经常在写交响乐，那是可让他成就名利的交响乐，但霍兰德先生没有成名没有发达，除了在本社区。所以，他也许会认为自己很失败，但是我认为他错了，因为他的成功比名成利就更甚。"最后凌对老师说道："环顾您四周的人吧。这里没一个人不曾受您影响，全因为您，我们成了更好的人。我们是您的交响乐队，我们是您作品的音符和旋律，我们是您的生命的乐章。"

"出来混，总是要还的"

"全因为您，我们成了更好的人。我们是您的交响乐队，我们是您作品的音符和旋律，我们是您的生命的乐章"，作为一个教师，还有什么比得到学生的如此评价更为幸福的呢？假如有一天，作为老师的你在与某一位学生相遇的时候，你觉得因为你在他生命里的出现使他成为"更好的人"；或者你已经忘了自己对这个学生有什么特别的帮助，但学生在你面前表现出对你难以忘怀的感激之情，我想，你将得到一种幸福并从内心深处生出一种感动，而这种感动，是永远无法用金钱买到的。但是，如果你认为身为老师就理所应当地拥有这样的享受，那是不正确的。不是因为你是老师，不是因为你从事这个职业，而是只有当你真的给予了学生感动、帮助、知识、方向时，你才可能得到或者说配得到学生的爱戴和铭记！

"出来混，总是要还的"，这样的场景不只是在电影里才出现。我们有的老师对学生特别是差生态度很凶，他们认为，反正几年后还是你走你的路我教我的书，你毕业了就与我没什么关系了，我又不想求你什么。但是，我相信，每一位老师都会有这样的经历：在十年后二十年后三十年后，在你五十岁六十岁七十岁后的某一天，你一定会遇到一个或者一群你当年的学生。当你与这些曾经的学生不期而遇的时候，在你们面对面站在一起的那一瞬间，你想，他们还是当年的那些你可以大呼小唤、肆意呵斥甚至辱骂的学生吗？你还是那个可以盛气凌人地主宰着别人意志、控制着别人的言语权的老师吗？不！可能是到了你要被当年的学生羞辱的时候了！老师啊，一定不要把你眼前的学生只当成可以随意摆弄的小孩子，你要知道从你们结成师生关系的那一天起，他将与你一生结缘。你时刻要想到，你用什么态度对待他的时候，已经预示着十年二十年后他用什么态度对你。

我有一位搞教师培训工作的朋友。一次聊天，谈到老师们经常说现在的学生不懂得尊师重教，没有感恩之心，毕业以后，很多学生在路上遇到老师常常是把头一歪，装做没看见似的就过去了，他很不以为然，说："这不是学生的问题，是这些老师活该。"接着，他很气愤地讲起了自己初中时的班主任。他是那种特别聪明、反应很快的人，在老师提问甚至没发问的时候，他经常就忍不住要接嘴，这让班主任很不高兴，时不时说他"鸡下巴吃多了（话多的意思）"，还说些更难听的侮辱人的话，甚至扯着他的耳朵将他拉出教室等。他说，好在自己出身书香之家，因而后来的发展还算正常。换成一般家庭的小孩，肯定会物极必反，视老师甚至学校为死对头，一生可能也就毁了。所以，前几年，听同事说这个老师死了的时候，他脱口而出说："他早就该死了。"同事很惊讶，他讲了原因，并说他就是当着这位老师的面说这句话也不觉得有什么不对，反而是那位老师该哑口无言羞愧难当才是。

我不能说我这位朋友说得完全对，但我能肯定的是这位朋友不是那种蛮不讲理的人。而作为一个做师培工作的老师，按道理他更该懂得尊师重教，为什么还会对他的初中班主任有这样的态度？这是值得思考的问题。我们大家想想，如果在某年某月的某一天，一个你曾经的学生站在你的面前，也说出诸如此类的一番话，你又将情何以堪呢？

一天，我和爱人在翠屏山上锻炼，两个青年迎面从我们身边跑过，其中的女孩有些面熟，当我正在猜想这是不是我教过的学生的时候，那个女孩跑了回来，在后面喊："是徐老师吗？"我回过头去。她叫了起来："是徐老师！

您还认识我吗？我是黄忠群!”说着，拉起那个与她同行的男青年：“快过来！这是徐老师，就是我经常给你说的徐老师!”说着，她像个小姑娘似的跳着，不停地拍着手，一下就让我想起了她小学时候的活泼与天真。我当时也忍不住兴奋，她毕业也有十几年了，我们的确都没想到还会见面。相逢的那一瞬间，她是如此兴奋，如此激动，如见到什么明星似的，不停地跳着，眼睛也放光了，而且有说不完的话，说她现在在就业局工作，说她还和哪些同学有来往，问我还知道哪些同学的情况……就在此时，让自己的爱人看到自己这样受学生们的爱戴和牢记，你说，我该是多么自豪和幸福啊。是的，我可以对爱人得意地炫耀：“看，我教的学生对我怎样？我还是很棒的吧!”相反，如果在同样的情形下，遇到的学生对我说：“这不是那个什么徐老师吗？我就是某某某，你还记得吗？你不是说我如果也考得上大学，你就用手心煎鱼给我吃吗？我已经从大学毕业好几年了，你什么时候煎鱼呢?”想一想，那会是一种什么样的感觉？丢人啊！那时，要奚落自己的，不仅仅是那个学生，还会有自己的爱人吧：“看看你，教了几十年的书，就教出个这种德行的人，我都替你丢脸，为你难受，不过，你当初把话说得这样绝，现在也活该被人家奚落!”所以，这句电影台词大家一定要记住：“出来混，总是要还的。”我们现在怎么待学生，将来，学生也会怎么待我们，甚至会加倍还给我们。我们不要因为眼前的学生不懂事，就由着性子讽刺挖苦他们，就随意羞辱甚至伤害他们。我们还要想着他们日后与我们相逢的场景，我们要从学生的角度看教育，从生命的发展的角度看学生，从一生有缘的角度看师生关系。

教师的责任是“教好”，不是“讨好”

为了让学生将来不找自己的麻烦，我们是不是现在就要讨好学生？是不是就不要把学生管紧了？当然不是。相反，把学生管好管紧是我们的责任，关键在于你的管法是否让学生信服。在我看来，对犯错的学生进行严厉的批评是教师教育学生的重要手段之一。现在有一种极端的提法，什么都要讲与学生平等，一味强调教师要做学生的学习伙伴，简直快把教师的引领作用给抹杀了。徐痴人以为，作为学校领导，作为教师，我们一定要有“师尊教重”的观念，这样才会赢得社会和学生的“尊师重教”。

什么是“师尊教重”?

所谓“师尊”，就是教师要有“以师为尊”的观念，要坚持树立自己的尊严。老师要自尊自爱，要树立自己的威信，要提高个人魅力，把自己打造成学生喜爱和崇拜的名师。如何方能做到?唯有德，唯有才——“身正为师，学高为范”。

所谓“教重”，就是教师要把对学生的教育视为自己工作的重中之重，不但要教，而且还要会教。如果把“教”字扔到一边，一味讲与学生平等，无原则地与学生做朋友，甚至讨好学生，那么，教师将不再是教师，学生将不再是学生，“尊师重教”之风也将荡然无存。

我们提倡与学生平等，是精神上的平等，是人格上的平等。而在学生的社会化发展上，在学生的知识探究与把握上，教师有义不容辞的教育与引导的责任。至于用什么样的教育风格来教育学生，那是另外一回事。不管是醍醐灌顶还是春风化雨，只要是真心对学生好，只要是做到了审时度势，就一定能收到良好的效果，就一定能赢得学生的认同与尊重。当然，对学生严厉不是对学生乱发脾气，而是理性地对学生的错误进行严肃的批评和教育甚至是严厉的惩罚，两者对学生产生的心理影响一定是迥然不同的。即使是发火，学生也是能够有不同的体会的——你是带着对学生怨愤恼怒的生气还是替学生心痛而难过着急的生气，学生是一定能听得出来、体会得出来的。当然，我们最好还是要学会克制自己的情绪，无论是哪一种气，都要少生为好。被周总理称为“国宝”的霍懋征老师教书 40 年，就从未对学生发过一次火。当然，我们绝大多数老师都难以修炼到这种境界，但是，首先我们要努力去做，同时，当我们没做到时，等我们冷静下来后，如果发现自己情绪激动时的言行的确过火，我们要有勇气向学生道歉。这并不丢人，我们也不会因此被学生轻视，相反，我们还会因此受到学生的格外尊重。

要赢得学生的尊重，绝不能一味讨好学生，那样只能让学生更加看不起你，学生需要的是你做好教师的本职工作。我们刚开始教书时教学能力不一定有多强，但我们一定要有积极工作的态度，做什么事都要有良知，要对得起自己，对得起别人。只要你真心诚意地这样去做了，学生就会以同样的心态来回报你。有很多老师得不到差生的喜爱，原因是他们常常表现出对差生的厌恶；然而，他们又得不到优生的喜爱，原因恰恰就是他们喜欢无原则地讨好优生，反而会让学生瞧不起。

1992年毕业的一位学生在2008年春节从网上发给我一张新年贺卡，贺卡上面写了这样一段话：

尊敬的徐老师：

您好！

我是前几天才进同学录的，看到那么多以往的同学和老师，心里感慨挺多的。我好像又回到十几年前还在念小学的时候，那时候多无忧无虑呀，天天就盼着快点长大快点毕业（长大就没大人管了）。不过现在人是长大了，心也大了，一天到晚都在烦着琐碎的事情。

徐老师，您这最不济的学生现在是个平面设计师。记得以前我常常被留堂，但是留在我心里的是徐老师常常挂在脸上的阳光般灿烂的笑容，当然您偶尔也会有似笑非笑的面容。（还怀念当年教室里的琅琅读书声）春节到了，我也没什么好礼物送给老师的，就自己胡乱涂鸦一幅画送给老师吧！

“但是留在我心里的是徐老师常常挂在脸上的阳光般灿烂的笑容。当然您偶尔也会有似笑非笑的面容”，这至少说明，当年的我虽然也肯定有责备她的时候，但总体来说，我并没有因为她的成绩不怎么样而歧视、辱骂她，否则，作为平面设计师的她，说不定会送上一幅让我自惭形秽的漫画来羞辱我一番。所以，教书者首先要会做人；会做人，就要会爱人，就要学会博爱。我们爱学生，就不要“嫌贫爱富”，那些所谓的问题生、后进生，他们往往生活在一个缺乏爱的家庭，性格的缺陷也让他们得不到老师与同学的喜欢，他们就是生活在爱的沙漠里的人。对这样的孩子，作为教师的我们更应该有爱心。只要我们向他们撒去一点点爱的泉水，就可能浇醒他们生命的绿芽，最终成就他们生命的绿洲。于是，滴水之恩，他们必将以涌泉相报！

做学生眼里的“百变金刚”

下面这幅画是我2004年离开人民路小学调入教科所时一个学生画的送别画。画中的我一会儿是太阳，当她是需要阳光照耀的小草的时候；一会儿是会变成雨水的云朵，当她是需要喝水的小草的时候；一会儿是蘑菇伞，当

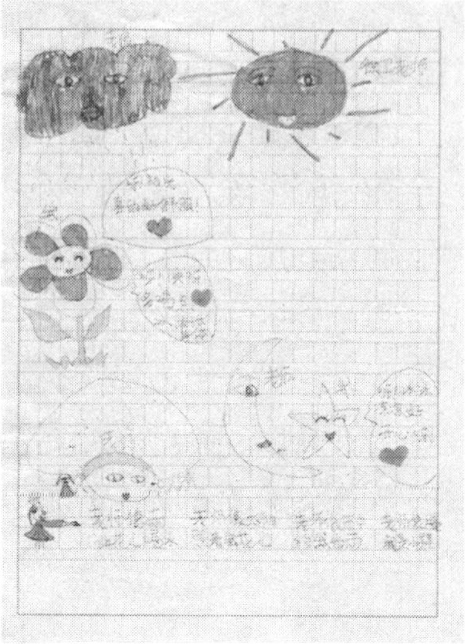

她是需要躲避风雨的小花朵的时候；一会儿是冰凉的月亮，当她是小星星的时候。孩子的思维多么活跃。在他们眼里，老师就应该是这样的“变形金刚”。这是这个孩子在我要离开他们的最后一节课里画的，一下子要想到这么多形象多么不容易啊。由此，我想到的就是：教师的确不应该是一个死板的形象，教师就应该是一个能因材施教、随机应变的智者，是一个学生需要的“百变金刚”。我特别喜欢成都武侯祠的一副总结孔明智慧的对联：“能攻心则反侧自消，从古知兵非好战；不审势即宽严皆误，后来治蜀要深思。”这是清光绪二十八年四川盐茶使赵藩游览武侯祠时，追思诸葛亮治军理政的成绩，联想到当时四川总督岑春煊备用武力镇压民众的情形，奋笔挥毫撰写的对联。对联的字面大意是：能采取攻心办法服人的，自然会消除那些疑虑不安、怀有二心的对立面，自古以来深知用兵之道的人并不喜欢用战争解决问题；不能审时度势的人，其处理政事无论宽或严都会出差错，后代治理蜀地的人应该深思。

作为一个长期从事班主任工作的人，我读到此联，深叹其中有不少值得体味的教育要义。当然，对待学生毕竟有别于对付敌人，治理班级毕竟有别于治理军队。故而我认为，就班主任而言，要想治理好一个班集体，“交心”之策为上而“攻心”之策下之，“造势”之策为上而“审势”之策下之。

“攻心”重在“攻克”而“交心”贵在“互动”。一个班主任，要想营造一个团结向上、快乐和谐的班集体，不仅要思考如何“攻破”每个孩子的心理防线，更要时时刻刻想到如何让孩子进入自己的心，如何让自己的心和学生的心一起跳动。特别是对待有“逆反”与“疑惑”之心的孩子，我们更是要以“心”换“心”，直至“心心相印”，化“逆反”为“服从”，化“疑惑”为“敬佩”。当这些“反侧”之童都已“消失”后，构建优秀班集体的基础也就形成了。

2003年的教师节那天，我走进办公室，发现桌上堆满了学生送来的鲜花。当学生下楼做早操时，我破例没有随班下去而是匆匆地走进教室又匆匆离去。当我踏着上课铃声再次走进教室的时候，教室里响起了雷鸣般的掌声。因为，早操回来的学生惊喜地发现大家的课桌上都放了一枝康乃馨，黑板上写着这样一段话："五十六朵鲜花五十六颗心，五十六个祝福五十六份情。谢谢你，我亲爱的同学，愿我们师生间的情谊之花永不凋谢！"

热烈的掌声证明了我又一次赢得了所有孩子们的心，无论是送花给我的还是没向我表达节日问候的，无论是特别喜欢我还是不那么喜欢我的。在这样的氛围里教书育人治理班级，不能不说是一件非常幸福的事。

"审势"处于"被动"而"造势"立于"主动"。一个优秀的教师，不但能审时度势，还能主动"造势"：调动学生的情绪，提升学生的认识，从而构建富有特色的班级文化。这样的班主任，总能在"宽"与"严"之间游刃有余地治理着班级并让学生心服口服。然而，要练就这种"造势"功底却非一朝一夕之功。

不少年轻班主任刚从学校走出来，比较能理解学生，很能和学生打成一片，也能与学生"交心"，所以，一开始，与学生们关系很融洽。但时间一长问题出来了，学生与之太随便，班级管理的执行力越来越差。这是为什么？应该怎么办？有的老师把这一切归结于自己对学生"太好"了，不够"严"。于是收起了笑容，板起了面孔，不再与学生"交心"了，然而收获的往往是学生的反叛和自己的孤单。其实，问题不是出在"交心"上，而是这样的教师还未学会掌握主动权，不会"造势"。

其实，能与学生"交心"的老师，无论治班风格以"严"还是以"宽"为主，都可以成为出色的班主任，关键在于你是否能"造势"：能否将不良的环境氛围重新营造成可以引起良性循环的班级氛围。心理学的研究告诉我们：只要你造出了良好的"势"，"从众心理"就会帮助你轻松地把所有的学生吸引过来。

一次，我班学生因上课时过于兴奋，下课做课间操时还安静不下来，而学校要求课间操时各班排队下楼，并要做到快、静、齐。做完操回到教室，我请今天没有一路打闹的学生站起来，有十来个学生站了起来。我没有批评剩下的学生，只是对站着的学生说："今天，我们课间操的纪律整体来说太糟糕了，我现在要全班重新排队下一遍楼。虽然你们做得很好，但你们是班里的一员，因此不得不跟着大家重走一遍了。对不起了，同学们，我代表他们向你们道歉了。”说着，给他们鞠了一躬。这时，班上一片安静。“现在排队。”我话音刚落，学生静静地排好了队走向操场。不用说，以后学生集体排队出行时，纪律问题就少了。

著名教育家魏书生凡事善于与学生“商量”，治班可谓“宽”矣。但在魏老师的带动下，民主的观念已经深入每一个学生的心中：班级的事就是自己的事。所以，班级早已形成“事事有人管，时时有人管”的氛围。在这个班里，你不管点儿事，你都会不好意思。所以，虽然魏老师长期不在班上，但班级日常工作却依然有条不紊，因而魏书生也有了“教育界离场管理大师”之称。已故著名特级教师孙维刚为他的实验班级立下了近乎苛刻的班规：“不许留长头发，不许穿皮鞋，不许唱庸俗的流行歌曲，男女生不许轻浮地说笑，不开生日晚会，不寄贺年卡。”治班可谓“严”矣，但班上也没有一个学生“反之”“侧之”，因为他的学生都认同了他的观点：“人各有各的活法。一个志存高远的人，是舍不得或无暇顾及常人眼里的趣事的。”由于“认同”，所以“心同”，因为“心同”，所以在这样的班里，你要“花枝招展”一下，自己都感到俗气。于是，他们师生都很成功：第一轮实验班 40 人中有 15 人被清华大学、北京大学录取；第二轮实验班 40 人中有 8 人考入清华大学，4 人进入全国高中数学联赛北京赛区前 10 名；第三轮实验班全班 40 人中 38 人过重点线，22 人考入清华、北大，而当初这批学生入初中时，一半多都达不到区重点中学的录取线。

“交心”，抓住了学生的情感，学生自然会亲近你，故而“反侧自消”；“造势”，提升了学生的整体认知，学生自然会更敬重你，故而“宽严皆成”。于是，我改撰赵藩之联曰：“能交心则反侧自消，从古育人非好斗；会造势即宽严皆成，后来治班要深思。”正是我时时这样鞭策自己，才能使自己在学生眼里是太阳，也是月亮；是云朵，也是雨伞！

珍惜与学生的每一次相遇

教书就是做人还体现在老师与学生的每一次相处，给学生上的每一堂课上。珍惜与学生的每一次相处，珍惜给学生上的每一堂课，就是珍惜自己的人生财富。这样去想，会少很多功利思想，教书，就会变得更加单纯。

有一年，同年级的一位老师被抽调去改毕业班试卷，学校安排我帮她代三天语文复习课。在很多老师看来，这种代课，主要就是起看守作用，谁也不会花太多心思去备课上课，况且，同年级班与班之间还有竞争关系。但是，我不这样看，我觉得，既然老天安排我与这个班的孩子有三天的师生缘分，我为什么不好好珍惜呢？我一定要让这些学生在这几天内喜欢上我，喜欢上我的课，让他们觉得与我相处的这三天有收获。所以，我很认真地为他们上好每一节复习课，也受到了学生的欢迎与认同。在我给他们上最后一节课时，他们以《徐老师印象》为题写下了对我的评价和建议。

虽然学生写的作文，难免有很多夸张的地方，但是，它却告诉我们，学生喜欢老师，或许只是一次交流或一次接触的事。如果我们只凭着对师生缘分的珍惜，不带着任何计较功利得失之心去做事，往往还会收到更大的“功利”。如这次代课，我没去想所代课班级是同年级有竞争关系的班，也没去想反正只是代三天课，又不是自己班的学生，应付一下学校的安排就行了，而是带着珍惜三天“师生缘”的想法去认真地备课上课，结果，我收获了学生的感恩和铭记。大家知道，同年级班与班之间的学生都很熟悉，相互间交往也很多，这下可好，我班很多学生都很自豪地告诉我：“他们班的同学特别羡慕我们。”“他们说我们徐老师讲课讲得真好。”这无形中加强了我在本班学生中的高大形象，大家都觉得不能“身在福中不知福”，班风学风更加良好。

要学生优秀，先自己优秀

你珍惜与学生的每一次相处，珍惜给学生上的每一堂课，能赢得学生的好感，但不一定赢得学生的信服。从孩子身上，能看到父母的影子；从学生身上，能看到老师的形象。希望学生优秀，首先要自己优秀。

真正能让自己优秀的，是自己做人的态度、做人的习惯。大家都在要求学生形成一些基本素质和良好习惯，如保持卫生和爱护公物，如遇事要积极参与，不要做旁观者，如要做课堂的主人，要专心听讲、积极发言等。而且，当学生在这些方面做得不好的时候，我们总是苦口婆心地劝说学生，当反复劝说甚至批评还不见效时，我们往往还有点痛心疾首的感觉。是的，只要学生做到这些了，他一定会比做不到这些时优秀得多。但是，我们教师自己做到了吗？为什么开会时前两排的座位没有老师去坐？难道后排比前面看得更清楚、听得更明白？这是什么样的心态在作怪？如果学生抱着这样的态度来上课，你觉得他可能成为一个优秀学生吗？在平时的工作中，你会为现在的学生遇事总是往后躲的现象而牢骚满腹吗？当然会！但是，当你作为学习者选择座位时，你的表现又如何？如果你是个爱“躲边边”的老师，你又怎么能说服你的学生去积极听课？你的班又如何能形成那种“争当出头鸟，敢为天下先”的班风学风呢？

在本书《实施“痕迹回望”教育的思考》一文中，我列举了一个国家级示范性高中的学生在座位上乱写乱画的不良行为，但这些现象在我们老师中是不是就不存在呢？现实中的很多事例告诉我们：有些教师也存在这种不良行为。

其实，在孩子的身上往往能看到我们教师的影子。一个自己都不具备基本公民素养的教师，其道德说教如何能使学生心悦诚服呢？反过来说，如果你是一个注重自己的基本修养的人，是一个做什么事都很投入的人，那么，你的学生、你的班级自然会受你的言传身教，也会成为一个注重基本修养的、做任何事都很投入的学生或班级。当他们做什么事都比别人投入的时候，其收获当然也比别人要多。这样的班级和个人，想不优秀都难啊。

一个班级的文化特质，一定蕴藏着班主任的个人魅力。其实，任何一个集体的气质，都与领导者的个人风格相关。下面是电视剧《亮剑》里的一段对话：

赵刚：老李，前两天政治部的同志来看我，也和我谈起了这次战斗的起因和经过，我想了很久。我在想，如果当时我在，我会不会制止你的行动？

李云龙：你肯定会。当时那种情况你要是不制止，你就不是赵刚了。

赵刚：你这话说到点子上了，凭我的性格，我肯定会制止你。可是话又说回来了，如果我制止了你，那也没有后来的大胜仗了，这里面有些值得思考的东西。你知道，我的性格是谨慎有余，魄力不足。这种性格是有缺陷的，虽说不会惹出大祸，却也不能成事。

李云龙：老赵，要是把咱俩的性格均匀一下，那就能干大事。

赵刚：可惜这是不可能的。性格这东西很怪，你可以有意识地去调整它，却无法根本改变它。我在反思自己，我常常提出这样的设想，如果我是独立团的团长，我很可能把独立团带成一个遵守纪律的模范团。这样的团队绝不会干出圈的事，会坚决地执行上级的命令，这都没问题。可遗憾的是，这样的团队未必是一支强悍的团队，一支嗷嗷叫的团队，一支拖不垮、打不烂的部队。

李云龙：那倒是，乖孩子往往没出息，淘气的孩子也许能干大事。

我们很多人都认同这个观点：乖孩子往往没出息，淘气的孩子也许能干大事。可是，一遇到孩子淘气，我们当时就会控制不住自己的火气，因为我们只想到了他的“气人”而想不到他“也许能干大事”。想想后者，我们也许会变得心平气和得多。我们继续往下看：

赵刚：嗯，这才是问题的关键。我们现在正在进行一场战争，战争有自己的法则。我们的第一目标是要打败敌人，而打败敌人靠的是勇猛顽强的军队。没有这样的军队，民族独立，国家主权那都是空话。你无法想象，一个由乖孩子组成的团队能和像狼一样凶狠的对手过招。

李云龙：老赵啊，你是说这次打县城，咱独立团打对了？

赵刚：对，打得好，打出了咱独立团的威风。就为了这个，处分撤职都值。我想我要是在的话会和你一块干的。

李云龙：哎呀老赵，和你搭档真对脾气。你是我这辈子见到的最好的政委。

请注意这句话：“哎呀老赵，和你搭档真对脾气。你是我这辈子见到的最好的政委。”这是事实吗？其实，就如赵刚前面所说，他们俩的性格是格格不入的，是对不上脾气的，但是由于两人都很直率，所以，他们可以吵可以闹，但是不会伤感情，这是其一。其二，这可以说是李云龙的一种工作或者说交流技巧，是值得我们学习的。我们不妨在某一次大家都想到一处时，或者工作得到别人认可了的时候，告诉一个可能一直对你还有点小意见的学生：“你不但是一个有主见的同学，也是我这辈子见到的最值得交心的学生。”或者对你的某科任老师说一句：“哎呀，和你搭档真对脾气。你是我这辈子见到的最好的搭班老师。”也许，这个学生或老师，就真的向你期待的方向发展了。这种认同性的期待效果，在心理学上已经得到了充分验证。再往下看：

赵刚：说实在的，老李，我该向你学习，培养自己能干大事的性格。我发现了，一支部队也是有气质有性格的，而这种气质和性格是与首任的军事主管有关。他的性格强悍，这支部队就强悍，就嗷嗷叫，这支部队就有了灵魂。从此以后，这支部队不管换多少茬人，它的灵魂仍在。

李云龙：有道理。兵熊熊一个，将熊熊一窝。要说魂，只要我在，独立团的兵就嗷嗷叫，遇到敌人就敢拼命。要是哪一天我牺牲了，独立团的兵也照样嗷嗷叫。我就不相信，他们从此就变成棉花包。为什么呢，因为我的魂还在。

一个班级，也是有气质有性格的，而这种气质和性格是与班主任密切相关的。兵熊熊一个，将熊熊一窝，班主任的性格强悍这个班级就强悍，就“嗷嗷叫”，这个班级就有了他的“魂”。就像魏书生，为什么他经常外出讲学，他的班还是那样的出色？因为他的“魂”还在班上！

要照亮一段路，更要点亮一盏灯

曾经很长的一段时间内，我认为自己还算得上个好老师。学生离开了我之后，向我反映教他们的新老师不如我，因此都很怀念我，为此，我一直自我感觉很好。但是后来发生的事，让我有了愧疚感。

帅是一个特别聪明而又个性很强的学生，属于得理不饶人的那种“怪才”。但是，我说什么他总是能听，似乎就服我管。而且他在班里当班干部，同学们也很认同他，毕业时，由他主持的毕业烛光晚会也大受老师、家长及同学们的称赞。连他的家长都不得不佩服我，甚至到了中学当他遇到什么问题时，家长也常常要咨询我。可是后来，这孩子与中学班主任发生争执，甚至打起来，家长只好把他送到了外地读书。

卓和我女儿在同一年级，一次她俩和我在一起，有熟人见了问她们是谁，我开玩笑说是我的两个女儿，从此她就私下叫我干爹，我女儿在场的时候，就会边喊着“不是”边去追打她……转眼卓毕业两年了，一天，她给我写了封信。信中讲了她在初中的学习和生活情况。特别提到了她与语文老师的关系。她说：“一开始我老把她和您做比较，觉得课也讲得没您好，长得也不漂亮，所以就不那么喜欢她。好长一段时间都不太喜欢语文，甚至对上语文课有些抵触。好在我有一个很好的外公，他有一天一语道破了玄机。外公说，没有任何老师能比得上对我有父爱之情的您，但是，任何一个老师也有您所没有的优点。所以我试着换个角度去看她，发现其实她也挺好的……”这时，另一个学生的身影又跳入我的脑海中，萍也是这样一个学生，她也曾在信中反映了这样的情绪：“您是否一如既往地站在讲台前，用你（Sorry，多写个“心”实在太麻烦了——我依然是个懒虫）特有的方式讲解着课文呢？我想象得出，站在你们教室外面就可以听到笑声了。在二中的日子里，每当老师的‘催眠曲’唱得让我快闭上眼睛的时候，我总想起过去我们教室里的欢乐气氛。我很狂妄，我不听课，语文成绩还不错。只是作文已大不如前了，或许是缺乏了过去那份热情，只是懒洋洋地写着作文，再懒洋洋地将它丢到脑后……”

蓦然间，我追问自己：当学生离我而去之后，我还能给学生什么？我到底留给了学生什么？我的所谓“优秀”，难道没有在无意中伤害了像帅、卓和萍这样的学生吗？我以我的“优秀”带给了学生一段光明的路，而当学生离我而去的时候呢？我带去的光明由谁来给？遇到比我更优秀的老师还好，如果遇到的是不如我甚至远不如我的老师，这些学生会不会因为对比而倍感失落进而放弃自己的努力与追求？于是，我终于明白，真正优秀的教师不只是孩子人生路上某一段路程的好导游，更要能唤起孩子对人生的思考，让他们学会规划前进之路。只有这样，孩子才会在不论如意还是不如意的环境中，永葆着向自己的目标奋进的精神。我不断反思自己，也在进一步反思我们现在的教育：我们在不断地向学生传授知识的时候，是不是忘了应该在学生幼小的心中点亮一盏指路明灯？我们鼓励学生考大学甚至追求名牌大学是不是就算为学生点亮了一盏有意义的所谓理想之灯？从什么时候起，我们再也听不到孩子们发出诸如“为中华之崛起而读书”的心声？当社会责任感和时代使命感不再成为我们读书的动力的时候，我们的教育是不是已经变得功利和浮躁？我相信，呼唤为学生点亮一盏以社会责任感和时代使命感为理想的指路明灯的声音终有一天会重新高亢起来。

我又想到了帅，其实，帅是一个有才气的孩子，如果当初我能在他心灵深处点亮一盏理想之灯，是否可能会改变他今后与老师相处的态度呢？我又想起了夸美纽斯在《大教学论》中讲到的一个故事：雅典的大将赛密斯托克利斯年轻的时候是桀骜不驯的，所以他的导师对他说："我的孩子，你是不会长成任何平庸的人的；你将来对于你的国家不是有极大的用处，便会有极大的害处。"这话，如果当初我也对帅讲了呢？如果当初我也用心让他坚信自己会成为栋梁之材了呢？他还会任由自己与初中的老师打架吗？

当我们本着良知去做一个平凡的教育人的时候，我们就已经开始了爱人爱己的幸福追求。从此，我们的良知就不断地促使我们为了自己及学生拥有幸福的学校生活开始不断地学习教育学，学习心理学，学习教材教法，学习如何当好班主任，学习管理班级的技能技巧。而这其中有不少教师走向了工作的卓越，走向了教育的幸福。正如朱永新教授说的那样："享受着教育幸福，你就多了一种生活的诗意。你能从平凡中品味出伟大，从失败中咀嚼出成就。你能读懂每一个孩子的脸庞，走进每一个孩子的心房。你会惊奇地发现：幸福从此熙熙攘攘。"于是，你也就成为朱永新先生所希望的那样的"理想的教师"。

一个教师，要想真正体会到教育的乐趣与幸福，就要真正地征服学生的心；要真正地征服学生的心，就一定要想清楚自己想做一个什么样的人。或者说，你怎样教书，你就在怎样做人；你在怎样做人，就在教学生做怎样的人。

听课教师感悟

"听课后受益颇多，收获颇丰，意识到要学的更多，在此以三个字总结我的感悟：真，即真诚、认真、真实；心，即用心、交心、关心；爱，即师爱、父母长辈的爱、激发爱。"

"一次难得的学习机会，令人兴奋、喜悦，我感受到了徐老师的亲切，他的课听着自然、舒服。"

"……教师的心态很重要；教师要有一双慧眼，要善于发现学生的闪光之处。总之，今天徐老师的讲授，让我更真切地感受到了作为一名普通的老师其实也可以很幸福。"

"幸福可以传染，快乐可以传递；只要与学生（与人）相遇，就应留下美丽！"

相关博文的博友留言：

跑跑懒懒："交心有前提，前提就是学生的心不是冷漠的。有的时候，我在想，遇到局长甚至更高级别官员的孩子，他们看到很多势力的东西，心很冷漠，我怎么做呢？"

徐痴人："的确，学生的心不能冷漠。但是，让所有学生，特别是让一些自以为是、父母为官为商的孩子的心至少在你面前不冷漠的办法是：你要有一种内涵深厚的文化人的真正气质，有一种让有金钱欲与功利心的人也不得不对你的人格魅力肃然起敬。在这方面，我觉得教师是不能与学生讲平等的，我们就是要成为学生的偶像，努力让学生成为我们的'粉丝'——无论他是平民子女还是'八旗子弟'。"

Wu Zhi Ming 悟之铭 3

教者贵有父母心

要唤醒孩子的心，必须读懂孩子的心；要读懂孩子的心，就要能走进孩子的心；要走进孩子的心，就得让孩子愿意亲近你，把心贴近你。徐痴人以为，教育者最可贵的，就是要拥有一颗父母般慈爱的心。

“教者贵有父母心”的观点，是痴人在学习魏书生的班主任艺术的过程中提炼出来的。观摩魏书生老师的课，您一定不会联想到“作秀”；听魏书生老师的讲座，您一定能感悟到爱心的涌动。做实实在在的教育一定是要有心的：父母般的爱心；而华而不实的教育也是有心的：如功利心、虚荣心。亲爱的读者，您想拥有颗什么心呢？

“教父”魏书生

刚接触魏书生老师时，他那深刻的思想、丰富的经验就让我折服。他那充满人生哲理的报告，那读罢令人心潮起伏的著述，给我太多太多的惊奇，以至于我都疑惑：魏书生，乃神人乎？

于漪老师和吕叔湘先生的话加深了我对魏书生老师的认识。于漪老师认为，魏书生同志是用教育学、心理学、哲学等理论来指导自己的语文教学的。吕叔湘先生则说魏老师不是一个一般的教育家，他立志献身教育事业，有一种忘我精神，这不是一般教育家能做到的。他想的是全体学生，要把所有的学生教育好才甘心，有一个学生没有教好心里就不安。他把学生看得比自己还重要，自己可以忍受生活上的种种不便、种种困难，目的就是把这些学生一个个教育成才。这是真正的共产主义者的精神，也可以说是一种宗教家的精神，牺牲自己，拯救别人。

有一天，我读到一个耳熟能详的句子："可怜天下父母心。"突然间，我冒出了这样一个灵感："教者贵有父母心！"这成了我对魏老师的精神的高度概括，也成了我教育工作中的一句座右铭。魏老师的可贵，就在于他是"教者"与"父亲"的统一体。父母般的爱心，铸就了他对唤醒心灵的坚守。超强的教育智慧，成就了他独具魅力的教学。

在我眼里，魏老师就是这样一个学生的"教父"——一个真正做到了"一切为了孩子，为了孩子的一切"的父亲。他对待每一个学生，都体现出一种"牺牲自己，拯救别人"的"宗教家"式的忘我精神。"教育家"的称谓对魏老师来说已太俗气，他就是一个父亲般的教者——为教而生，以教为活的教者；一个达到了"天人合一，解放自我"（魏书生为鲁燕城老师的题词）境界的教者。

如今，我不再惊奇和困惑这众多的"奇思妙想"是如何诞生的，经过几多彷徨，几多感悟，我的思绪终于返璞归真。魏书生最终教会我的，只有这样一个质朴的真理——教者贵有父母心；魏书生最终留给我的，只有这样一个崇高的形象——一个伟大的"教父"。

"爱心"铸就教育大师

从魏书生延伸开去，一个个教育大师谁不是对学生具有这样的"父母心"呢？与魏老师一样，陶行知先生也是放着知名大学的校长不当，自创平民学校，被一些人讥笑为"自讨苦吃"。而他却说自己很幸福，因为自己是在"背着爱人过河"。陶行知先生用四颗糖教育学生的故事至今仍被人津津乐道，很多人由此感叹陶先生的教育智慧，而我却更感叹陶先生的教育爱心。拿糖哄小孩，谁不会？为人父母者更经常为之。但是，当这个学生的违纪行为可能会导致你的班级扣分，甚至使你的班级和你都失去评优资格时，你还能有心情，或者还愿意递去这"一颗糖"吗？递糖的动作很容易，但递糖的境界不容易炼成！这要求我们必须对学生怀有真正的"父母心"。然而事实上，当学生的某些言行较严重地影响到我们自身的利益时，我们往往由"爱"到"怨"甚至生出"恨"来，一些视荣誉如生命的"优秀"教师体罚甚至摧残学生的现象就由此而来。魏书生说："你爱事业，如果只是为了向它索取个人需要的东西，那么，这种爱是假的。你爱事业，是为了向它奉献出自己的一切，这才称得上是真爱。而只有爱到愿意自我牺牲的程度，才能够在事业上取得成就。"这也就是魏老师与普通教师的区别所在。我们说魏老师是在享受班主任工作，并不是他的学生就不会给他出难题，而是因为他有这样一种思想境界："索取不是爱，献身才是爱。你热爱生活，热爱自然，热爱明天，热爱人民吗？那么收回你向他们索取名利的手，洒下你的热血，捧出你的诚心，献出你的汗水、力气，你会在这献身中找到欢乐与幸福的真谛。因为你不想索取，你就永远不会有索取不到的痛苦；因为你总想献身，你就无论何时何处，都能享受到因献身欲望满足而产生的幸福。"我们学习魏书生，首先要学习的就是魏老师这种崇高的思想境界，有了这种境界，我们对学生就会有一颗大公无私的"父母心"。有了这样一种"父母心"，一切功名利禄将不再阻碍我们对学生的真爱，"一切为了孩子，为了孩子的一切"将不再是一句空话。那时，向损害过我们切身利益的学生微笑着递去"一颗糖"将不再让你感到委屈，而学生由此产生的改变则更会让你倍感幸福。

面对魏书生，我们应该明白：我们不但要拥有高尚的"父母心"，还要努力成为教艺高超的"教者"。

陶行知先生对打架的学生不断递上的不是"苦口良言"而是"四颗糖"，这看似简单的方法你我不一定能想到；魏书生老师对待犯不同错误的学生，有时让写说明书，有时让写心理病历，有时让唱歌，有时让做好事……这些好方法你我未必想得到。这是为什么？不就因为他们都是教艺高超的"教者"吗？他们亦如一代武侠霍元甲融各门各派武功而化出的"迷踪拳"一样，把各种科学的教育理念，各种形式的教学方式融入自身的教育工作中，从而达到"天人合一"的至高境界。魏书生在班主任工作中的一些小事常常让我们惊叹不已：针对自己爱发怒的毛病选一位控制教师发怒的同学，每天点燃一盏思想的明灯，有三部分内容的座右铭，治病救人周，控制"三闲"，学生座位自愿组合，一粒瓜子壳 1000 字说明，一人为全班，全班为一人，和"后进生"组成互助组，老师的"同路人"，选举"闲话能手"，"闲话"接力赛，糖衣药片和顺耳忠言，上进于反复之间，有时也需要"留"学生，调解学生和家长的关系，选好常务班长，设立值周班长，设立值日班长，设立养鱼负责人——鱼长，设立养花负责人——花长，鼓励学生自荐，劳动不吃“大锅饭”……一个个鲜活的案例，年复一年地在其报告、文章中生动地展现出来，引得我们不由自主地为之热情鼓掌，奋力喝彩。这难道不是魏书生充满爱心的高超的教育技能的展现吗？

从教育者向被教育者延伸开去，我们还会发现，充满爱心的高超的教育对人的发展多么重要。英国科学家麦克劳德上小学的时候曾偷偷杀死了校长家的狗，那位高明而充满爱心的校长，对他的惩罚是要他画出狗的血液循环图和骨骼结构图。这个包含理解、宽容和善待情怀的“惩罚”，保护了麦克劳德对生物的兴趣，并激发了他学习生物学的热情。校长的一个具有激励性质的“惩罚”激励了这个小学生奋发向上，立志成才，并最终因发现胰岛素对治疗糖尿病的作用而走上了诺贝尔奖的领奖台。看，一个具有真正“父母心”的高超的“教者”，一定能读懂孩子的心，一定能够与之进行心灵的沟通，能以心动其情，以德撼其心！那种充满爱心、积满智慧的教育方式，使受教育者在接受、宽容、理解、善待他人的品德观念影响下，建立起一种坚忍不拔和积极进取的道德信念。

我想，教育一千个学生，魏书生们可以用一万种让我们心悦诚服的教育方法，因为他们是既拥有“父母心”又具有高超教育艺术的“教者”！当他“走入学生的心灵世界中去，就会发现那是一个广阔而又迷人的新天地，许多百思不得其解的教育难题，都会在那里找到答案。对学生细致入微的了解，使教师的教育工作如同有了源头活水，常做常新”！

要想学习魏书生，就别把教师只当成职业，别把教学只当成工作。我们要做一个虔诚的教者，教育就是我们的血，教学就是我们的生命，我们的血液当为学生而流，我们的生命当为学生而存。如果我们没有拥有魏书生那样的一颗“父母心”，那么，我们即使成名成家了，也难以赢得学生、家长发自内心的尊重。而那些只知把学生成绩当做自己事业发展的工具，完全不顾学生的长远发展，运用“揠苗助长”的方式获取成绩的所谓“名师”则更为我们所不齿。相反，如果我们拥有魏书生那样一颗“父母心”，那么，我们即使不能成名成家，也能赢得学生、家长、学校及社会的尊重。当然，作为教育工作者，我们更应该刻苦钻研教育教学规律，努力追求“成名成家”直至成为像魏老师那样受人敬重的“教者”。那时，一个个更鲜更活的案例也会在我们的教育工作中出现。当我们成为充满“父母心”和“教育智慧”的“教者”时，我们将真正成为学生生命历程中的指路明灯乃至学生心中不落的太阳。

学习魏书生，就让我们记住这样一个朴实无华的定义：爱，是教师的灵魂——教者贵有父母心！

Wu Zhi Ming

悟之铭 4

让爱插上“优雅”的翅膀

——让班级管理更人性化

“优雅”是一种从教育行为中体现了出来的能愉己悦人的风度；“优雅”是敏锐的教育眼光和高超的教育技能的融合，是能折服学生的教育智慧和能感动学生的教育言行；“优雅”是教育者教育机智的体现和人文思想的彰显；“优雅”是教育者对学生、对自己充满信心的一种乐观的情感流露！让爱插上“优雅”的翅膀，你将铸就幸福的学生，而幸福的学生则会成就你作为教师的幸福！

追求“优雅”，让班级充满人文气息

一个班集体，既像一个大家庭，成员间有着兄弟姐妹般的情谊，也像一个小社会，会出现这样那样的问题。如果这个集体是一盘散沙，就可能出现各种问题；如果在这个集体里，大家有在家一般的温暖感觉，有亲人般相互关怀的意识，有共同奋进的团队精神，那么，出现的问题可能就少，也容易解决得多。因此，我们需要运用教育智慧，“优雅”地营造富有人文关怀的、朝气蓬勃的班级文化氛围，打造师生幸福生活、学习的校园环境。

首先，我们要让班级文化的内涵“优雅”起来。

一个班主任接手一个班，首先要根据自己的特长和学生的基本情况，以孩子的健康成长为出发点，确定自己班级的独特文化内涵。1986 年，我接手一个三年级班，我给它取名为“星星班”，确定了“集体的荣誉至高无上”的班级文化内涵，为此，我专门写了班歌《集体的荣誉至高无上》：“无数颗小星星闪着光芒，集体的荣誉至高无上，携起手共前进奔向未来，编织出我

们的美好童年，美好童年！”有了这样的基调，我只是时不时“优雅”地提醒学生：“今天，你是一颗什么‘星’？怎样做才能不损害班集体的荣誉？”于是，我的班里“星”光闪烁！

其次，我们要让班级管理手段“优雅”起来。

小学生的年龄特征决定了他们意志力不强，没有一定的动力或具体的目标，在这种情况下，良好的班级文化气氛也很难形成。因此，班级成员光有明确的班级文化意识还不够，还需要有更为具体的目标要求作为动力，班主任也一定要围绕自己确定的班级文化内涵设计出相应的具体的实施方案。我为了让学生真正践行“集体的荣誉至高无上”的班级文化，在设计教室文化墙时，在黑板上方的墙上设计了动态画面：黑板正上方是半轮初升的红日，并对称地散发出金光。我告诉学生：“老师希望用不了多久，那些金光顶端都能贴上一张代表我们班集体荣誉的奖状。”从此，学生为荣誉而战的积极性被调动起来了。每当贴上一张奖状，我不但会对他们进行一番褒奖，还会时不时地幽上一默：“唉，左三张，右四张，不对称啊，如果能再加一张，就更好了，是不是啊？”就这样，不用强求，不用呵斥，只在“优雅”的谈笑间，一张张奖状在一次次比赛中被我们斩获，贴在了班级的文化墙上。从第一张奖状贴在正中，到金光增加到十多道奖状还贴不完，这个设计整整激励了这个班的学生四年。

再次，我们要让日常教育的言行“优雅”起来。

教师必须通过自己“优雅”的言谈举止，让学生真真切切地感受到人文关怀的魅力，要“优雅”地把学生当成有血有肉的、有感情的“人”来关爱和包容。

当然，教师也是人，也有情绪的波动，但我们要学会主动地排解不良的情绪，特别是冲动的情绪，这是教师的职业追求之一。魏书生选定制止他发火的学生来克制情绪，作为四川人，我克制情绪的办法就是讲普通话，因为用普通话骂人骂不顺畅，自然就抑制了坏脾气，特别是有时骂成了方言普通话，还可能使其他学生甚至自己忍不住发笑，一笑就把气氛给缓和了，所以，一般说来，学生们不仅把我当老师，也把我当朋友。有些学生这样给我写毕业留言：“我是酷狗徐卫老师的学生（酷狗图）：在这三年的相处中，我们已经了解了对方，虽然您是老师，但我们还是成了好朋友……”“徐老师像一位慈祥的父亲，经常给予我教育与帮助；徐老师像辛勤的园丁，哺育着祖国的花朵；徐老师像温暖的春风，滋润我幼小的心灵……”

追求“优雅”，让班级充满快乐温馨

一个能有条不紊地开展班级工作的班主任，必定擅长班级制度的建设和班级活动的开展，而这两项工作，最能体现班主任的“优雅”。

首先，“优雅”使制度的制订更加人性化。

说起“制度”，大家就觉得它是冷冰冰的东西，但是，一个追求“优雅”的老师，制订的制度也会充满灵性。

我在接手一个六年级班时，先确定了“师生关系融洽，学生积极上进”的班级目标，然后又引导学生制订了《考试成绩不记名排队的评比制度》《特邀家长参加班会制度》《班队干部评选及评比制度》《家长周记制度》《“红黄牌”及“红花”评比制度》《“喜报”制度》《保洁工作制度》《班干部的主要分工》共8个班级制度，并以通知的形式发给家长以求配合。

这些制度的制订和执行都体现了对学生的严格要求和人性化的关怀。如《“喜报”制度》规定：“凡为学校为班集体争光的学生或被特别提出表扬的学生，均可主动向宣传委员领取‘喜报’通知书向家长报喜。”这强化了学生的自信心和荣誉感。《特邀家长参加班会制度》“邀请每周四用转盘抽签的方式选出的3～5名学生家长参加班会，尽量满足部分家长自愿参加常规班队课的要求，并由学生点评有家长参加班会的同学的优缺点”。由于学生能在家长面前客观评价同学的优缺点，家长能更客观具体地了解自己的孩子，促使家长由原来的怕被老师请到后来乐意来校参加这种形式的班会，以至于出现需要限制家长到校参加班会的人数的现象。

其次，“优雅”使制度的管理更加人情化。

追求“优雅”的老师，会努力做到不以成人的眼光看待孩子的言行，不以“权威”之标准来压抑孩子们的异议，不以冷漠、教条、死板的禁令来束缚孩子们的童心。我们要努力用符合学生生理、心理发展规律的规范来引导他们茁壮成长。

我们的《班队干部评选及评比制度》中规定了班队干部的竞岗制、每周由学生对干部进行评价打分的制度及每月评价积分末位淘汰制，这一系列制度激发了每一位班队干部的危机意识和每一位学生“参政议政”的热情，增强了班干部的工作责任心和班集体的凝聚力。同时，落选的学生可重新参选，获得修正错误的机会，教师给他们讲一些伟大人物遭遇挫折的故事以激励其永不言败的斗志。

过去，我们的学生都对成绩的公开抱无所谓的态度，对教师以成绩论好坏的评价方式也习以为常。于是，我们在《考试成绩不记名排队的评比制度》中明确指出：“为了使本班孩子们既能了解自己的学习成绩在班级中的状况，又不让他人知道自己的成绩，保护好学生特别是成绩较差的学生的自尊心，使之在没有心理负担的状态下学习成长，在与自我竞争的气氛中发展进步，本班决定对每次考试成绩实行公布‘考试成绩不记名排队’的制度，同时，教师将针对学生的成绩进步或退步情况不定期地找同学谈心。”制度实行的头一天，一位考试成绩极差的学生在老师保密发放试卷的情况下随意把自己的试卷给同学看，这个细微的举动没有逃过我的眼睛。放学后，我将他请到了办公室，严厉地批评了他这种无视自己尊严的行为。我认为，当一个孩子已经无所谓自己成绩的好坏、不会因此而产生羞耻之心的时候，他是不可能有追求进步的动力的。只有当学生对自己的成绩不满意、觉得不好意思拿出去见人时，或者是很满意自己的成绩，很想拿出去展示一番的时候，他们才有追求进步的动力。在与一些成绩不太好的学生谈心时，我注意引导他认识自己的付出和相应成绩的关系，并引导他们体验相应的成绩带给自己的失落感或幸福感，让他们明白有所得（取得好成绩）就一定要有所失（失去些玩耍的时间）的道理，进而引导他们为了追求心理上的舒服和满足而愿意“有所失”。不出我所料，在不给学生公开排名的情况下，学生的整体成绩不但没退步反而有所提高，学习兴趣也更加浓厚了。

我们的《家长周记制度》则将教育触觉延伸到了家长，提出了“家长应在每周五早上让学生代交一篇‘家长周记（优点篇）’”的要求，并请家长尽量用正楷字写出孩子在本周内表现出的各种优点。其目的在于引导家长关注孩子的成长和学会发现孩子的闪光点，培养家长的亲子情结，同时让学生及其家长体验到班集体带给他们的快乐。这一系列充满真爱的班规使本班老师、家长、学生间的情感得到了沟通并收到了良好效果，预定的把本班变成师生关系融洽、团结活泼、积极上进的班级目标随着时间的推移正逐步形成。

附：

“考试成绩不记名排队”表

学科	语文			数学		
成绩 名次	第一单元	第二单元	第三单元	第一单元	第二单元	第三单元
1						
2						
3						
4						
5						

黄牌牌面设计：

黄牌（红牌）	张扬

张爸爸（妈妈）：

你的孩子张扬在本周星期一的语文课上因多次讲话，被徐老师罚黄牌一张。

裁判：徐卫　宣传委员：刘叶

2002 年 9 月 5 日

“报喜”通知书设计：

喜报

张爸爸（妈妈）：

你的孩子张扬在今天上午第二节语文课上积极发言，受到徐老师表扬。

特此向家长报喜。

宣传委员：刘叶

2002 年 9 月 5 日

总之，我们要让制度的制订充满“优雅”，让制度的执行充满“优雅”。让孩子们在遵守制度的同时，体会到“制度”是自己成长道路上的“真心朋友”，而不是“眼中钉”“肉中刺”，这样制度才能促进学生的幸福成长。

再者，“优雅”让班队的活动真情化。

组织班队活动是班主任的重要工作之一，很多人认为班队活动就是围绕一个主题搞一次“综艺会演”，其实不然，班队活动的生命力不在于表演展示而在于知识和情感的交流。

作为班主任，我组织孩子们开展的各类高质量的活动可谓数不胜数：特定的节日活动，如母亲节“献给母亲的歌”，五一劳动节“今天我当家”，六一儿童节的“氢气球串起手拉手”；趣味性的活动，如“高空掷鸡蛋（不摔坏）比赛”“成语小品表演赛”“有趣的‘牛头不对马嘴’游戏”“课本剧表演赛”；励志性的活动，如“学规范、见行动”主题队会；调查活动，如“我们眼里的成人和成人眼里的我们”“我为课文找缺点”等活动。

在引导和组织学生准备这些活动时，我有三“忌”：一忌当做“演”；二忌只抓“点”；三忌缺乏“线”，坚决杜绝“德育表演”，务求活动的教育实效性。

正因如此，我所带班级开展的活动往往能深深地触动学生的心灵，给师生以难忘的印象。如在一次“三八妇女节献给母亲的贺卡展示会”上，当一个孩子述说因妈妈正在出差没能给自己在贺卡上写下“妈妈的话”时难过地哭了，而当她讲到自己和妈妈通电话的感人情景时，同学们又都报以热烈的掌声。

2000级学生毕业前夕，在学校多功能会议室里，在600多支蜡烛的辉映下，我组织全班学生及其家长举行了毕业纪念烛光晚会。这次活动邀请了全体家长和全校教师参加，集歌舞、相声小品、诗歌朗诵、谜语竞猜、书画展示为一体。但在做准备工作时，我强调的不是高质量，而是告诉孩子们，我们不是在为别人表演，我们是在总结和纪念我们人生中具有历史意义的小学六年的经历和收获。活动那天，每一位学生都站上了表演台，都有自己的一段展示和表演。站在这毕业纪念晚会的中央，每个孩子都为自己的小学生活画上一个完满的句号。晚会虽然没搞精英式的表演，却感动了每一位到会的家长与老师。当一名学生深情地朗诵着自己创作的《献给唐老师的歌》时，曾教了孩子们三年的退休教师唐启玉当场热泪盈眶，不少学生家长和教师们的眼眶也都湿润了。我经常告诉孩子们：“你们要记住的，不只是教过你们的所谓主科老师，而应该是每一位真正爱着你们的各科老师。”一名学生就在晚会上把一首歌献给了他们十分喜爱的美术老师谢怀琴："谢老师是花，带着迷人的芳香；谢老师是画，画出我们美好的生活……"这次活动受到了学校和社会多方面的关注，宜宾电视台、宜宾有线电视台、宜宾广播电台、酒都音乐台均进行了新闻报道甚至专题报道。更重要的是我们全体师生和家长真实地感受到了一种没有做作，没有表演，有的只是优雅和真实的情感互动！

我们要让班级活动充满"优雅"，让"优雅"的气息在一次次的班级活动中渗入孩子们的心田，并使它们深深地植根于孩子们的内心深处。

追求"优雅"，是一种幸福与享受

首先，追求"优雅"，能促使我们的工作方式不断创新。

班主任的工作是繁杂而艰辛的，因此，我们要积极主动地思考减轻负担的方式方法，遇到困难，我们不能回避，而是要从多个角度去寻找解决问题的方法。以往，只有在出现严重问题时我们才会请学生家长到学校来，因此在家长印象里学校请家长总不是好事，难免会有一些抵触情绪，在这样的情况下，与他们谈孩子的教育往往是无法取得良好效果的。因此，我改变了请家长的前提，学生有好的表现也可以请家长来校交流。同时，我还设计了"徐氏班务记事本"，使之具有能轻松找到任何一个学生在日常学习生活中的表现的功能，以方便与家长交流时全面地介绍该生在学校的生活情况而不只限于"告状"。因此，即使孩子犯了很严重的错误，只要我与他们谈到一些孩子曾经的哪怕很不起眼的一件值得肯定的小事，也会让原本气愤不已的家长变得心平气和，而老师对孩子的细心与用心也会让他们感动不已。

其次，追求"优雅"能让师生交往充满诗情画意。

在一个班集体中，总会发生许多让班主任预料不到的事情，在处理这些事情时，班主任要有"优雅"解决问题的意识，尤其是面对出现问题的学生，我们不一定要板起脸孔，如果能时不时对学生"优雅"地幽默一下，效果也许会更好。

一次课间休息时，我发现一个学生从教学楼走廊的花盆里摘了朵"一串红"，吮花心中的汁来吃，当时我并未说什么，只是把她请进了办公室。

“那汁甜吗？”我问。

她低着头说：“甜。”

我说：“可是我觉得这花儿的命真苦，你看你把它美丽的身躯‘吻’成什么样子了？你听到它的哭声了吗？”

这时，她的头低得不能再低了，满脸通红，非常惭愧地承认了自己的错误。

第二年期末考试的作文题是《在……的帮助下》，该同学以这件往事为材料，写下了《在徐老师的帮助下》一文，详细地叙述了我找她谈话的经过和她当时的感受。她特别强调当时她内心所产生的内疚感是任何训斥和责骂都不可能产生的，并说从那一刻起，她就决心做一个“护花使者”以弥补自己的过失。最后她写道：“一年前，徐老师让我忐忑不安地走进办公室，又让我心悦诚服地走出来。一年后的今天，在徐老师短短一番话语的提醒下，我已经由一个‘残花分子’成了一个真正爱花护花的‘护花使者’，而在我心中，徐老师对待我们，不更像一个‘护花使者’吗？”

学生要毕业了，我“优雅”地给每位学生写了一副嵌名联。给田甜同学写的是“田园麦苗秀，耕者心中甜”，我说：“这是老师对你，也是对每一个同学的心愿。”给张泽梅写的是“冬去春来长玉树，冰滋雪润泽新梅”，我说：“你们都是人才，都是一朵朵新梅，老师一年四季都在做这样的育人的工作，你们这些新梅要想真正开放，也离不开老师们对你们的严格要求，这就是冰滋雪润的过程啊。”不同的学生，我总会给予不同的赠语。几年前，一位英姿挺拔的年轻军官来到我面前说：“徐老师，您还记得我吗？”我无法回忆起他的名字，他说：“不要罗列千般誓言，只需炼就一种功夫！”哦，是罗炼！他动情地说：“从 1992 年毕业到现在，老师赠予我的这句话一直是我学习与生活的座右铭。它让我脚踏实地地生活，脚踏实地地工作，使我受益匪浅。这句话，我一定会终身牢记！”

做一个“优雅”的老师吧：“优雅”，让爱以天使的姿态飞向学生的心田；“优雅”，为师生的校园生活增芳添彩！

Wu Zhi Ming
悟之铭 5

不怕爱错怕错爱
——对不同的学生给予不同的爱

父母对孩子及老师对学生的爱不同于男女间的爱，是不怕爱错也不会爱错的，但是，却是最易造成错爱甚至“罪爱”的。爱，原本永远不会有人嫌多，然而，爱的方式出错了，孩子也会被“爱死”。本文提出“不怕爱错怕错爱”的观点，就是希望无论是教师还是家长都要明白，面对不同的孩子，我们要学会给予他们不同的爱。

一天，一位年轻教师对我说：“认识您真是三生有幸。”说到“三生”，我一下就联想到了“优生”“中等生”及“差生”这“三生”，还联想到了很多相关的教育问题，并在心里说：三爱“三生”，“三生”有幸！即把“严爱”奉献给“优生”，“关爱”奉献给“中等生”，“慈爱”奉献给“差生”。

严爱“优生”，“优生”之幸

“优生”本应指“品学兼优”的学生，而今在众多教师和家长的眼里，学习成绩好的学生就是“优生”。对这类所谓“优生”，教师与家长们往往会出现“三视”现象：重视、忽视、无视。

重视即重视学习成绩。在高考指挥棒下，学习成绩好，几乎成为教师及家长眼里的优生的基本条件甚至唯一条件，他们对优生的成绩的期待是“只有更好没有最好”。而恰恰是这样的重视，在某种程度上给了“优生”以极大的心理压力，让这些孩子喘不过气来。

忽视即忽视心理需求。在这个“学而优”则“是”的现实社会里，一俊可遮百丑。加之这样的“优生”一般都很“听话”而给人以“放心”感，家长和教师往往忽视对他们学习以外的问题特别是心理健康问题的关注。然而，正是这样的一批学生，承受着学习成绩必须优秀的心理高压。这样的高压不但得不到教师、家长的疏导排解，反而还因教师、家长过分的期待而变得更大，这无疑给学生埋下了一颗危及心理健康的“定时炸弹”。

无视即无视其缺点错误，无视其如何做人。在优秀成绩的美丽光环下，教师们往往对这类所谓的“优生”一味地表扬，对他们的一些缺点和错误视而不见，或者对他们的过失行为给予无原则的宽容。久而久之，他们也理所当然地接受了这样的特殊待遇，并形成了这样观念：我是优生，所以社会、教师、家长甚至同学对我好是理所当然的。这样的后果是，他们轻则以自我为中心，受惠于人而无感恩之心，自视甚高，看不起老师同学；重则外强中干，一方面自以为是，目中无人，另一方面心理承受能力极差，特别敏感，特别脆弱，特别爱面子，一丁点儿挫折，也会让他们觉得颜面扫地，仿佛世界末日来临。

“三视”教育出来的“优生”，一方面被人们吹捧得高高在上，另一方面却得不到心理需求的满足，他们完全可能成为两种让人担忧的“忧生”：一种是心理健康状况很差的“忧生”。残杀四名同学的马加爵，是从贫寒农村考进云南大学的；用浓硫酸伤害黑熊的刘海洋，更是清华大学的保送研究生，他们不能不说是学业上的优秀者，他们也不能不说是心理健康方面差得不能再差的这类“忧生”中的最不幸者。另一种是缺乏是非观念的道德问题上的“忧生”。他们可能有很渊博的知识和超强的能力，但是，他们未必会对社会怀有感恩之心，他们未必愿意用自己卓越的学识来回报社会。因此，在这个浮躁的社会里，他们未必能成为对社会有用的人。一个美国中学的校长，每当有新教师来到学校，他都会交给新教师一封信：“亲爱的老师，我是一名纳粹集中营中的幸存者，我亲眼看到了很多世间不应该有的情境：毒气室由学有专长的工程师建造，儿童被学识渊博的医生毒死，幼儿被训练有素的护士杀害，妇女和婴儿被受过高中或大学教育的士兵枪杀。看到这一切，我疑惑了：教育究竟是为了什么？我的请求是：请你帮助学生成为具有人性的人。你们的努力绝不应当被用于创造学识渊博的怪物、多才多艺的变态狂、受过高等教育的屠夫。只有在使我们的孩子具有人性的前提下，读写算的能力才有其价值。”校长的请求，也正是我们在对优生的教育中应该特别重视的问题。

只有将“严爱”送予“优生”，才是“优生”之幸。

因为“爱”，所以我们会给予“优生”以人文关怀，我们不但会关注他们的学习，更会关注他们的身心，关注他们的情感，关注他们的人性。

因为“严”，所以我们对“优生”的观察和评价会全面而客观，对他们的缺点错误会给予比一般学生更重的批评，对他们的为人处世会给予比一般学生更多的引导和重视。

因为“严中有爱，爱中有严”，所以我们拿“优生”与其他学生做横向比较，不会拿“争第一”“保前三”之类的指标来压他们，但我们会更看重他们是不是在对自己负责，是不是在努力发挥自己的潜能，我们还会不断指出他们自己不曾意识到的种种问题，让他们明白自己并不是完人，从而引导他们不断进步，不断成熟。

一个“严爱”“优生”的教师，“优生”是不会敌视他的，更不会在日后相逢时对他不理不睬。因为，“优生”知道，自己身上的许多缺点，是在教师的指点下克服的；自己的一步步成功，是在教师的严厉要求下取得的；自己的一次次心理困惑，是在教师的疏导下一一解开的。

我相信，一个在“严爱”中成长起来的“优生”，一定是充满感恩之心的，一定是拥有健康心理的，一定是充满人格魅力的。

所以徐痴人说：“‘优生’遇上了‘严爱’自己的老师和家长，才是幸福的!”

相关博文的博友留言：

益可：“我女儿曾经不止一次对我说：‘好学生（卷面成绩好）心眼儿坏。’今天在老师这里找到了答案，谢谢！看来应试教育的确造就了这样的一些‘人才’。做智慧型的老师，把‘严爱’献给‘优生’，而不是只顾卷面成绩，对‘优生’只做到‘一重视、一忽视、一无视’。”

素儿：“功利性的教育态度是无法培养出真正的‘优生’的，教师需要用更完整的教育观来对待学生的成长，全面地关注他们的发展，当然也不只是优生，对每一个孩子都应该如此。”

关爱“中等生”，“中等生”之幸

相对于“优生”及“差生”，各方面表现一般的学生，即“中等生”。“优生”因为是教师的希望也备受教师的重视，“差生”因为是教师的担忧而备受教师的关注。“中等生”呢，既不能给人太多的希望，又不曾给人添太多的麻烦，因而常常被教师忽视。

因平淡而不被关注，因不被关注而平庸。因为平庸，所以无人重视他们的喜怒哀乐。于是，“中等生”们就在这样一种不痛不痒的状态下学习与生活，这似乎成了大多数普通学生的宿命。

然而，“中等生”在学生群体中占据很大的比例，他们是否能享受到教育的幸福，是教育带给学生的幸福程度的最重要的指标。因此，我们更应关注“中等生”的幸福，把特别的“关爱”给予“中等生”。

因为“关爱”，我们会从平淡中去发现“中等生”们自己也不曾注意到的闪光点，我们会一点点恢复“中等生”的自信心。

因为“关爱”，在所谓的“优生”居高临下地对待“中等生”甚至表现出对他们不屑一顾时，我们会给予那些所谓的“优生”及时的批评，让“中等生”真切地感受到老师是公正地站在自己的一边的，也让他们深深地懂得，无论能力大小、水平高低，在交往上，我们是平等的；在人格上，我们有一样的尊严。

因为“关爱”，在“差生”无缘无故地欺负“中等生”时，我们不会因“中等生”好说话而大事化小小事化了甚至不了了之，我们会让中等生感受到老师对他们的关注与真爱，让他们感到老师时刻在保护他们的安全，维护他们的尊严。

因为“关爱”，我们会在课堂上时时关注他们的表现，时时鼓励他们参与交流表达的积极性。我们会尽可能地组织一些适合普通学生参与的集体活动，让有意义的活动不再成为个别“优生”或“特长生”的专利。

一个“关爱”“中等生”的教师，“中等生”是会铭记他一生的，因为他的出现，让“中等生”们平淡的生活充满了人情味，充满了幸福感！

学校如此，有中等生的家庭更要如此：把更多的关爱给予自己那看似普通的孩子吧，请带着放大镜来发现孩子的优点吧，请带着扩音器来表扬孩子的进步吧！用微笑的眼光看待孩子的错误，用欣赏的心态看待孩子的点滴进步，这即使不会让你的孩子从平凡一步走向卓越，也一定会让你的孩子感受到人生的幸福与快乐。

所以，徐痴人说："把'关爱'献给'中等生'，是'中等生'之幸！"

相关博文的博友留言：

coffee："深刻体会到一名'中等生'的内心感受，我在中学时代就基本上属于这一群体，加之自己的个性不像如今的孩子那样张扬，老师对我的印象都不是很深。我一定要做一个'关爱''中等生'的教师，不仅是为了他们，也是为了自己。"

凌波漫舞："'中等生'是被我们老师忽视的一群人，的确，'优生'给老师增添光环，'差生'令老师担忧，为防患于未然，'差生'也能比'中等生'更受老师的关注！

"在以后的工作中，我一定会运用痴人新说，关爱'中等生'！"

慈爱"差生"，"差生"有幸

"差生"这个提法在时下有点不合时宜，大家都对之讳莫如深，总是煞费苦心地找些模糊点的或者委婉点的词语来代替，如"后进生""潜力生""学困生"。似乎只要不提"差生"这样的称谓，就不会伤害这样一群孩子的自尊心，就符合了新课改理念了。

在我看来，承认"优生"的存在就应承认"差生"的存在。"差生"应该是指存在不良行为习惯甚至不良品性的学生，即"品行"较"差"的学生，学习成绩低下往往只是这类学生的特征之一。"学困生"从原则上说，不应该等同于"差生"，最多只能说是文化学习不是其长项的学生。用"学困生"替代"差生"的说法，实质上是把没有学习天分的正常生甚至艺体特长生都等同于"差生"了，可谓"一丑遮百俊"。所以，玩弄这种虚情假意的文字游戏，才是最不符合新课改理念的做法！因为，这些人在意识里依然根深蒂固地把学习成绩当成评价一个学生好坏的唯一依据。同样，“潜力生”也绝不能等于“差生”。我以为“潜力生”既可以指目前学习方法不对，但如果方法对了成绩就能提高的学生，也可以指目前学习兴趣不浓，而通过引导能产生兴趣从而提高学习成绩的学生，但他们也都算不上我们定义的“差生”。

我眼中的“差生”是：由于先天的遗传等因素，他们具有生理、心理缺陷从而言行古怪，他们可能因内向甚至自闭而遭人嘲笑或嫌弃，也可能因情绪多变而让人厌恶或远离。

我眼中的“差生”是：由于家庭、社会与学校等因素的影响，他们养成了不良行为习惯甚至不良品性，他们常常无视学校制度，他们时时影响课堂纪律。因此，他们让家长痛苦不堪，他们让教师头痛犯难，他们让同学受损遭殃。他们已然是家长的负担，他们不讨教师的喜欢，他们也遭同学的排斥。

我眼里的“差生”是：他们不懂得什么是爱，不知道怎么样去爱人、尊重人、帮助人。因此，他们也得不到爱，得不到别人对他们的尊重和帮助。他们是一群生活在爱的沙漠的孩子，是一群缺少爱的阳光照耀的孩子，是一群最需要被爱唤醒的孩子。所以，把“慈爱”献给“差生”，一定是“差生”之幸！

在我心中，教师的爱，不只是包含自然属性的爱，更是蕴涵教师职业属性的爱。所谓自然属性的爱，是人人都会产生的、天生对美好事物的喜爱，如对“优生”。教师的伟大、崇高，就在于教师还拥有教师职业特有的爱——向不讨人爱的“差生”投以温情的爱！当我们面对“差生”时，我们不能被他们的阴沉情绪所感染，我们需要露出的，是发自内心的阳光般的笑容，如果老师心中没有阳光，如果老师脸上没有笑容，我们的“差生”将生活得更加黯淡无光。我们要用爱的阳光照耀缺乏爱的心田，我们要用爱的雨露滋润缺乏爱的荒园。

因为“慈爱”，我们会如白衣天使照顾病患般细心呵护“差生”，我们会用我们的智慧深究他们“差”之病因，为他们制订转“差”为“优”的“良方”，直到他们成功“转型”。

因为“慈爱”，面对他们的不尽如人意的成绩时，我们不会因为他们的可怜分数拖了班级后腿而愤愤不平，我们会真诚地对他说：“你得的哪怕一分也是为班上作出了贡献，所以，我们每个人都要尽最大的努力，为自己、为集体多作一点贡献。”我们更看重的，不是个人的名利得失，而是一个孩子自信心的树立和正确的人生价值观的形成。

因为“慈爱”，我们会拿出百倍的努力去换取“差生”的点滴进步，我们会用千倍的耐心去宽容“差生”的反复犯错，我们会真心呵护着自己深爱着的这些孩子，为他们的每一点进步而欢欣鼓舞。

一个对“差生”充满“慈爱”的教师，“差生”是会永远把他铭记在心的，因为他的“慈爱”已化为千万缕阳光，温暖了“差生”们的心田，因为他的“慈爱”点亮了“差生”们的前程。

教师对“差生”应如是，家长对这样的“差孩子”更应如是！

所以，徐痴人说：“把‘慈爱’献给‘差生’，是‘差生’之幸！”

其实，在一个真正的教育者的教育字典里，是没有“优生”“中等生”“差生”的成分划分的，有的只是五彩缤纷、性格各异的学生，需要他去加以辨识，需要他去因势利导，而要做到这一点，永远少不了一个字——“爱”！而最终能完成这一重任的则永远离不开两个字——“会爱”！真正“会爱”的教师和家长，知道“三爱三生”只是个外显性的表达，学生不可按“三生”定性，“三爱”也不可在教育实践中分离，对每一个孩子，我们都要给予“三爱”，只是“爱”的侧重点因孩子的基本情况不同而各不相同而已。

相关博文的博友留言：

网易博友251：“‘真正“会爱”的教师和家长，知道“三爱三生”只是个外显性的表达，学生不可按“三生”定性，“三爱”也不可在教育实践中分离，对每一个孩子，我们都要给予“三爱”，只是“爱”的侧重点因孩子的基本情况不相同而各不相同而已’，每一名教师都应好好记住这样的话！”

凌波漫舞：“爱‘优生’老师都会，会爱差生的老师才是真正懂爱的老师，会爱差生的老师才会更加受到学生的尊敬，会爱差生的老师才是真正优秀的老师……读完全文，受益匪浅，感谢徐老师的精彩博文！”

Wu Zhi Ming
悟之铭 6

差生，教师与家长的贵人

如果您家不幸摊上了一个让您头痛的孩子，如果您班不巧遇上了几大顽劣的“金刚”，您会不会觉得他们就是“小冤家”或者“包袱”，只会给您添麻烦？或者，您是不是特别希望孩子能遇到一个可以帮助他并改变他命运的“贵人”？其实，您就是他们身边的“贵人”，而他们也是上帝派到您身边的潜在的“贵人”！这不是天方夜谭，如果您坚信“差生，教师与家长的贵人”这句话，这一切就可能成为现实。

慧眼雕琢“蒙尘玉”

也许你会觉得把“问题孩子”当成“小冤家”或者“包袱”不合适，但要把他们当成潜在的“贵人”，你又会觉得有点儿离谱。那么，我们就暂且把“问题孩子”比做一块蒙尘的璞玉吧。

每一个孩子，都是一块天然的璞玉。有的璞玉，你也许看不到它一点光泽，但你也绝不能断定它不是一块宝玉！

春秋时期，有一个楚国人名叫卞和，一天，他在荆山采到一块璞玉，为了表示自己对君主的忠心，他把这块璞玉献给了楚厉王。楚厉王找来相玉家进行鉴定，玉工认为它是一块普通的石头，没有什么价值。厉王大怒，认为卞和在戏弄自己，命人砍掉了卞和的左足并驱逐出楚国。楚武王继位后，卞和又去献宝，玉工仍鉴定为石头，武王又以欺君之罪砍掉了卞和的右足。又是几十年过去了，武王之子文王继位。这时，卞和已是风烛残年，他还想去献宝，却因行动很不方便无法实现，他怀抱璞玉来到楚山下痛哭了三天三夜，眼泪都流尽了，最后，眼里流出的都是血水。楚文王听说了这件事，大为感叹，让玉工进行打磨，果然得到一块洁白无瑕、光润晶莹的宝玉。因为是卞和所献，便取名“和氏璧”。没有知璞玉懂璞玉惜璞玉，用一生去哭璞玉护璞玉献璞玉的卞和，哪来名扬天下的和氏璧？

作为教师和家长，我们不但要努力做能识“玉”的“和氏”，还要做独具匠心的“凿玉”之人！特别是对一些“问题孩子”，即我们说的“差生”，我们要相信，他们身上的“问题”就如同裹在宝石外表的尘土，只要我们细细打磨，自然就会发现尘土下面是光润的宝玉。

我曾在《班主任之歌》中这样描述班主任老师：“你是春风，唤醒百花争春的梦想；你是利凿，琢去璞玉凝重的蒙尘；你是伯乐，点燃骏马自信的火苗；你是乐谱，包容多变起伏的音符。”在一个班集体中，一些表现得差强人意的孩子，就如沾满尘土、有待我们去雕琢的璞玉。只要我们用细腻的心思去体察，就一定能发现他们内存的玉质；只要我们能找到相应的教育方式去打磨，就一定能发现出他们独有的风姿。

2008年末，我在北京参加北京华育立人教育机构主办的“首届全国班主任大会”，聆听了上海市特级教师黄静华的报告。听完黄老师的报告，我感到黄老师就是这样一个既心思细腻又充满人文关怀的“和氏”。在她30多年的从教生涯中，她把这样两句话作为自己刻骨铭心的警示语：“假如我是孩子”“假如是我的孩子”。她努力以一个教师真诚的爱去理解、宽容、尊重和关心每一个孩子。

黄老师所在的尚文中学是一所普通初级中学，这个学校的孩子，大部分都是在家长和老师的批评声中长大的，他们很少体验到成功的喜悦，甚至有些孩子还存在行为上的偏差。

在报告中，黄老师讲了她与女孩真真的一段教育故事。

真真的典型特点是爱撒谎，对别人的劝说抱着无所谓的态度，可谓油盐不进。同学们都不愿与她交朋友，因为她常常借了钱不还，还爱撒谎；老师们也不喜欢她，因为她经常不交作业，厌学甚至逃学，除语文能勉强及格外，各科成绩全是“红灯”，又拒不接受批评。她妈妈对她束手无策，常常以泪洗面甚至心灰意冷。

黄老师接手这个班后，曾多次找她谈心，可是她的苦口婆心换来的除了沉默就是对抗，这孩子把自己的心锁得死死的。

如何打开她的心锁呢？黄老师寻找着教育契机。

一次偶然的机会，一位教师把没收到的真真写的“乱七八糟”的东西交给了黄老师。黄老师却如获至宝，因为她从中发现了真真有写“爱情”小说的“本事”。这篇长达两万多字的“爱情”小说字迹端正，文句通顺，描写生动，与真真平时乱涂乱画的作业截然不同。这说明真真并不是对什么都懈怠、放弃的孩子，只要是感兴趣的事，她也能认认真真地做好。黄老师没有急着找真真谈话，而是静静地分析、思考怎样抓住这个契机，把真真的特长和自信心挖掘出来。

整整一天，等不到教师批评的真真反而紧张起来，她怕被批斗成“黄色小说家”，怕受到纪律处分。

第二天早上，黄老师在班上宣布了一个出人意料的决定：发挥真真在写作上的长处，让她担任语文课代表！这个决定，让全班一片哗然。真真更是瞪大了眼睛，张大了嘴，一脸的疑惑。而黄老师知道，打开真真心锁的钥匙找到了！

在后来的教师节那天，真真郑重地送给黄老师一份特别的礼物，一篇长达4000多字的文章——《我的成长感悟》。在文中她是这样描述的：“黄老师觉得我的文章有文采，于是作出了一个惊人的决定，居然让我这个所有学科中只有语文及格的学生做语文课代表。那天刚好是愚人节，我还以为黄老师和我开玩笑呢。可这不是玩笑，是真的。当时我恍恍惚惚的，只觉得很开心。”

从那天起，真真变了。她觉得自己的肩上多了一份责任，为了不辜负老师对她的信任，她努力做着这个人人都羡慕的工作。在接下来的日子里，黄老师又动员他们班所有的任课老师，给了真真许多真真“不敢想象”的关爱和信任：让她担任宣传干事，为班级出黑板报，画班标，设计专栏；争取名额支持她参加市、区的作文竞赛和古诗文大赛，为学校争光；鼓励她组织班级迎新活动，让她感受自己的组织能力和同学的友谊；引导她不再沉迷于言情小说和网聊，告诉她春天应该做好春天的事；勉励她不断上进，造就辉煌的人生……在师爱的包容、期待和激励下，真真一步步走向成功。一个物理成绩曾经全班倒数第一的孩子竟然考了全班第一，一个曾经不思上进的孩子居然成了光荣的共青团员，一个曾经非常叛逆的孩子毕业时却与老师难舍难分……在拿到高中录取通知书的那一天，真真激动得紧紧抱住了黄老师，哽咽着说不出一句话。黄老师也紧紧搂住了真真，与她一起深深陶醉在成功的快乐与幸福中。

黄老师之所以能“一瞥”察“惊鸿”，就在于她发现“差生”本就是“蒙尘玉”。教师需要做的，就是细心地去“挖掘”学生身上潜在的“宝藏”，静静地去寻找最适宜的教育途径和方法，用放大镜去欣赏他们的微小进步，热情地唤起他们的自信，让他们昂首挺胸地走向成功，真正感受到生命的快乐和精彩。

要具有慧眼雕琢“蒙尘玉”的本事，离不开这样一些词汇：关怀、智慧、坚守。

用关怀融化心灵的坚冰

中国近代教育家夏丏尊说：“教育不能没有感情，没有爱的教育如同池塘里没有水一样，不称其为池塘，没有情感没有爱，也就没有教育。”一个教师，如果对学生缺乏真爱之心，是无法接纳“差生”的缺点的，也难以发现“差生”的闪光点，更会对学生的内心需求漠不关心。没有“关怀”这一前提，再有本事的教师也不会成为“差生”的“贵人”，他们投向“差生”的目光不是关切理解疼爱而是漠然抱怨甚至鄙视；即使他们发现了“差生”身上的一丝闪光点，往往也不是报以百倍的热情大加赞美，而是不屑一顾甚至拿“优生”的更加优秀的事迹加以对比来打击他们，以“提醒”他们不要忘了自己“差生”的身份。有的教师甚至还有意无意地疏远或引导其他孩子疏远这些被称为“差生”的孩子，在他们看来，班里的集体活动甚至教学活动，“差生”们参不参加无所谓，只要不影响班级的纪律就行。面对这样的教师，“差生”们想引起他们关注的唯一方式就是捣蛋整人，哪怕引来的是一阵劈头盖脸的批评。在“差生”看来，也许时不时被这样“关怀”一次，也比长期被漠视好过些。这样的教师面对这样的学生，能看到的当然只会是“差生”那满身的“尘土”，怎么可能会觉察到“差生”们的内在本质呢？

一次，我到一个农村中心学校去听课。这是小学三年级的一堂品德与社会课“不一样的你我他”，本课的主要目的是让学生认识自己与朋友的不同特点和在班集体中的不同作用；初步理解个性与共性的关系；懂得与他人交往要懂得理解、尊重他人。教师设计了这样一个教学环节：让学生四个人一组，互相找优点。场面非常热烈。但我发现，最后一排有一个身材高高的学生，独自一个人坐在那里，伏在座位上，很漠然地瞅着大家。老师从他身边走过，也没安排他加入某一组，而他，也没有提出这样的要求。我心里一阵难过，忙坐到了他的身边，和他交流起来。

我问他：“不是让讨论吗？你为什么不加入前面一组呢？我帮你说说，你过去吧？”他摇摇头，没吱声。我又说：“那我们组成一个组吧！你能说说你有哪些优点吗？”“我没有优点。”他说得很平淡，依然伏在桌上，眼睛望着前下方，并不看我。我笑着说：“这怎么可能？一定有的！你好好想想！”“真的没有。”这次他很不自然地望了我一眼，只是目光依然很游离。我又笑了笑，很肯定地说：“我说不可能就不可能！你看，那个卖鸭子的（他们学校外面是个街道农贸市场，透过教室的窗户可看到市场的场景），一见有人过来，就会提起他的鸭子，捏捏它的背（我在他的背上捏了捏）说：‘你看这鸭子多肥啊，你看这毛多光滑啊（我又扯了扯他的衣服：这种亲密的触摸式交流也许能使我的叙述更生动又能让他产生一种安抚感和亲近感）！’看，这就是鸭子的优点啊，连农民都能给他的鸭子找到优点，你怎么可能找不到自己的优点呢？你不会连鸭子也不如吧？”这一下，这孩子笑了，想了想说：“这么说，我爱画画，能算优点吗？”我一看，这孩子倒真的爱画画，课本里插图上的孩子们都被他给画上了眼镜和胡子！我很和气地说：“有这个爱好当然是优点啊。不过，这女孩怎么会长胡子呢？还有，在教材上乱画也不能算优点，对吧？”他一听，不好意思地笑了，迅速地瞟了我一眼，又低下头去，不过，这眼光里多了些许神色。我没再说画的问题，又问道：“语文和数学，哪科好？”“都不好！”“我是说，就你自己而言，语文好还是数学好，哪科好些，那科就可以算是你的优点嘛！”这一次，他抬起头，仔细地看了我一眼，我想他心里一定很惊奇：哪科好，哪科就是优点？这是哪门子的比法？我的成绩在班上可是谁都瞧不起的啊！这样的成绩也可以算优点？察觉到他有这样的疑惑，我问他：“你还是没信心？那你说你们班谁的成绩称得上优点？你们班的第一名？哎呀，他比起我们宜宾市重点学校的好多学生都差远了！我们宜宾的第一名和全省的第一名相比，那又算啥呢？而全省的第一名在清华北大里也多的是呢，也不值一提嘛。这样比，谁敢说他有优点呢？”他的眼睛亮了起来，是这个理呀！他望着我说：“我语文是优点。”“我语文有时能及格!”他补充道，眼里充满了一种可能从未有过的自豪。我说：“是啊，这不是挺好的吗？只要能看到自己的优点，找到自己的长处，再努把力，谁比谁差呀!”说话间，教师也结束了交流环节，让孩子们谈刚才的交流体会，大家也纷纷汇报。虽然，老师没有让这个孩子发言，这个孩子也没有举手，但他不再是无所事事地伏在桌上，而是坐直了身子，伸长了脖子，趣味盎然地看着和听着大家的发言，还不时露出一丝笑容。我知道，他置身其中了。不知为什么，看着他独自坐在最后一张桌椅上的孤独的身影，我的眼眶竟微微有些湿润。下课后，我走出了教室，突然，这个高高的男孩子走到了我的面前，向我鞠了一躬说：“老师再见。”我摸了摸孩子的头：“再见！要加油哦!”我的眼眶再度湿润。

回到办公室，我向老师问了这孩子的情况，问老师为什么不让他加入小组中去。老师显得很无奈地说：“他是个留级生，什么都不会，能不影响其他同学上课就是好的了。我们不是不想管，只是我们拿他没办法。”我告诉了他我与孩子的交流情况，也告诉了他孩子的目光的变化，还告诉了他孩子对我鞠躬的那一瞬间我的感慨。我对老师说：“我知道你们遇到这样的孩子很辛苦，很为难，但这孩子，还得拜托你们多关注一下他，说不定，他将来真会有大的改观呢!”然而，效果会怎么样？那位老师会用心关注甚至关怀他吗？真是很让人担心的啊！可惜的是，当时我也没想到问问他的姓名，更没想到留下他的联系方式，不然，我一定会在后来的日子里给他写写信，再给予他更多的鼓励，说不定……至今，每当我想到那个孩子时，心里就免不了有一丝的担忧，一想起他那深深的鞠躬，更不免生出一分自责：徐卫啊徐卫，你当时怎么就能这样一走了之了呢？

相关博文的博友留言：

艾儿："痴人老师对这孩子的关心很让人感动啊。

"是的，应该引导孩子们给自己找对手，而不是找敌手，自己与自己比，把自己当对手，哪怕一小步，也是新高度啊！"

一可："徐老师这样一分析，我对'差生'的转变有了信心。

"曾看过一篇文章，说人与人之间的差别只有5%，现在我终于明白了这5%是如何赶上的——就是徐老师所讲的'用心'啊！

"同样，孩子间的差距也只有5%，而这个数字恰恰就是'玉之尘'啊，老师帮孩子打磨掉污垢，自然纯净的玉才得以显现。"

素儿："给'差生'以平等、用心的关爱，才是真正人性化的教育。"

用智慧拂去心灵的蒙尘

对孩子，光有"真爱"还不行。高尔基说："爱孩子，这是连母鸡都会的，但教育好孩子却是一门艺术。"要将"真爱"化为对孩子有效的教育行为，这就要求我们教师要具备一定的教育智慧。

我们来看看陶行知先生是怎样做的。

一次，陶行知看到学生王友用泥块砸同学，当即制止，让他放学后到校长室。陶行知来到校长室，王友已等在门口准备挨训了。没想到陶行知却给了他一颗糖，并说："这是奖给你的，因为你很准时，我却迟到了。"王友惊疑地瞪大了眼睛。陶行知又掏出第二颗糖对王友说："这第二颗糖也是奖给你的，因为我不让你再打人时，你立即就停止了。"接着，陶行知又掏出了第三颗糖果："我调查过了，你砸那些男生，是因为他们不遵守游戏规则，欺负女生；你砸他们，说明你很正直善良，且有跟坏人作斗争的勇气，应该奖励你啊！"王友感动极了，哭着对陶行知说："陶校长，你打我两下吧！我错了，我砸的不是坏人，是自己的同学……"陶行知这时笑了，马上掏出第四颗糖："为你勇敢地承认错误，我再奖给你一颗糖……"至此，不用再多说，一个做了错事的孩子知道了他该怎么做。这就是被人津津乐道的四颗糖的故事。这个故事之所以在教育界传为佳话，并为后来的教育工作者所推崇，就在于它蕴涵了一种可贵的教育理念，折射出了一种高超的教育艺术。

谁拿不出来四颗糖呢？可是，有多少教师能用它产生这样好的教育效果呢？这就是教育智慧的魅力！一位教师听了这个故事后很受感动，觉得太有借鉴作用了。刚好他的学生也发生了相似的纠纷。他就用同样的方法去教育其中一个孩子，这孩子同样也是先一怔，最后高高兴兴地回教室了。这位老师因事去了教室，正好听见这孩子对其他同学说，他爸爸是如何的不得了（大概是有钱有势吧），所以老师对他都不一样，他犯了错都没被批评，还拿糖给他吃。这位老师听了真是气不打一处来，好在他是一位很有心思的教师，他及时地进行了反思，并把这个孩子再次请进了办公室，给他讲了陶行知用糖果教育学生的故事，告诉他老师使用这个方法的本意也是希望用这样的方式教育他。通过这次补救式的教育，这位孩子真正认识到了自己的问题，更重要的是，老师也及时纠正了孩子心中的变了味的“四颗糖”的含义。

有的教师可能会说，我们的教育智慧怎么能和陶行知先生相比呢？他可是中国教育史上千载难逢的一个大教育家啊。其实不然。2006 年，宜宾市举办过一次教师风采比赛。其中有一个比赛环节是教育情境问答。一位参赛选手抽到的就是四颗糖的故事原型，题目的问题是这样的：“你对校长的做法有何评价？如果是你，你会怎么做？”这位年轻的教师首先对校长的做法表示了敬佩。然后，他说：“我觉得这位校长做得还不够好。如果换成是我，把四颗糖都奖给他以后，再对他说一句：‘我想，如果你能把这四颗糖中的两颗分给与你发生争执的那个同学，与他和好并共享这糖果就更好了。’我相信，这样的教育会更有意义些！”说得多好啊，我们常说教育是充满遗憾的艺术。确实如此，如果当年陶先生能多说上这样一句话，不但这孩子能进一步学会道歉、学会沟通，还能将教育延伸到另一个孩子那里，真可谓一举两得啊！当时，作为一个听众，我真的为这位参赛选手以及出题的那位先生喝彩。出题的先生很有水平，有意识地将陶先生的大名去掉，只留下其校长的身份，这样，情境问题中的人物没有了权威的光环有利于让选手更客观、更自信地就自己的理解对其进行评价。让人欣喜甚至是意想不到的是，这位年轻的教师选手竟给出了如此精彩的回答。我想，陶先生如果在天有灵，也一定会大呼后生可畏，不，应该是“后生可嘉”啊！不过，再联系到前述那位老师遇到的问题，我对这位年轻教师的回答又有了新的想法。如果将这个做法放在现代社会，还真不见得就是个好办法，还得考虑现代孩子们的思想和现代中国的现实环境。我想，陶先生在世，遇到同样的事件，展示出的可能又是一个全新的教育故事。

总之，只要我们用心，用真心去思考，去想方法，每个人都会或多或少地展现出智慧的光辉！

用坚守修正心灵的枝丫

在我们的教师队伍里并不泛博识之人，也不乏上进之士——人人都希望自己成为最优秀的教师，人人都希望自己教出最优秀的学生，人人都想转变每一个差生，但总是只有少部分人能获得成功，大多数人还是走向了平淡甚至平庸。这是什么原因呢？是能力的差距？还是智商的高低？不，这些都不是最主要的因素，最重要的原因在于是否能“坚守”，“坚守”是人生成败的分水岭！由无数的“坚持”汇集成的对教育的“坚守”，凝聚成一条以时间为长度，以大爱为宽度，以智慧为深度的大江大河，终能将教育者与被教育者都推向成功彼岸！

古希腊大哲学家苏格拉底身边，聚集了许多天赋极高、天资聪颖的青年。他们慕名前来向他学习，听从他的教导，都期望成为像他那样有智慧的人。一次，苏格拉底对学生说：“今天我们只学一件最简单也是最容易的事，每个人都把胳膊尽量往前甩，然后再尽量往后甩。”苏格拉底示范了一遍，说：“从今天起，每天做 300 下，大家能做到吗？”学生们都笑了，这么简单的事有什么做不到的？

第二天，苏格拉底问学生：“谁昨天甩了胳膊 300 下？做到的人请举手！”几十名学生的手都刷刷地举了起来，一个不落。苏格拉底点头。一周后，苏格拉底又问这个问题，有一大半的学生举手。过了一个月后，苏格拉底问学生：“哪些学生坚持了？”有五成的学生骄傲地举起了手。

一年后，苏格拉底再一次问大家：“请告诉我，最简单的甩手动作还有哪几位同学坚持了?”这时，整个教室里，只有一个学生举起了手，这个学生就是后来成为古希腊另一位伟大哲学家的柏拉图。他继承了苏格拉底的哲学并创建了自己的哲学体系，培养出了哲学家亚里士多德。

柏拉图成为伟大的哲学家绝不是因为他有每天甩 300 下手的本事，而是因为他有能在无人监督与无人苛责的情况下坚守承诺、坚持到底的意志品质。坚持是最容易的，因为每个人都可以做到；坚持又是最困难的，因为没有几个人能够坚持下来。作为教师，我们都有着对学生充满热情和耐心的时候，我们对“差生”也时有慈爱之心并时不时做一些让他们感动的事情，但是如何能把这样的教育持之以恒坚持下来，那就不是一件容易的事了。学生有自己的思想，不一定听你的，而就算他们当时能听你的话，在很多时候也是会反复的。更何况是差生那被尘埃蒙蔽着的心灵种子发出的根芽，难免不偏斜，多少都会迷失方向。要让它挺立起来，端正起来，怎么离得开我们对它的长期扶持和修正呢?

我们转化差生，就如同扶正一棵倾斜的小树，只要我们稍一松劲，它就会惯性地向旁边偏倒。在这种情况下，不少教师便失去了耐心，失去了信心，也失去了将教育进行到底的决心，也因此失去了原有的教育激情。而有的教师就选择了坚守，义无反顾地继续投入对学生的教育当中，品尝着为人师的酸甜苦辣，感叹着与学生特别是与差生演绎的喜怒哀乐，享受着累并快乐着的教育人生。

一个真正能将“蒙尘玉”雕琢成器的优秀教师，一定有着对教育的长期坚守。

“包袱”“冤家”化“贵人”

我相信，一个蒙满问题之尘的孩子能遇到一个可以让他以美玉形象绽放异彩的教师，大家都会说他遇到了一个生命中的贵人。其实，这个孩子，又何尝不是这位老师事业上的贵人呢?

全国知名教育专家、北京广渠门中学宏志班管委会主任、中国科协学会管理服务中心教育专家委员会研究员、曾被授予“北京市模范班主任”等荣誉称号的高金英老师做过一次《做学生生命中的贵人》的报告。在报告中她讲了一个美丽教师的故事。

很多年以前，汤普逊老师对她的五年级的学生撒了一个谎，她说她会平等地爱每一个孩子，但这是不可能的，因为前排坐着的泰迪·史塔特——一个邋遢、上课不专心的小男孩儿。事实上，汤普逊老师很喜欢用棕红色的笔在泰迪的考卷上画一个大大的叉，然后在上面写上不及格。一天，汤普逊老师检视每个学生以前的学习记录表的时候，她才意外地发现泰迪之前的老师写的评语都十分惊人。一年级的老师这样写道："泰迪是个聪明的孩子，永远面带微笑，他的作业很整洁，很有礼貌，他让身边的人都很快乐。"二年级的老师这样写道："泰迪很优秀，很受同学们欢迎，但是他的母亲患了癌症，我想，泰迪一定很担心未来的家庭生活。"三年级的老师这样说："泰迪的母亲过世了，他的生活真的不好过，他很努力地表现，但是他的父亲却总不在意，如果没有更好的改善，他的家庭生活将严重地打击泰迪。"四年级的老师这样说："泰迪开始退缩，对课业提不起兴趣，没有什么朋友，有时在课堂上睡觉。"此时，汤普逊老师为没尽早了解到泰迪的困难而深感羞愧。因此，当收到泰迪的圣诞礼物的时候（别人的礼物都用黑带和包装纸装饰得漂漂亮亮，而只有泰迪的礼物是用从杂货店捡来的牛皮纸口袋捆起来的），她更觉得难过。汤普逊老师忍着心酸，当着全班人的面折开了泰迪的礼物，有的孩子开始嘲笑："泰迪送的圣诞礼物是什么呀，一条假钻手环，里面还缺了几颗宝石，另外还有一瓶只剩下四分之一的香水。"汤普逊老师却不断地惊呼："漂亮，真的很漂亮！"当着全班的面，汤普逊老师戴上了手环，还喷了一些香水在手腕上，其他小朋友全愣住了。放学后，泰迪·史塔特对汤普逊老师说："老师，您今天闻起来好像我的妈咪。"泰迪回家后，汤普逊老师哭了整整一个多小时。就在那一天，汤普逊老师说她不再教阅读，不教写作，不教数学，相反，她开始教育儿童。汤普逊老师开始特别关注泰迪，而泰迪的心，似乎又重新活了起来，汤普逊老师越是鼓励泰迪，泰迪的反应也越快。到了学年尾声，泰迪已经成为班上最聪明的孩子之一。诚然，汤普逊老师说她会平等地爱每一个孩子，但是泰迪却是她最喜欢的学生。一年后，汤普逊老师在门边发现一张纸条，是泰迪写的，他在上面说汤普逊老师是他一生中所遇到的最棒的老师！六年过去了，汤普逊老师又收到泰迪写的一张纸条，他已经高中毕业了，成绩全班第三，而汤普逊老师仍然是他一生中最棒的老师！又四年过后，汤普逊老师又收到一封信，泰迪说，有时候学校生活并不顺利，但是他仍然坚持下来了，而不久的将来，他将获得荣誉学位毕业。他再一次告诉汤普逊老师："您仍然是我一生中遇到的最棒的老师！"再四年过去了，泰迪又来了一封信，他在信里面告诉汤普逊老师，他大学毕业后决定去攻读更高的学位，他依然没有忘记说一句汤普逊老师是他一生中遇到的最棒的老师！不过在信的末尾还多了几个字，泰迪·史塔特博士。

故事还没有结束呢。来年的春天，泰迪又来了一封信，他说他遇到了生命中的女孩儿，马上就要结婚了。泰迪解释说，他的父亲前几年已经过世了，他希望汤普逊老师可以参加他的婚礼，并坐在属于新郎母亲的位置上。汤普逊老师完成了泰迪的心愿。但是你知道吗，汤普逊老师竟然戴着当年泰迪送的假手环，还喷了一些香水——是泰迪母亲过世前最后一个圣诞节用过的香水。他们互相拥抱，史塔特博士悄悄地在耳旁告诉汤普逊老师："汤普逊老师，谢谢您相信我，谢谢您让我觉得自己很重要，谢谢您让我相信我有能力去改变。"汤普逊老师也热泪满盈地告诉泰迪："泰迪，你错了，是你教导我，是你让我相信我有能力去改变。一直到遇到你，我才知道该怎样去教书。"

听完这个故事，我在笔记本上写下这样一段话："教师要思考如何当好孩子们生命中的贵人，同时，教师也需要教育生涯中的贵人，而'差生'，往往最可能成为教师的贵人。"能赢得"差生"的心，是中了大彩，如果你能加大精力的筹码，使自己成为这孩子生命中的贵人，那么，你就算是中了头彩了。因为，这孩子也将是成就你教育事业的贵人！做教师的最大幸福，莫过于能遇到这样的"差生"，这样的"贵人"。

很多人说"差生"是包袱，我不否认。"差生"的确是"包袱"，但我们要追问的是：教师有没有意愿去扛这些"包袱"？有没有本事扛起这些"包袱"？

人的一生，总要背负各种各样的"包袱"。魏书生讲得好，我们不要总是抱怨这个世界或这个时代对我们不公，我们也不可能为了活得更幸福而晚生几百甚至上千年去过共产主义的幸福生活。既然生在这个时代，我们就要好好地顺应这个时代，用心尽力地改造这个时代。同理，一个班的学生也是有好有差，我们不可能把全世界的天才都放到自己的班上。所以，你首先要用积极的心态来接受这样的现实，要明白不管什么样的孩子来到你的班上，都是你和他之间的缘分，带着对这份缘分的珍惜，这样的“包袱”背起来也就不觉得特别痛苦了。甚至，随着相互间的不断交流以及情感的加深，这样的“包袱”也会越背越有感情，并能从中体会到师生之情的幸福。陶行知先生放下大学教授不做，专门从事贫困孩子的教育，工作非常困难。有人问陶行知：“你何必背着石头过河呢?”陶先生说：“我背的不是石头，我是背着爱人过河呢。”我们可以想象，背着“爱人”这个“包袱”过河，是何等幸福的事啊！可见，教师能不能获得教育幸福感，不在于班上的“包袱”够不够少，而在于你对待“包袱”的态度够不够亲切；不在于班上的“包袱”够不够轻，而是在于你背扛“包袱”的本事够不够大。背“爱人”过河本是件幸福的事，但如果“爱人”这“包袱”你背不起扛不住，用尽了吃奶的力气，背上的人还是要往水里掉，落得大家都像落汤鸡似的，这是很难体验到快乐与幸福的。所以，我们要提高自己的教育教学能力，以适应和驾驭这样的一群孩子，这样我们才能有效而幸福地开展教育教学工作。

谈到如何适应和驾驭我们的孩子，特别是怎样教育“包袱”式的孩子，我想到了“惊鸿一瞥”这个词语，它本意是指对美的人或物只是匆匆一眼，却留下强烈、深刻的印象。这般的美与“包袱”似的“差生”当是无缘的，但我恰恰感到我们很多有心思的老师，就是在不经意的某一瞬间，“瞥”见了别人不曾发现的“差生”身上的一丝“惊鸿”，并把它放大开来，让“差生”自己也为自己而惊叹。于是，这个学生发生了翻天覆地的变化。而此时人们就会说这个学生遇到贵人了，而我要说这个老师遇到并发现贵人了。

不是吗?汤普逊老师不经意的“一瞥”，发现了“惊鸿”：原来，那个邋遢、上课不专心的小男孩儿泰迪，曾经竟然是个“聪明的孩子，永远面带微笑，他的作业很整洁，很有礼貌，他让身边的人都很快乐”。而变化的原因竟是孩子失去了母亲而又得不到父亲良好的教育。于是，泰迪有了一个妈妈似的老师；于是，人们说，汤普逊老师是泰迪的贵人，她使“包袱”泰迪成了泰迪·史塔特博士！可是，汤普逊老师很清楚谁是谁的贵人：当史塔特博士悄悄地在耳旁告诉她：“汤普逊老师，谢谢您相信我，谢谢您让我觉得自己很重要，谢谢您让我相信我有能力去改变。”汤普逊老师也热泪满盈地告诉泰迪：“泰迪，你错了，是你教导我，是你让我相信我有能力去改变。一直到遇到你，我才知道该怎样去教书。”

读到这里，谁也不会否定，“包袱”男孩史塔特就是汤普逊老师成为真正的、成功的教育工作者的贵人！

我们再看看无数的教育大家的报告，有谁不拿自己是怎么转变“差生”这一话题来佐证自己的成功呢？其实，成也萧何，败也萧何！对一个没有爱心、不会教书育人的教师来说，遇到“差生”，则是遇到让其倒霉的“包袱”；对一个充满爱心而又会努力探索教育规律的教师来说，遇到“差生”就是遇到了可能让彼此发光的“潜力股”。他们一定会特别关注并默默地等待，一有时机，他们就能“一瞥”醒“惊鸿”，“包袱”化“贵人”。这样的老师，不但改变甚至拯救了学生，更将自己的教育事业推向了成功。

纽约州第一任黑人州长罗杰·罗尔斯出生在纽约州的一个贫民窟，这里的孩子非常难管：逃学、打架成风，有的还偷窃、吸毒，长大后也难有稍好的工作。罗尔斯和这些孩子的命运本来也该差不多，但是，他却幸运地遇到了他的小学校长皮尔·保罗。一天，皮尔·保罗展开罗尔斯的小手，惊奇地说：“我一看你修长的小拇指就知道，将来你是纽约州的州长。”这句话震惊了罗尔斯幼小的心灵。从小到大，只有奶奶有一天说他可以成为一艘五吨重的船的船长！从此，罗尔斯记下了这句话，并坚信它。他的衣服不再沾满泥土，他不再污言秽语，他总是挺直腰板走路，他成了班长。在以后的40多年里，他每天都按照一个州长的规范要求自己。51岁时，他真的成了纽约州州长。惊鸿一瞥间，小学校长皮尔·保罗成就了纽约州第一任黑人州长罗杰·罗尔斯，小学生罗杰·罗尔斯也成就了杰出的教育者皮尔·保罗校长！他们师生之间，不能不说是互为贵人的。

让我们在教育生涯中好好地把握各种意想不到的机遇吧！让我们多多拥有这样的学生贵人吧！请记住痴人的话：莫道差生是包袱，惊鸿一瞥化贵人！

其实，不仅仅是老师，作为家长，也应该努力地成为自己的孩子特别是不尽如人意的孩子的贵人。正如博友“若涵”所说：“遇到‘差生’是老师遇到可以挑战自己的贵人，对于家长来说何尝不是如此呢，要是能把自己的‘差’孩子感化出一定成绩来，不也是对自己的一种挑战吗?”

周弘先生本是一位平凡而不幸的父亲，因为他有一个天生聋哑的女儿——周婷婷。但是，他没有屈从于命运的安排，而是用全部的爱与智慧对女儿进行教育。终于，他将女儿培养成了具有传奇色彩的中国的海伦·凯勒：她 3 岁能看着口型学会说话；10 岁发表 6 万字的幻想小说；11 岁被评为全国十佳少先队员；16 岁成为中国第一位聋人少年大学生；17 岁被评为全国自强模范，在人民大会堂作了精彩报告《我要做中国的海伦·凯勒》；18 岁自己主演了根据自己事迹拍成的电影《不能没有你》，感动并震撼了千百万国人；20 岁赴美国留学。2002 年，周婷婷与吴仪等荣膺《中国妇女》十大时代人物；2003 年父女同获第六届全球热爱生命奖；2004 年被美国哥伦比亚大学和波士顿大学同时录取攻读博士学位，她现已是国际赏识教育学会副会长。可以说，父亲周弘，就是女儿周婷婷的生命中的贵人。

同时，也正是对周婷婷的赏识教育的成功，成就了周弘先生的人生与事业。他将教育女儿的经验进行了深刻的研究和提炼，总结出世人瞩目的赏识教育理念。赏识教育理论不但在中国得到广泛传播，而且也受到了新加坡、马来西亚等地的教育界及家长们的高度认可与广泛支持。如今，随着国际赏识教育学会的成立，赏识教育理念已经走上国际大舞台。周弘先生作为一个伟大的父亲，作为中国赏识教育的始创者，无疑已经在中国乃至世界的家庭教育史上刻下了自己的名字。换言之，女儿周婷婷，也是父亲周弘的人生中的贵人。

如果我们能挑战自己，为孩子付出百倍的心血，并最终改变孩子的命运，使自己成为孩子生命中最难得的贵人，那么，作为家长，我们将是何等幸福！是啊，人世间还有什么比成为自己孩子的贵人更幸福的事呢?

愿所有的老师和家长都能将自己的学生和孩子转化为自己生命中的贵人!

相关博文的博友留言：

菊花不败："教师要思考如何当好孩子们生命中的贵人。同时，教师也需要教育生涯中的贵人，而'差生'往往最可能成为教师的贵人。

"非常赞同你'学生与教师互为贵人'的说法。

"真正的优秀教师是连后进生都能教好的教师，而只会教优秀学生的教师难以成为真正的优秀教师。"

叮咚："喜欢这种感动的氛围！

"感动于老师的教育——用心：深入孩子的内心世界！

"感动于孩子的足迹——档案：传递孩子的成长足迹！

"感动于痴人的分析——差生：因为爱而成为'贵人'！"

一可："这是一篇感人至深的美文，震撼着、洗涤着我的心灵。不是吗？透过文字，我们知道汤普逊老师那瞬间的顿悟、瞬间的惭愧，亦即瞬间的伟大，都是来自她心灵深处伟大灵魂的被唤醒。泰迪——老师的贵人，的确如此！"

Wu Zhi Ming
悟之铭 7

教育就是“烧开水”
——转化“差生”的艺术

读了前一文，大家应该都认同“差生：老师和家长的贵人”这一提法。但是，如何才能将他们转化成“贵人”呢？如果你深刻理解了“教育就是烧开水”这句话，理解了“响水”现象所蕴涵的辩证性哲理，学会了“减水或添薪”的教育策略，那么，将“差生”转化成你的“贵人”也许就不是那么困难了。

教育之道在于恒，如烧开水怕时停

教育怎么就是“烧开水”呢？在我看来，看似平常的“烧开水”，其中有很多东西是值得我们品味的。每每与教师们交流教育要持之以恒的问题，我总爱提到烧开水。

教育，不是一蹴而就的事，特别是对后进学生的转化工作，那更是一波三折，时进时退，如在波浪中前行。道理大家都明白，可并不是每个人都能坚持下来，这也就是为什么很多教师付出的精力和时间并不少，却收不到良好教育效果的原因了。

一位年轻教师，接了个很调皮的班级，或者说是纪律散漫的差班。年轻教师有朝气，有活力，有信心，一心要把这个班的班风扭转过来。

开学伊始，年轻教师运用赏识教育、交心战术，让学生接纳了他。在他的鼓动下，学生热情高涨，班纪班风焕然一新。可是，好景不长，学生们的各种恶习就流露出来了：上课讲话的有之，迟到早退的有之，精神萎靡不振的有之……年轻教师耐着性子，依然对学生以诚相待。但是，鼓励也好，赏识也好，效果已远不如刚开始明显。

直到有一天，一个学生居然当着全班同学的面大声顶撞他，而他只是对这个学生的缺点进行了诚恳的指正。这让他感到很伤感，很绝望。

他找到他的指导教师，指导教师听了他的倾诉，问他："如果让你烧一壶开水，你能将水不声不响地烧开吗？"年轻教师很困惑地望着导师，不知其中有什么含意。导师又说："那我们先烧点水，泡点茶，再慢慢谈这个话题吧。"导师烧上水，与年轻教师谈起他班上发生的事情。不一会儿，水响了，导师问："是水快开了吧？"年轻教师说："是啊！"导师说："是啊，这是经验告诉你水快开了。但是，如果你并不知道这是水要开了的前奏，甚至是第一次遇到'水响'这种现象，这样的声音会不会让你很心烦意乱甚至有点儿担心出事？这时，你会怎么做？""把火关掉。"年轻教师说。"对，关掉火，声音就没有了，但水也开不了。然而，只要我们再有一点儿耐心，让水再'响'一会儿，水在响的过程中沉淀了杂质，排除了水分子间的空气，已经和原来发生了质的变化。这样的开水即使变冷了，也还是凉白开，不同于冷水了啊。这就是在水响的时候，坚持烧与不坚持烧的本质区别啊！"年轻教师若有所思。导师进一步分析道："你看这水烧了那么久都不响，可是为什么快开了的时候才响呢？而且越响越厉害呢？这是不是有点像你的学生，刚开始时，他们还服从你的管教，但随着教育的深入，与你唱反调的声音就会越来越多并越来越响？这中间有没有什么联系呢？"年轻教师陷入了沉思。一会儿，年轻教师的眉头舒展开了，他明白了：水响时，是水从液态变为气态的最关键的时期，它处在了变与不变的巨大矛盾冲突之中，如果此时再加一把火，它就能从量变到质变，水就成功地烧开了。如果此时心情一烦躁，把火灭掉，水就没有开，依然变回为冷水。对学生的教育也是如此，开始的时候，学生觉得教师说得对，也愿意跟着改变，可当我们要求这种改变要从外在表现发展到实质性的思想和观念转变时，学生长期养成的不良习惯就会与新的良好习惯产生剧烈的冲突，学生的情绪和行为也就容易发生反复与躁动。这时，他们的表现就会像这快要开了的水。而这时，我们的很多教师便觉得自己以前的付出没有得到回报，认为学生是"狗咬吕洞宾，不识好人心"，因而感到特别困惑甚至心灰意冷，于是，就放弃了对学生的进一步教育。结果是矛盾冲突似乎是化解了，可是，学生又回到老样子，老师的教育也以失败告终。但是，教师毕竟是教师，过一段时间，冷静下来的他们又肩负起教书育人的责任，又开始了对这些学生的教育工作。然而当教育再一次进行到一定程度时，矛盾可能又再次激化，教师又可能无功而返。

导师很高兴，说："是啊，你明白了这个道理就好！那么，我首先要恭喜你了，因为你与学生间的较量已经到了响水的地步了，离水开的时间不远了。接下来，就看你的信心和毅力了。是想一鼓作气将水烧开还是以后再花更多的时间来反复烧这永远也烧不开的水，我想你的心里已经有答案了。"

年轻教师的脸上露出了兴奋而欣喜的笑容，他仿佛看到希望正在向他招手，他，将迎难而上，迎接学生的挑战！他要将学生由对手变成盟友，他将与学生携手共同进步！因此，他会告诉他的学生："你们现在的反复，你们现在的'反抗'，正是从量变到质变的必然表现！越过这一关，我们班将迎来崭新的面貌！"

导师最后提醒说："教育永远都有反复，有反复才有进步！希望你记住，每一次感到最困难的时候，就是'教育之水'要开了的时候！"

有恒尚需柴火足，减水添薪自权衡

但是，要想把水烧开，真的只要足够的毅力与恒久的坚持就行了的吗？不，这还远远不够！

一位青年大学毕业后，曾豪情万丈地为自己制订了许多目标，可是几年下来，却一事无成。他烦恼地找到一位智者倾诉。智者听后，很平淡地对他说："你先帮我烧壶开水吧！"

那水壶很大，下面有个小火灶，却没有柴火，于是青年出去找。

青年灌满了一壶水，烧了一会儿，柴火没了，他只得又去找了认为足够多的柴火。回来却发现水都变冷了，只得再从头烧，水还没开柴又快没了。这时，他学聪明了，将几根经烧的柴火放进灶中，又出去找了更多的柴火来，后来，水终于烧开了。

这时，智者忽然问他："如果没有足够的柴火，你该怎样把水烧开？"青年想了一会儿，摇摇头。智者说："不能把水倒掉一些吗？"

青年若有所思地点了点头。

是的，要实现一定的目标，就必须要有相应的能力与实力，这个道理用在教师对学生的教育上同样有效：要想教育出成效，有真本事才是硬道理啊。所以，我们要不断地为自己充电，要不断学习，要活到老学到老，学高方能为师。然而，我们并不是一生下来就有高超的教育教学技能的，这些技能也不是现学就能现用的。因此，我们既要有高远的教育理想，也要学会切合自身的实现情况制订近期目标，再在不断进步和充实的基础上逐步提高目标。当既定的目标实现起来有很大的困难时，我们要学会作适当的取舍，降低一定的要求，这样，我们无论在班级管理还是在学科教学上才会一步步走向成功。

所以，如果您想烧开您的“教育之水”，请记住徐痴人的话：“教育之道在于恒，如烧开水怕时停。有恒尚需柴火足，减水添薪自权衡。”这句话也正是对“教育就是烧开水”的最佳解释。

相关博文的博友留言：

依梦柳：“我这几天正迷茫呢，读了徐老师的文章，有了‘柳暗花明又一村’的感觉。

“是的，教育不是一蹴而就的事，而是一个迂回曲折的过程。

“此文对我们的日常工作很有指导意义，借鉴了。”

yeyu. qiaochuang：“‘烧开水’理论让人茅塞顿开，给人以无穷的力量。”

Wu Zhi Ming
悟之铭 8

让学生更爱班姑妈
——让科任教师参与班级管理

作为学科教师，虽然不像班主任那样操劳，不必事无巨细地被捆绑在一个班上，但是，他们往往又有一种失落感：不像作为班妈妈的班主任那样有一个工作中的“家”，有一群属于自己的孩子。那么，作为班妈妈的班主任们，就给他们找一个家吧！因为，您班上每个孩子都可以是他们的侄儿女，当学生更爱班姑妈的时候，您就会是最幸福最轻松最高效的班妈妈了。

让学生喜爱班姑妈

当班主任虽然很累，但幸福着：班主任是一大群孩子的班妈妈或班爸爸。而对学科老师而言，他们很少有这样幸福的体会，他们也很少会思考自己与这个班是什么样的关系，自己在这个班里是什么样的角色。因此，不少学科教师在教学中遇到学生出现问题时，往往习惯性地质问：“你们这个班的同学怎么是这样的?”往往采取的方式是：“谁是班长，把这个同学交给你们班主任去。”甚至直接叫班干部把班主任老师请来。总之，一个“你们”，把自己远远地隔离在这个班级之外，仿佛自己只是这个班的一个过客。如果一个班集体遇到的都是这种观念的科任教师，那么，班主任就只能一个人支撑一个班级，甚至会出现科任教师和班主任相互拆台的情况，这样，班主任就会很累很累。

一个好的班主任，不但要能将学生凝聚成一个团结的集体，还要能将科任教师凝聚到这个集体中来。如何凝聚？其实很好办：给足科任教师面子，留给自己的一定是很实在的“里子”。

班主任很难主宰学科教师的能力与水平，班主任能做的是让科任老师在当下能力条件下愿意花更多的精力从事本班的教学，从而帮助本班学生不断进步。因此，拉近科任老师与本班学生的情感距离，让他们愿意在本班学生身上多费点心，是班主任处理与科任教师关系的出发点和目的地。

与科任教师攀亲戚

学科老师其实也是班级的重要的一员。班主任要时刻向学科老师及学生渗透这样一个意识：如果说班主任是班妈妈或班爸爸（以下统一用班妈妈）的话，那么，学科老师就是班姑妈或班叔父（以下统一用班姑妈）。

1. 班侄儿班侄女的爱更珍贵

班级的孩子爱班妈妈，正常；班级的孩子爱班姑妈，超常！一个班级的学生把学科老师认成了班姑妈后，自然就会与她们“相亲相爱”；当孩子们都学会了像爱自己的姑妈一样爱自己的班姑妈后，这些原本深感失落的学科老师们，就会更加珍惜孩子们给予她们的“名分”，就会与这个班走得更亲近并最终有一种归属感。于是，她们脱口而出的就会是“咱们班”而不再是“你们班”；她们就会主动关心了解这个班级的变化与发展，就会自觉地参与这个大家庭的文化建设，进而分享到这个大家庭的幸福与温暖。

2. 班姑妈的爱更理性

如果学科老师能主动地融入这个班的集体活动中，更多地把自己当做这个班上的一员，而且是重要的一员，真心把班上的学生当成自己的亲侄儿亲侄女来看待时，她们对这些孩子的爱往往会表现得比班妈妈更理性，也更亲切。原因很简单，作为班妈妈，爱自己的孩子更多的是一种责任，而班姑妈爱这个班的孩子，更多的是出自一份感情，因为她们也可选择不爱。因此，她们对这个班的孩子的爱一定更发自内心，也更轻松，而这种真心和轻松的爱往往让学生更易接受。因为在学生看来，班妈妈爱班上的学生是天经地义的事，而班姑妈对自己也这么爱就是难得的事了。再者，对班妈妈而言，这个班的学生的表现直接影响着学校对她的工作能力的评价，因而有时遇到问题容易变得急躁和不理智，而班姑妈处理起这样的事情来，远没有那么心急，反而显得更为客观，因而会让学生觉得她们更“通情达理”。还有，班妈妈担负的班级责任是很重的，呆在班上的时间也很多，而且什么小事都得操心，管教学生特别是唱黑脸的时候就肯定比班姑妈们要多得多，也就显得婆婆妈妈得多，学生可能会因此而生烦。而班姑妈们既不会天天守在这个班，让学生产生“审美疲劳”，又会时不时地关心一下这个班集体，关心一下这些班侄儿班侄女，反倒更能赢得学生们的亲近和喜爱。

3. 促成学生们更爱班姑妈

如果真的出现了学生爱班姑妈超过爱自己的情形，作为班主任，你应该是最高兴的。当然，前提是你有足够的底气相信自己是非常优秀的班主任。有了这种底气，你就可以潇洒走一回，大力促成学生们去爱自己的班姑妈，不断地“吹捧”班姑妈们比自己这个班妈妈更爱学生。用甘肃省张掖市陈萍萍老师的话说：“把面子给你，里子给我。”没错的，一个当妈妈的，看到孩子的姑妈特别爱自己的孩子，而自己的孩子也更欢迎她到自己家里来，甚至时不时说她比父母好的时候，是不会妒忌的。因为当妈妈的很肯定，在孩子的骨子里，最爱的一定还是自己！所以，班妈妈要时刻引导孩子们变着花样向班姑妈们“示爱”，要随时“妒忌”地告诉班姑妈们自己的学生有多爱她们，要时时让班姑妈们感受到与这个班亲近真是“好处”多多！这样，这些班姑妈们一走进这个班，就能获得比其他班更多的教育幸福感，因此她们就更愿意把自己的心血和精力花在你的班上，这也是她们很乐意送给这些班侄儿班侄女的“礼物”啊。

与班姑妈聊班文化

一个优秀的班集体必须具备自己特有的班级文化。现代班级文化的建设应该由学生、老师（班主任、任课老师）及家长共同打造而成。班级文化离不开任课教师，因此，班妈妈应常与班姑妈们聊班级文化，它能达成两个目的。

1. 帮助班姑妈运用班级文化管理班侄儿班侄女

在一个班的班级文化建设过程中，如果缺少了学科教师的参与和认同，那么，所形成的班级文化一定是有缺失的。作为班主任，除了要当好班妈妈之外，还要很好地借力于班姑妈们，要让她们尽量了解甚至参加本班的班级文化建设。只有当这些班姑妈们都了解和认同自己所教班的班级文化建设时，她们才能更好地运用该班特有的班级文化元素，开展教育教学工作。

我曾在一个学校做过一个有关班级文化建设的讲座，学校安排全校班主任老师参加。我对校领导说，请通知所有没课的老师都来听听，让他们给我15分钟时间，如果听了一刻钟后他们还觉得这班级文化建设与自己无关，请他们来听是浪费时间，他们可以立即从后门离开。结果来的那些班主任的教师们，几乎都听完了全部讲座。课后，一位音乐教师很激动地对我说，作为并不受学生和学校重视的学科，她的课堂上总有部分学生不够认真，甚至有的学生还特别爱捣蛋，她很苦恼，但又不知怎么办。因为她每周只有两次课，对学生情况也不可能细致了解。听了我的讲座后，她一下找到了感觉，知道作为一个学科老师，一定要了解各个班的班规班纪，了解每个班主任对班上的学生有些什么要求，然后在自己的课堂上运用这些教育资源来管理学生，特别是调皮捣蛋的学生，效果一定是明显的。我也坚信这个道理。

2. 促成班姑妈为班侄儿班侄女提出好建议

与班姑妈们聊班级文化，不只是让她们了解所教班的班级文化，主动地运用这些文化元素来促进自己的学科教学，而且是希望她们在感悟到班侄儿、班侄女如此爱她们的情况下，能为了这些班侄儿、班侄女的发展来主动地出谋划策，并积极用这个班特有的班纪班规来评价学生，来管理自己的课堂。这样，这个班的班级文化建设才会得到长足的进步和发展，这个班才会真正形成鲜明的班级特色。因为，只有当学生在所有的老师而不只是班主任老师面前都自然而然地表现出这个班的特质时，这个班才是一个真正形成了鲜明特色的班集体。

化解矛盾靠"太极"

学生和科任老师之间，难免会发生这样那样的矛盾，我认为，化解矛盾要学会"玩太极"。首先，我要说明"玩太极"不是踢皮球，不是玩消极，而是玩智慧。学生与科任老师之间出现矛盾，主要原因还是在于教师。因为，学生有问题是必然，老师的责任就是努力去帮助学生解决这些问题。如果学生的问题没能得到解决，反而转化成了他们与老师之间的矛盾，那么，这个老师的教育方式就一定有些问题。排除极端因素如师德问题及重大突发事件外，因教师问题引起矛盾的主要有三种：一是教师本身水平没问题，但师生关系紧张或关系淡漠，于是师生只是程式化的教与学的关系，造成学生对教师态度不恭或老师对学生不尽心尽职；二是师生关系虽然没有什么大问题，但教师的水平有问题；三是师生关系和教师水平都有问题。使这些矛盾发生的几率更小些的办法就是促进师生间的感情，也就是做好前面的班姑妈工作。至于科任教师教学能力与水平问题，作为班主任是没有过多的责备和干预权力的。而对于已经发生的学科老师与学生之间的矛盾，我们却可以运用一些特殊的智慧，巧妙地去化解它。

1. **非原则问题：都是我的错**

班主任和学生与科任教师之间，是有着很微妙的关系的。我有个看似不太相像，但实际很神似的比喻，这种关系如同男人处在妻子与母亲之间，要把关系处理好，是很讲究艺术的。但凡当了丈夫的，都有这样的体会：当妻子与母亲有了冲突，少不了自己从中进行调解。由于双方都是自己的至爱，所以总希望双方都能得到对方的认可和理解，任何一方对另一方的指责和批评都会让自己难受和心痛。一个班主任，既把学生当儿女看待，对他们付出了一份真情；又与科任教师是好朋友好哥们而对他们尊重有加。那么当学生与科任教师之间出现矛盾与隔阂的时候，班主任同样也会处于这种两难的地步。通常情况下，作为长辈的母亲往往更具有话语权，往往问题也就出在了母亲身上（比如看不惯妻子的穿着打扮之类的问题），你是大张旗鼓地支持妻子我行我素还是让她委曲求全于婆婆呢？同样，就学生与科任教师而言，作为管理者的科任教师也更具有话语权，而他指责学生的问题也可能是些似错非错的事，这时，你是指责科任教师太啰嗦还是叫学生无原则地认错呢？

有的丈夫面对妻子时，总是希望妻子能对母亲宽容一点。当然，理由没错，而这些理由难道妻子不懂吗？其实一般出现隔阂的时候，大多数当媳妇的总会让着当婆婆的，然而丈夫这样一说，妻子反而会更觉得委屈，转而对丈夫发火，让当丈夫的更难堪，其实妻子需要的更多的是丈夫的理解和安慰。同样，这位在妻子那里受了气的丈夫在母亲那里，可能又去埋怨老人家乱管年轻人的事而让妻子受了委屈，恳请母亲对媳妇好些。结果又让母亲伤心难过，觉得自己辛辛苦苦养大的儿子就这样被媳妇抢走了。于是，丈夫两头不是人，妻子与母亲的矛盾也可能会加深。问题出在哪里呢？就是丈夫与她们的沟通不艺术，有问题，他总是对交流对象说："都是你的错！"

如果一个班主任也是这样去处理学生与科任教师之间的矛盾，那同样会出现上面的结果。因为，虽然同为学生的教师，但实际上班主任与学生的关系更近（也如虽然同为亲人，但婚后男人与妻子的关系同样比男人与母亲的关系更近），科任教师也有着与母亲一样的心理，担忧着自己在学生心目中的地位，而学生也的确有时不太买学科老师的账。因此，班主任在学生与学科教师之间的周旋能力就显得格外重要了。

一个高明的班主任，无论面对哪一方，首先都会充分表达出自己对他们的理解与关注，并把过错先揽到自己身上："都是我的错，没把这家伙管好！不过请你多包涵他呀，谁叫我是他的班主任，你又是我的好朋友呢。""都是我的错，当时没在场，没能帮你说两句话，不过你先冷静下，有什么问题我再去找他说说，谁叫他是我的哥们儿呢。"接下来，如果谁确有委屈，一定要对他所受的委屈表达自己最真切的理解，并希望他能理解自己因为处在特殊位置上所以更希望事情能够及时和解的心态；然后再分析问题的实质，并委婉而又客观地表达自己对问题的评价；在这样的基础上，再引导双方都站在对方的角度设身处地地为对方想想，想想对方的难处，想想对方的可谅解之处，想想对方平日的好等；最后，请双方提出些解决问题的建议再谈谈自己的看法。这样，许多矛盾是能迎刃而解的。

其实，不用说一些主要是由立场、观点不同而引起的原则性问题，就是有明显对错的问题，犯错的一方也往往是事出有因，同样也需要我们在理解的基础上去指正与帮助。这就需要我们运用理解之真气，在一推一引的太极功夫中，化解双方矛盾。有了这样的沟通理念，不只是我们的师生关系，还有家庭关系，应该说所有的人际关系，也会好解决一些吧！

2. **原则性问题：对事也对人**

学生和老师之间的矛盾，如果只是非原则性问题，可以采取对事不对人的处理原则，但对于一些由极端因素造成的问题，或因师德原因引发的重大突发事件，我们的处理就一定要坚持做人的大原则，不能只顾及人情，对事也要对人，要有快速和明确的反应，就是“玩太极”，也不再是“养生太极功”而应是“四两拨千斤的太极拳”!

如果是学生的严重问题甚至牵涉到家长时，应立即通报学校并保护好我们的老师。

如果是老师的严重问题我们也不能姑息迁就，而要坚决制止。

相关博文的博友留言：

随风而去：“徐老师总是有这么多独到的见解与主张，真是让人佩服。事实上我们这些地方的任课老师就认为班级管理不是他的事，只管上好他的几节课就可以了。虽然我也是一个班主任，我也有这样的想法，以为不当班主任就可以轻松了，看了这篇文章后，我才恍然大悟。希望这不会太迟。真是谢谢了！”

凌波漫舞：“说得很好！其实任课教师本来就应该有这种意识，但是事实上很多任课教师还是把犯错的孩子直接交给班主任，这对他们自己的教学工作也是很不利的，久而久之，学生会看不起这样的任课教师的。”

Wu Zhi Ming
悟之铭 9

“磨课”贵在磨“艺”

现在，人们对公开课、示范课有着各种各样的看法。特别是对一些反复打磨的课更是质疑颇多。在我看来，磨课的真正意义不在于做出了一节完美的公开课，而在于练就了上课教师的教学基本功。明白了“‘磨课’贵在磨‘艺’”的道理，作为教师的您也许会对一板一眼地准备公开课重新充满热情。

做课不等于做假

一次我听了一位很有潜质的年轻教师的课，觉得她的课很有特色。她却很郁闷地对我说，她平时上课就很受学生欢迎，上学校的公开课，听课教师也评价不错，可是她就是走不出学校。而那些推到县里、市里的课并不见得比她的好。

我问她自己觉得是什么原因。她有点不服气地说：“现在的比赛课假得很！不是我心目中的赛课。一堂课试讲了无数遍，还称其为磨课。我不愿意像她们那样把怎样开场，怎样提问，怎样过渡的话都先写下来背好再去上课。我觉得上课是一种艺术，不应该如此死板，应该随机应变！赛课应该比真功夫，不应该比这种花架子。所以选不上也没什么，我也不稀罕，只要学生喜欢我的课就行!”

我笑了，说：“这话，我 20 年前也说过，不过，很多年后我才明白，做课或者说现在的磨课，并不等同于做假。”

一板一眼非死板

我给她讲了个故事：

一个小姑娘，很爱剪裁，很小就能仿制很好看的小服装。

姑娘大了，向一位时装大师学习技术。大师对她拿去的那些她自以为很出色的时装作品看都不看一眼，只是让她剪裁并缝制一件标准的男式衬衫。并严格规定了衬衫的细节尺寸甚至用针的多少，第一颗纽扣要缝 12 针线，第二颗要缝 11 针线，第三颗要缝……听惯了表扬的姑娘心里很不是滋味，她想：干吗不先看看我的作品？干吗让我做这么简单的事？但她还是很快就把大师交给的任务完成了。大师只看了看姑娘送来的衬衫，就大剪一挥，把她的衬衫给剪掉了，说：“第一颗纽扣只穿了 11 针！重做！”

姑娘很不服气，带着不满的语气问大师：“11 针和 12 针很有区别吗？让我剪裁这种没有创造性的东西有用吗？这些与时装设计有什么关系呢？干吗要这么死板！”

大师冷冷地望了她一眼：“要跟我学就别问为什么！叫你做什么你就得给我一板一眼地做什么。”姑娘很是委屈，一脸的不高兴，还把头一扭。大师发火了：“觉得委屈，不服气，就马上走人！军人的天职就是随时准备投身战场而不是学习走正步。但是你见过哪个军人问过‘立正’‘稍息’‘向左转’‘向右转’‘齐步走’这些队列要求在战场上是否有用的问题？哪个军人问过多走一步少走一步跟战争的胜负很有关系吗？没有！但是，哪个军人不是铆足了劲地好好训练队列？你又说说，如果没有这些日积月累的队列训练，军人能成为有着钢铁般意志的军人吗？”

多年以后，姑娘成了很著名的时装设计师。她回忆这件事时说：“师父让我明白了一个道理：一板一眼不是死板，通过它能体验到很多细节的东西，有了这些东西做最基本的铺垫，个人丰富而深厚的内涵和气质才能逐步形成。其实，只有通过这种一板一眼的训练，你才会发现，12 针与 11 针不只是数量上的区别，还有细节上的考虑：第一颗扣子的使用率高，所处的位置也更重要，所以，要比其他扣子多缝一针。你看真正高档的时装，其每一线每一针都无可挑剔，可见当时的我是多么自以为是啊！”

这时，年轻的女教师笑了："我知道了，您是说我的课太随意了，所以上不了档次。"

我说："其实主要是你的基本功会因此上不了档次啊。的确，如你所说，上课是种艺术，不应该上得很死板。但是我们不少从赛课中走出来的优秀教师，正是在指导教师们看似机械的一板一眼磨课指导过程中走向成熟的。因为，在这一过程中，你会反复思考怎样才能让你的语言更加精练更加引人入胜；在这一过程中，你会反复体验同样的语言应该怎样用以吸引学生的注意力；在这一过程中，你会反复实践如何利用肢体语言来配合自己的表达，以期望举手投足间给学生以美的感受，如此等等。不先搭好这样的'花架子'，是很难炼出什么真功夫的啊。如果一个教师能这样反复地进行磨课，将来，他的教学神态就会亲切而优雅，他的上课语言就会简洁而明快，他的课堂教学就会彰显出一种内在的艺术的美，这就是你希望达到的一种艺术境界吧。而就像目前的情况而言，你能说你'随机应变'的课比别人的更艺术、更精练、更有条理、更吸引学生吗？如果不是，就说明你还需要搭'花架子'，需要从'一招一式'学起，认真备好每节课的开场白，认真设计好每一个教学过程的过渡句，就如同我们应该认真设计好每一课板书，认真练好板书中的每一个字一样。直到有一天，你不再刻意练这些'招数'了，而你在举手投足间就征服了学生和所有听课者的时候，你的教学就真正是一种艺术了！

"全国优秀教师、清华大学附小副校长、特级教师窦桂梅老师在一次《激情与思想——教师永远的追求》的演讲中点燃了听讲教师们的激情。窦老师的课以精致而著称，这绝不只是因为她有天生的才气，更是因为她对课堂教学的尽善尽美的执著追求和一如既往的一丝不苟的精神。其中，她讲她刚出道时为了讲好一节课，放学，独自在空教室里演练上课内容，竟忘了接在幼儿园的孩子。当幼儿园教师很有意见地把孩子给她送到教室后，她又一手抱着还在流泪的孩子，一手不断地比划着，又继续深情地演练上课内容。校工发现了，以为她有神经异常的行为，忙找来学校领导。学校领导来到教室旁边她也不知道，而那位领导却被当时的场面感动得流泪了。这就是窦老师年轻时的一个小故事，一招一式的演练练就了她扎实的基本功，奠定了她走向卓越的基础。"

最后，我对这位教师说："一板一眼非死板，我为师尊倾耳听。一个学习者，一定要有一个能成为自己偶像的导师，这个导师可以在现实中，也可以在书本上，你应该有一段言听计从的崇拜性学习过程，这对你的成长极有益处。”后来，这位教师改变了对赛课的片面看法，进步很大。

相关博文的博友留言：

xyz：“徐老师，读了您的文章我也改变了对赛课的看法，将来我若有机会参加赛课，我一定会一板一眼地准备。谢谢您！”

荷蓧丈人：“中规中矩而后可以创新，凡事皆如此。”

素儿：“很受益，教育如此、人生也如此。没有深厚的底蕴，怎么能彰显自己的才能？以前还真的很排斥这些基础的、刻板的东西，看来我的确需要好好补课了。虽然一大把年纪了，不过我觉得人生只有起点，没有终点，一切都还来得及！”

Wu Zhi Ming
悟之铭 10

在反思中厚积薄发

“无声，并不意味着无为。”人要想不断进步，得时不时地静一静，认真地反思和整理自己的思想，同时多读读书，博观而约取，厚积而薄发，这才是个人成长之道。作为教师，我们不能只是整天“耍嘴皮子”，还要学会“于无声处蓄惊雷”。

大智大勇若木鸡

大家都知道“呆若木鸡”这个成语，但你可否知道这个成语的本义？

“呆若木鸡”的故事出于《庄子·达生》：“几矣。鸡虽有鸣者，已无变矣，望之似木鸡矣，其德全矣；异鸡无敢应者，反走矣。”

故事全文的意思是这样的：

齐王让纪渻子为其训练参加比赛的斗鸡。

纪渻子养了10天，齐王就迫不及待地问：“养好了没有？”

纪渻子说：“还没好，现在这些鸡还很骄傲，自大得不得了。”

又过了10天，齐王又来问，纪渻子回答说：“还不行，它们一听到声音，一看到人影晃动，就惊动起来了。”

再过了10天，齐王又来了，纪渻子说：“还不成，还是目光犀利，盛气凌人。”

又过了10天后，齐王已经不抱什么希望了，没想到纪渻子却说：“差不多可以了，鸡虽然有时候还会啼叫，可是不会惊慌了，看上去好像木头做的，精神上完全准备好了。其他鸡来挑战，只有落荒而逃了。”

原来，“呆若木鸡”是高手的境界！这又让我想到另一个成语“大智若愚”！两者竟有异曲同工之妙！细品两词，我们不可忽视一个字“若”：“若”者，“好像”也！也就是说，真正斗鸡的高手，一定不“木”不“呆”，但又一定能安静到如“呆木”一般！同理，聪明人中的“大智”者，一定不“愚”，但一定能朴实无华到“愚”的地步。

然而，我们要想达到这种境界，不是一蹴而就的，必定要经历一个否定之否定的过程。就斗鸡而言，不经历从“骄傲、自大得不得了”到“一看到人影晃动，就惊动起来”，再到“目光犀利，盛气凌人”的过程，就不会渐趋“平静”而最终“呆若木鸡”！

灿若烟花终需静

推而广之，我们的教师不经历从“高谈阔论，目空一切”到“不知所措，畏首畏尾”再到“左右逢源，口若悬河”的过程，也不会渐趋于冷静而“大智若愚”，达到教育“大师”的水平。

不少年轻教师，特别是刚刚大学毕业的年轻教师，来到中小学校，总以为以自己的能力教中小学生真是易如反掌，不免有些自以为是，踌躇满志，甚至从内心看不起老教师们。这可视为做教师的第一境界。

不过，教书不光是传授点知识这么简单：面对形形色色的学生，面对纷繁复杂的突发事件，他们往往会受到不同程度的打击，从而变得不知所措。虽然通过不断的总结与反思，他们也逐步掌握了一些教育教学规律，但他们也认识到教育教学领域浩瀚无边，要学的东西实在是太多了，比自己强的人也实在是太多，于是变得“瞻前顾后，谨小慎微”了。这是教师的第二境界。

通过自己的不断奋斗，他们的教育实践经验多起来了，教育理论知识丰富起来了，教学能力也有了很大的提高，有的教师还成了学校的骨干教师甚至在市里省里也有了一定名气。这时，他们上观摩课，做讲座的机会也多了，似乎不管什么都能说得头头是道，便到了“左右逢源，口若悬河”的“名师”时期，不少人也因此而信心爆满，春风得意了。这就已经到了教师的第三境界，很多教师往往也只能达到这一境界。

然而纵观中国教育界，“名师”太多而“大师”却屈指可数。其原因就在于“名师”们太忙了，太热了，没时间停下来，想一想，怎样为自己继续充充电。只有部分实实在在的教育人真正冷静下来了，他们在不断的行动中思考，在思考中学习，在学习中积累，在积累中升华，将外在的风光与浮华转化为内在的沉淀与思考，不再人云亦云，自是宠辱不惊；不再标新立异，而是匠心独到！如斯人，方可达到“大师”级别，达到“呆若木鸡”“大智若愚”的境界。这才是我们每一位教师应毕生追求的境界！

所以，作为教育人，我们应该明白自己所处的阶段，不断提升自己，不断向新的高度进发。同时，我们又要能理解与帮助那些在不同专业发展阶段的同事朋友。对初入道而自以为是的新教师，要宽容他们的“不知天高地厚”，因为他们本来就确实不知，所以不要打击嘲笑他们，而是要引导他们在实践中不断提高自己的认识；对遇到困难而缺乏信心、心存退意的年轻教师，我们则应伸出援助之手，帮助他们早日走出困境，重拾信心；对那些小有成就“春风得意，踌躇满志”的教师，我们也不要过多指责与不满，毕竟他们有今天的成绩也不容易，对他们多些宽容与理解也未尝不可。只是，这样的教师要真想更上一层楼，还得学会不断地积淀，学会内敛。

所以徐痴人说：“灿若烟花终需静，呆若木鸡智若愚；善慎独而终出众，于无声处蓄惊雷！”

君可知“爱叫的麻雀不长肉”。一个能一鸣惊人的人，一定不是一个整天叽叽喳喳的人。君不见获诺贝尔奖的大科学家们，没有谁是为了追求评职选优而忙于发表滥竽充数的垃圾论文的人。如此看来，我们也就明白了“教育大师”该如何修炼了吧。

相关博文的博友留言：

艾儿：“一种淡泊处世的情怀，一种豁然的开朗，一种理性的升华，一种致远的宁静！

“灿若烟花终需静，呆若木鸡智若愚！”

第二章

行之十招

作为一线的教育工作者，我们既要做能俯瞰教育的战略家，也要做能驾驭教育的战术家。作者从自己的教育行动中总结出来的十大“教育招数”，一定能在您的教育教学过程中助您一臂之力。

Xing Zhi Zhao
行之招 *1*

教育需要等待

“一路漫行”即为寻找前进的路，跟学生一起摸索着走。把“一路漫行”说成是一种教育的招数，不如说是一种教育态度。教育要有大自然引水东流的无痕与大气，也要容得下江河的九曲回肠，更要受得了湖泊的停滞不前。没有江河的顺势蜿蜒，哪有长江黄河的奔流澎湃；没有湖泊的从容吐纳，哪有鄱阳洞庭的烟波浩渺！教育是最需要等待的：当学生总也迈不过那个坎的时候，我们不要急于背着孩子上坡并前行。我更愿意耐心地等待，更愿意与学生一路漫行，在探寻的路上东碰碰壁，西撞撞墙，等待孩子的豁然开朗。教师是需要示弱的，甚至可以说，示弱是教师的重要职责！当学生遇到问题又急切希望老师帮助解答的时候，我会故意示弱，既暗示一些方向，又表示自己黔驴技穷，再放慢脚步暗中引导他们前进。最后，进步中的孩子会自信心大增，认为他们帮助了我，提高了我。事实的确如此。当我们放下身段与学生同行的时候，学生无穷的创造力就会发挥出来，他们会爆发出很多你根本不会想到的奇思妙想。在这样的教育状态下，不但学生是你的受益者，你也是学生的受益者，这才是真正的“教学相长”啊！

我与学生共创作——作文是什么

“作文难，作文难，提起作文心头烦。”为什么学生会对作文产生如此抵触的情绪呢?

我以为，问题就出在我们教师的作文观上。我们让学生写的，是我们希望看到的“文章”而不是反映学生心声的文字，我们追求的是一种“八股美”而不是“心境美”，我们追求的是“获取高分”而不是“流露真情”。一位学生在一节作文公开课上回答教师“什么是作文”的提问时说“作文就是做人”，引起了哄堂大笑。我却为这位学生的回答所震撼：作文不是做人是什么？难道是作秀？抑或是做假？

是的，我们一方面教学生要诚实，而当在教学生写作文时，却又理直气壮地教学生学会“虚构”学会“创作”，于是，就出现了这样荒诞的事情。在高考的考场上，一位考生“动情”地在作文中述说自己与病危的单身母亲的生离死别和为实现母亲遗愿含泪走上考场的悲壮之情，阅卷教师感动之余给予了满分，有的高校更是表达直接录取该生之心声。就在这时突然间又惊闻其父母其实都还健在的消息，这不但让相关各方陷入尴尬，更引来对我们作文教学究竟该走向何方的争议之声！不少人认为，我们培养的，不再是活生生的人写活生生的事，而是在培养一批批“伪作家”。

作为一名语文教师，作为一名有责任感的语文教师，我不希望我的学生们为写作而写作。我希望他们能写自己的生活，写自己的心声，写自己在怎样做人！

我曾接手一个五年级的班级，面对着学生们的八股文，我实在有些头疼，如何改变这样的现状呢？我想，孩子们已经是学了三四年“八股文”的“老学生”了，要改变他们的观念得先给他们“洗洗脑”，不能只是单纯说教，要让他们自己去用心体会。于是，我给他们提了个问题：“同学们，告诉我，你们喜不喜欢写作文？”大多数同学都说不太喜欢。我又告诉他们：“徐老师却特别喜欢写作文。因为，我觉得作文实在是太有意思的东西了，是什么呢，我也表达不清楚。如果让你们用一样东西来比喻作文，你们觉得作文是什么”

学生们感到很困惑，说不出什么来。我又说：“在我心中，作文像太多的东西了，说也说不完。比如，我觉得作文就像我的好朋友，我心里不痛快的时候，就把这种心情记录下来，写完之后，就好像是对好朋友倾诉了一样；而遇到高兴的事我也把它写成作文，当我大声地读起这样的作文时，又觉得是在和好朋友分享我的幸福。总之，作文还可以是很多东西，你们觉得它还是徐老师的什么呢？帮徐老师表达表达怎么样？”然后，我提出了一个愿望，希望孩子们拿起笔写一写徐老师眼里的“作文是什么”。

在接下来几天里，我每天都给他们读一篇我写过的文章，让他们了解我是如何用文字抒发我的喜怒哀乐的。我又将我过去教的学生的一些流露着真情实感的文章读给他们听，把他们班上的一些孩子的好文章好片段拿出来与大家分享。有了这样的直观体验，他们开始有话可说了，各自的思维也开始活跃起来。这样，大家越来越希望自己也能写出这样的文字，也能把作文当成自己的好朋友。渐渐地，大家对作文的那种畏惧感减少了，而亲近感增加了，于是，大家不再只是思考徐老师心中的作文是什么，也在思考自己心中的作文是什么。媛同学在以“家人的爱”为主题的作文中，没有编造爱的故事，而是真实地写了她的内心感受：自从她的父母生了小弟弟后，不爱她了。她写好作文后，特意将当页作文纸叠起来，并在背面写上“只准徐老师看”的文字。我就这文章与她的父母进行了沟通，知道了她父母并不是重男轻女之人，只是初生的小弟弟的确分散了他们的精力。我提醒他们要关注媛的感受，要引导并带着小姐姐一起来爱这个小弟弟，营造一种大家庭的欢乐气氛。然后，我又与媛进行了单独的交谈，知道她爱小动物，我就问了个问题：“假定你有一只很可爱的小狗，你每天都爱和它在一起，并时时刻刻照顾着它。有一天，你又得到了另一只更小的同样很可爱的小狗。你还有没有和原来一样多的时间和精力来照顾原来的那只小狗？如果没有，是不是表示你对原来这只小狗就不爱了？”她觉得我的话有道理，但还是对弟弟分走了父母对她的爱有些不舒服。我告诉她：“天下的事都是有坏就有好的。小弟弟的出现的确分走了一些父母对你的关注，但你也得到了一个好玩的小弟弟呀！他简直就是你的活玩具嘛。而且，一家四口人比一家三口人热闹得多，各种乐子也多得多，现在大家都是独生子女，一回到家除了看电视什么也没得玩，不知有多少人羡慕死你了呢？”这样一说，她也高兴起来，讲了不少小弟弟的趣事，并表达了对我的感谢。我对她说：“谢谢你相信徐老师，把你的心事通过作文告诉了我。”后来，她在“作文是什么”里这样写道：“作文是心事，是小朋友们信任的朋友。”

我把孩子们写的“作文是什么”串在了一起，成了我班同学集体创作的作品《作文是什么》：

作文是什么

作文是一首歌
唱出了我们童年的多彩生活
作文是一团火
点燃了我们心灵创作火花

作文是一把钥匙
让笔尖喷涌出内心深处的喜怒和哀乐
作文是一阵风
一番倾诉便带走了你的烦恼和忧愁
作文是五味瓶
装进了人间的酸甜苦辣
作文是欢快的小伙伴
它融合了我们的欢声笑语
作文是知心的朋友
我们总把烦恼向它诉说
作文是一只小鸟
把我们的欢乐告诉给大家
作文是心事
是小朋友们信任的朋友
作文是难吹的泡泡糖
勤奋的人吹得又大又好
懒惰的人吹得又小又差
作文是一道难做的菜
做好了会让人百尝不厌
做不好就淡而无味
作文是词语的银行
用词汇把自己打扮得丰富多彩
作文是指挥家
把字词句精心谱写成精美的诗篇
作文是时空隧道
带我们到遥远的古代与未来
作文是多彩画笔
把五彩的生活描绘得更加美丽

就这样，我与我们班的孩子，共同走进了作文的天地，作文成了学生的好朋友，成了我们之间互相沟通的重要渠道。

其实，与学生同行，不单表现在作文教学中，就是语文课本，我也从来不只把它当成学生学习的读本。每学期一领到新课本，不管它的变化大不大，不管上面的文章我教过多少遍，我都会饶有兴趣地好好读读，细细体味一遍，并总能读出些新意来。我上语文课，与其说是在教学生，不如说是和学生一道学，正是这种状态的感染，让我的学生们和我一起爱上了语文，爱上了课文课。

1999 年，我正在教一个五年级班，当时的语文教材刚好进行了大改动。在感慨我们的教材越来越有价值，越来越耐人寻味的基础上，我思考着怎样让学生都能爱上语文，都能在语文课堂中享受到语文的乐趣，感悟到语文的魅力。于是，我写下了《走进语文课本》一诗，并在第一堂语文课上，结合本册课本中丰富多彩的课文内容，为学生进行了讲解和充满激情的朗诵。学生听了很感兴趣，纷纷要求抄下来。后来，这首诗成了那个学期每节语文课集体朗诵的开场白。

走进语文课本

走进语文课本
你便走进了多彩的世界
这里的天空是多变的
一会儿阳光灿烂
一会儿乌云满天
这里的时空是永恒的
一会儿带你去遥远的古代
一会儿从今天迈向了未来
这里的故事是神奇的
一会儿让你或喜或忧
一会儿让你或思或悟
让我们捧着一颗真诚的心
一起走进语文课本
请记住：
书山有路悟为径
学海无涯乐作舟

结果，这个班的学生不但爱上了语文课，也爱上了写小诗。我与学生一起学习了五年级上册的《七律·长征》后，学生便很热衷仿写该诗。学生所作，趣味多多，现将原诗及孩子们的部分仿诗摘于此：

七律·长征

毛泽东

红军不怕远征难，万水千山只等闲。
五岭逶迤腾细浪，乌蒙磅礴走泥丸。
金沙水拍云崖暖，大渡桥横铁索寒。
更喜岷山千里雪，三军过后尽开颜。

生活

文宜楠

我们生活不怕难，千挫万折只等闲。
大小风波腾细浪，风风雨雨走泥丸。
事业有成人心暖，偷鸡摸狗人心寒。
从小不怕生活难，长大以后尽开颜。

打乒乓

赵玺

同学不怕乒乓难，球和拍子摆面前。
找张台子两头站，握起球拍对阵来。
见机行事得分暖，长拉短调叫人寒。
你扣我挡不谦让，赢得比赛尽开颜。

数学

崔力

学生不怕数学难，千题万题只等闲。
书上例题腾细浪，练习难题走泥丸。
不懂就问人心暖，抄袭行为人心寒。
更喜全班爱学习，统考过后尽开颜。

计算

荆灿

学生不怕计算难，千算万验只等闲。
加减乘除腾细浪，混合运算走泥丸。
计算正确人心暖，万一出错内心寒。
更喜得了一百分，欢蹦乱跳尽开颜。

语文

董雯丹

我们不觉语文难，种种类型只等闲。
课后题目腾细浪，单元基训走泥丸。
看着窗外飘白雪，手中作文就写完。
更喜全班求上进，人人每天笑开颜。

作文

蒋静

学生不怕作文难，千头万绪只等闲。
写景作文腾细浪，抒情作文走泥丸。
多读多练内心暖，不看不写人心寒。
更喜全班作文优，竞赛得奖尽开颜。

学习

吴艺峰

学生不怕学习难，千测万验只等闲。
语文狮子腾细浪，数学老虎走泥丸。
学习努力人心暖，弄虚作假内心寒。
更喜全班齐努力，捧杯之后尽开颜。

打针

于蓝

儿童最怕打针难，吃药输液不敢闲。
只因儿童会怕疼，哭着闹着把妈喊。
本来全身已很烫，医生一拍心头寒。
幸亏药水并不多，针头拔出笑开颜。

相关博文的博友留言：

nbangle：“作文是心事，作文是知心的朋友，我的观点！因为只有当我想说心里的事的时候我才有话说……所以我写的东西都是一气呵成的。”

老偺：“作文就是做人。”

艾儿：“真好！诗意般的话语，学生们爱听，当然也会爱学了！”

菊花不败：“语文本来是非常精彩的有着丰富内容的学科，现在变成了学生不喜欢学的甚至讨厌的学科了。

“是因为应试教育，还是教师的能力，我看都有。

“你不教学，真是浪费了宝贵的资源，也少了许多能够享受语文课堂的学生。”

徐痴人回复：“我也少了很多乐趣！不过，我和教师们进行交流，也是一种乐趣，也希望通过他们把乐趣带给更多的学生！”

益可：“哈哈，太有趣了！

“教师不怕工作难，随笔教学只等闲。

“教材难懂很无奈，一起研究搞教研。

“大会小会总不断，让人心里很忙乱。

“改变自己多努力，脸上终会露笑颜。

“哈哈，见笑！从来没写过，今天斗胆跟老师学了，别笑我啊。”

叮咚：“竟然有这样的练笔啊。

“敢与伟人试比高！”

化名书写比赛

这是发生在一个四年级班的故事。当时，我在班上推行快速作文，学生的兴趣也很大，但是，一个负效应出现了。虽然我一直强调快速作文不是乱写乱画，但学生的书写质量还是出现了问题。看着同学们的书写越来越糟糕，怎么办？一个想法在我脑海中酝酿：每周进行一次书写评比展。可是，如何激起大家的兴趣？让大家愿意并积极投入活动中来，这可是个问题。现在的学生，学习任务本来就紧，周末家长还要给他们报这样那样的班，周末安排本来已经很紧了，如果让他们每周都花一定时间来认认真真、工工整整地写篇字来参加班上的书写评比，的确有一定难度，而要长期坚持下去，难度就更大了。同时，每周的评选谁来评，怎样评才公正，会不会影响正常教学工作，这些都成了我要思考的问题。最后，我做了以下工作：

1. **解决展出作品问题**

我在教室两边和后边的墙上拉上绳索，要求每位学生每周一所交的书写作品都用回形针别在绳子上展出。并且，将作品分为三等：后面为一等（10名），两边为二三等（各20多名）。

2. **解决兴趣问题**

首先，实行化名评比。我每周也化名交作品给负责的学生参与评比。虽然实行实名制可以使评比很直观，但过于直白会显得排名性太强而趣味全无，我认为必须增加活动的趣味性甚至神秘感，才能让学生有积极投入的兴趣。而实行化名制，大家都不知道成为前十名与后十名的同学究竟是谁而产生好奇心，同时，自己却很清楚自己的名次变化，因而既能明确自己的努力方向，又不至于个别学生因排名一直靠后或有退步而产生压力或自卑感，反而会激发努力的愿望来提高自己的名次。

其次，化名可增加评比的公平性，让学生感到评价者不可能用有色眼镜看人，因而更能激发学生特别是平时被人不看好甚至看不起的学生认真书写，努力以自己高质量的作品去争取好的排名的动力。所以，我要求每个同学都自己取个化名，并在我那里进行秘密登记，只有学习委员和科代表才知道谁的化名是什么，而每位同学所交作品上只能写化名。但是，化名制也是一把双刃剑，由于不能直接公示作品书写者是谁，也可能让个别同学产生反正别人也不知道我写得好不好，所以抱无所谓的态度来对待作品的完成，这在活动实施中的确也有体现。因此，我特别注意培养学生对“内心幸福”的体验，我想，这种对学生更深层次的自律能力和自珍自爱（珍惜自己）情感的培养，比书写评比活动本身对学生的健康成长的意义更为重要。

3. 作品由语文科代表收集

同时，每周由两个同学（按座次排序）担任评委，负责将作品分出等级并排出前十名和后十名，再交学习委员做好记录保存，到期末公布最终实名情况并颁发单次奖和综合评价奖。

4. 教师随时根据学生的书写情况在班会上、语文课上予以点评，并随时找个别学生进行谈话

这个活动从四年级下学期的第二个月开始，一直进行到了期末，效果很不错，其中，出现了不少有意思的事情。

其一，个别学生对评委的评判提出了质疑，特别是当一些“差生”当评委时，学生的质疑声会更大，认为他们没有资格当评委。面对这些质疑声，一方面，我提醒这些“差生”要随时培养和提高自己的评判能力（常看其他同学的作品和评比结果），同时也要努力提升自己的写字水平，另一方面，我要求大家要懂得尊重个人好恶的合理性，不要把自己的意志与观点强加于人，也不能因别人书写不好就否定别人的评价能力。我常说一句话：“不会踢球还不会评球吗？我踢球虽然连业余队都进不了，但我还是看得出也敢说中国足球队踢球踢得‘好臭’，难道我没资格说吗？要我不说，除非你踢出巴西队的水平!”于是，学生学会了更全面客观地思考和认识问题，应该说书写比赛对学生的教育意义超过了提高书写水平本身的意义。

当然，评委也有出现问题的时候。有两个学生在当评委时，就把自己的作品都放在了一等中。其中一个实在有失水准，这就引来了大家的不满。最后，班委会决定临时组成评审团，把一个降为了二等，一个降为了三等。我也心平气和地找两人谈话，请他们谈谈对这次“滥用权力”造成的后果的体会。虽然我没有对他们进行任何的上纲上线的批判，并对他们的行为也深表理解，但是他们却表达了自己非常后悔、非常内疚的心情，请我和同学们原谅他们，相信他们以后不会再犯这样的错误。我的确也更相信他们不会重蹈覆辙，因为他们已经真切地体会到了一次什么叫“群众的眼睛是雪亮的”，真切地体会到了“手中有权不等于就可以为所欲为”。

其二，总的来说，学生们的兴趣很浓，但也有个别现象。比如，有的同学没完成作品，出现了收不齐的情况，因为用的是化名也不好查是谁没有交（为了保密性，我们先采用的是语文科代表在周一早读时一个一个地收，而作品都是对折着交的，有的同学采取躲离座位的方式逃避）。于是，我宣布：“有人想当‘漏网鱼’的话，我一定要查的，我查这个同学是谁会花很多时间的。不过，我花了多少时间，就要请这个同学还我多少时间。怎么还？下了课就到办公室来听老师差遣，直到做满了时间。同时，该补的作品还得补，后补作品还得以实名的形式放在第三等的最后面供大家‘瞻仰’！欢迎想给徐老师免费打工的和想上特殊‘光荣榜’的同学积极争取！”

在大家的笑声中，个别想偷懒的学生再也不敢“以身试法”了。

其三，化名制的保密工作受到挑战。虽然我对化名的保密意义宣传和强调得很好，但是，学生的好奇心毕竟很强，而名次靠前的学生也总是很兴奋，免不了向别人炫耀。甚至也有同学专门向当评委的好朋友说自己的化名，希望得到“照顾”。长此以往，化名就形同虚设了，而且还可能会引发新的矛盾，但要让每个学生都做到不当“泄密者”也太理想化。怎么办？我只好辛苦语文科代表和学习委员了。我出了新招：改在作品上署化名为用铅笔写学号，然后打乱作品后用钢笔给每篇作品编个序号，再设计一个学号与序号的对照表，由学习委员和科代表各收一周“作品”并进行学号与序号的记录，再擦掉该同学的学号，最后交给评委同学进行排名并展出。同时，评委将评选的前十与后十名情况返给学习委员或科代表，由他们进行记载。这个做法，既很好地解决了“泄密”问题，也很好地解决了有学生想当“漏网鱼”的想法。

其四，好几个平时在大家眼里不爱学习、作业书写也很差的学生，开始时一般是三等（其中一个学生一开始就写得不错而进入二等），后来作品越来越好，一次次进入二等，一个学生后来几乎每次都进入一等（我班学生的保密习惯还好，一般都不把自己的化名讲给别人听，我告诉他们学会享受“天知地知你知我知”的成就感）。而带来的结果是他们的作业书写情况大大好转，学习态度也大大改变。

最后，我以化名形式参加评比的举动也极大地调动了学生的兴趣。每到星期一，总有不少学生在墙上找我的作品，大家都在猜我用的是什么名字，排到了第几。我的字本来就不好，这也是对我的锻炼，所以我也一直做得非常认真。开头一段时期，我的作品还算靠前，有两次进了前三，三次进前十。后来，我的字没什么大进步，学生的字却进步如飞，我一般就只能排在二等里边去了。看着学生的字越来越漂亮，我不得不感叹，学生真是初升的太阳，其不断发射出强大的生命之光，正在一步步地淹没教师的光芒。真所谓长江后浪推前浪，一代新人换旧人，而这，不正是我们所期待的吗？

与学生一路同行，对学生一视同仁，时时能让我们感悟到学生的优秀并看到自己的不足。这样，我们就能经常告诫自己不要在学生面前摆架子，要真正与学生实现人格的平等，要在学业上既当好学生的引路人，又善于学习学生的长处。如此行教，我们就能真正享受到教学相长的乐趣和幸福。

相关博文的博友留言：

育花人："创新是推进教育的不竭动力。"

texiao心灵："有趣，有创意，对学生的心理也把握得很好，真是别具匠心！学习了。"

Xing Zhi Zhao
行之招 2

感同身受
——从学生的角度看问题

“感同身受”多比喻虽未亲身经历，却如同亲身经历过一般。而作为我的教育之招，却有特殊的含义。它指的是：在学生遇到困难而缺乏信心或犯了错误而惶恐不安时，老师可主动讲述类似的往事。当学生听到自己最爱最敬佩的老师原来也有这样的经历时，其心理压力会减轻，战胜困难的勇气或改过自新的信心会增强，这有利于学生顺利走出困境。

钢笔与甘蔗的故事

有一天，一节课快结束了，我抽了几个学生发作业本，小英子发完作业本回来，发现自己的一支钢笔不翼而飞了！是哪个胆大包天的学生干的？怎么办？不能等到下课，否则就更难查清了。望着七嘴八舌的学生，我动情地讲述起一个故事并向学生提出了一个请求：

“在我七八岁的时候，我的父母对我管得很严，基本不给我零花钱用。有一次，我在街上又累又渴，正巧遇见一位农民伯伯挑着两筐砍成节的甘蔗，我太想吃了，可是每节要两分钱，当时我连一分钱也没有，怎么办呢？看着老人挑着甘蔗远去的背影，一个不好的念头出现了。我悄悄跟了上去，从老人的后箩筐中抽出一节甘蔗就往回跑，老人发现了。回过头来边追边喊：‘站住，逮着小偷！’我终于跑掉了。可是，那节甘蔗虽然好吃，但也让我吃得提心吊胆，而且‘站住，逮着小偷’这句话和老人挑着担子艰难追赶我的身影总在我的脑海里挥之不去。特别是随着年龄的增长，随着自己的不断成熟，我对老人的愧疚感越来越重，我多么希望当初能有人当场把我拦住，让我把那根甘蔗交还那位老人；我多么希望时光能倒流，好让我有机会把甘蔗送回去，并当面向老人承认错误，从而得到老人的谅解；我多么期望能在现实中出现一个奇迹，能让我和这位老人再次相逢并让我能认出他来，好让我能当面向他道歉认错，这样，我也可以稍微心安一些。可是，这样的机会一直也没有，现在，只要我想起此事，心里真的是非常难过。今天，我们班上有一位同学犯了一个与当年的我相似的错误。他可能非常喜欢同学的这支笔，可又不知是在哪里买的，也许也和我一样想买却没有钱，也许还有其他的原因，于是他没控制住自己的手，拿走了同学的这支笔。不过，我想，这位同学听了老师的故事后，现在也一定很后悔，我也相信，如果不给他一个还笔的机会，他将来想起这事会更后悔。"

我顿了顿，接着说："但是，他现在又一定不好意思当着这么多同学的面将笔还回来，我们大家来帮他一个忙好吗？我们每位同学都把手放兜里做拿笔状，再依次到前台来走一下，都来做一个放笔到抽屉的动作，让谁也不知道是谁真的放了笔在抽屉里。这样，我们既保全了这个同学的面子，又给了他一个还笔的机会，不让他将来后悔一辈子。而且，也让这个同学替老师了一个心愿：我没能还回老人的甘蔗而一直心存愧疚，今天却帮助一位同学还回了别人的钢笔，这样我也会开心很多的，你们说是吗？我相信，只要我们给予这个同学这次机会，这支笔一定会出现在抽屉里的，因为他一定会利用这个机会让自己也让老师不再内疚，不再后悔。"

"行！"同学们都同意了这个建议。

我首先做了这样的动作，同学们也一个个走向讲桌。果然，大家走了一圈之后，这支笔出现在了抽屉里！我略略有些吊着的心也一下落地了。这时，我又请大家为大家的宽容和这位同学及时改正错误而鼓掌。这次拿笔事件便在一阵掌声中结束。

对于这个发生在一个小学五年级的教育故事，我写下了这样一段文字：

对学生出现的"偷拿"事件，我们要注意这样几个问题：

（1）不能用成人的道德标准来对小孩子的行为下结论，要造就一种"情有可原"的氛围。在本案例中，我首先从儿童心理分析出发，没有对学生的拿笔行为上纲上线、大加痛斥，也没有发动学生相互检查，追究谁是"罪魁祸首"，更没有对该学生贯以小偷罪名，相反，我不怕自我揭丑，拿自己小时候犯过的类似错误作实例，让大家从心里对这名学生的行为不产生狭隘的嘲笑和起哄——原来老师小时候也犯过类似的错误。实际上，我们不能认为“小时偷针”大了就一定要“偷金”，关键看你如何引导教育孩子。对这样的孩子要教育，也要多几分理解与宽容。

（2）防微杜渐，在谅解儿童的“偷拿”行为的基础上，也要让儿童认识到这种行为的危害性。在本案例中，我通过讲述自己在犯错误多年后因当年没有机会及时改正错误，导致自己非常内疚的故事，帮助这名学生认识到这件拿笔小事可能也会让他将来后悔不已，由此使他产生还笔的欲望。其实，当年的我是看到其他的小孩这样做，也忍不住想学一学，结果一下手就被老农发现了，被吓坏了的我丢了甘蔗就跑了，但我为了能强化学生对内疚的道德体验，我不惜给自己“罪加一等”。当然，除此之外，“偷拿”行为的危害还有许多，我们还需要根据具体情况具体分析处理。

（3）我们在引导学生纠正错误时要考虑当事人的心理承受力，注意保护学生的自尊心。本案例中，我考虑到这位学生肯定不愿让别人知道自己做了这种“偷窃”之事，所以我动员学生一起来帮这名学生，同时，为了确保我和学生的一片苦心不落空，我又加上让这名学生替老师还心愿的砝码，增添他的责任感。果然，这支钢笔如我所料地出现在了讲台的抽屉里。

（4）我们在解决这类事件时，要注意保护所有学生不受到人身特别是心灵的伤害。不少教师为了抓出“元凶”，或搞大搜查，或让同桌互查书包，或对几个所谓的“重点嫌疑对象”重点搜查甚至搜身，这是不合理甚至是违法的行为。我们做教师的一定要克制自己的情绪，不要做以“违法”治“违法”的事情。在这个事例中，我也在思索一个问题，让所有学生都来做放笔的动作会不会是对其他学生的人身侵害，但我又想，我所精心营造的是帮助同学的氛围，而且也是从自己首先做起的，应该不会对其他学生造成人身乃至心灵的伤害。

（5）帮助学生归还所拿之物最好要在特定气氛中一气呵成，不要拖泥带水。在本案例中，我也想过用“让这位学生下课后悄悄把笔还给笔主人或交给老师”等方法，但是，这些方法一定会因时间的拖延和我精心营造的现场气氛的不复存在而使这名学生失却还笔的勇气，一定会丧失一个教育其他学生的良好契机。所以，我还是认为，现炒现卖，一鼓作气地解决问题为好。

"这次拿笔事件便在一阵掌声中结束"。我想，这个故事是否可以不就此结束，是否可以再深入下去，比如让学生写写日记，把今天的事写下来，是否还可以做其他的一些延伸性教育？

如果一个教师，总在进行这样的一些反思，也许，他就会变得更智慧些吧。

相关博文的博友留言：

素儿："我觉得徐老师这个故事中蕴藏的胸怀和智慧，丝毫不亚于陶行知的那四颗糖。而回报这份用心的也不仅仅是一支笔的挽回，或者避免了一个孩子后悔的经历，而是通过一个亲历的故事、一次智慧的创举给学生上了一堂深刻而宝贵的课，让孩子们体会着人生中什么才是最美好的、最值得追求的境界，那就是尊重、理解和宽容。错误并不是最可怕的，最可怕的是没有包容错误的心，或是失去了改过自新的机会，希望更多的孩子们能够正视人生中的错误，无论是自己的、还是别人的。"

菊花不败："你以自己的亲身经历教育学生，采取的办法也很巧妙，结果也如大家所愿。

"我想，你这样做之所以能够得到想要的结果，一是你平时对学生的关爱使你在学生中有威信，二是你的做法很适当，三是那个学生有悔改之心。"

我也吹过牛

这是一个发生在1986年的故事。那时，中国还没能将人送上太空呢。但是，我教的一个三年级的班上，有个小孩子的父亲已经上过月球了。

"老师，老师，宾是个骗子，他吹牛，说他的爸爸上过月球，哈哈，哈哈！"学生纷纷跑来向我报告。

宾的爸爸其实在中国卫星发射中心所在地之一的西昌工作，他很少回家，与宾在一起的时间不多，每次回来，就给宾讲一讲关于卫星发射方面的事，并告诉他自己就在那个发射卫星的地方工作。所以，宾只要一想起爸爸，就会联想到那个能发射卫星的地方。

宜宾市驻扎着一个特殊的部队——卫星观察站。当时，我们农业街小学与卫星观察站是军民友好联谊单位，学校每逢建军节都会组织部分师生到部队进行慰问并参观。当然，能去参观的人数是有限的。而每次去参观的学生回来，都会向其他同学炫耀自己看到了多么神奇的东西。我们班的一个小代表参观回来后，就少不了向同学吹嘘什么天上可以看到中国的长城呀，什么有的卫星可以在天上跑而有的可以一动不动的呀。那一年，正好有两件航天史上的大事引起人们的关注。一件事是美国载人航天飞机“挑战者号”在发射升空时发生爆炸，机毁人亡，一件事是我国发射自制的“长征三号”运载火箭将一颗卫星送上了轨道。所以，不只是大人们关注，就是小孩子们也大致知道些相关信息。

宾这下来精神了，在他看来，他父亲那里才是真正可以送卫星上天的地方。于是，他就夸口说他父亲是在发射卫星的地方工作，天天都能看卫星发射。同学们不相信，他为了说服同学们，就信誓旦旦地说，他的父亲还坐过卫星上过月球呢。这下可好，有不少同学还真信了，跑回家与自己的父母吹嘘自己同学的爸爸上过月球。当然，大家也很快知道了中国还根本没有人上过月球呢，这下大家可炸开了锅，于是就出现了上面的一幕。

“骗子！骗子！”同学开始围着宾起哄。宾的头低得不能再低，被同学推到我的办公室。我让大家先回教室。宾满脸通红，低着头却不时斜瞟一下我，看我会如何骂他。我抚摸了一下他的头，笑了笑，说：“其实，我知道，你爸爸就是在发射卫星的地方工作，这点你可没骗人。而且，你还真希望你爸爸能上天，对吧。”“嗯！”宾点了点头。“的确，现在我们中国还没人上过月球，所以你爸爸也肯定没上过月球。但是，说不定，过两年，你爸爸还真能上月球呢。爸爸上不了，你可以自己好好学习，把身体锻炼好，争取自己上呀，对不对？”小家伙把头抬起来了，很认真地说了句：“对！”我说：“那没事了，把头抬起来，回教室去吧。”

上课了，我来到教室，学生却还在不依不饶地嘲笑着宾。这节课，我没有按既定计划上课。

我说："大家还在说宾同学吹牛骗人的事呀？其实，宾也算不上是在骗人，只是他有一个美好的愿望罢了。我想，每一个小孩子都喜欢把一些想象的事情当成真的看待，由此会引出一些有趣的故事，我就给大家讲一个徐老师吹牛的事儿吧。"于是我给学生讲了一个我小时候经历的真实的事情：

"在我们小的时候，镜子是很神奇的东西。一般来说，我们见得最多的就是理发店的大镜子，还有就是家里的那种篮球大小的大圆镜和只有拳头般大的小圆镜，但它们都是被镶嵌在木框里或包了铁皮的，我们从来不知道它的背面有什么东西。大概是我六七岁的时候，有一天我在垃圾堆里突然发现了一块打破了的镜子，我第一次看到了镜子的背面，也看到了镜子就是比玻璃多了点背后的那点东西。于是，我就觉得自己发现了做镜子的'秘密'：原来，镜子就是玻璃做的，只是要在玻璃的背面涂上一层黄泥巴！我为自己发现的这个惊人'秘密'而兴奋不已。于是，我高高兴兴地把自己拾到的这块镜子带在身边，而且还用纸把背面粘起来，不让别人发现镜子就是玻璃涂上黄泥巴的秘密。我逢人便讲自己用烂玻璃做了一面镜子，好几个同龄的小孩子都很羡慕地跟着我，追问我是怎么做出来的，都想学着用玻璃来做。后来，小伙伴们从大人那里得知我根本不可能做出镜子来时，都说我在撒谎，要我再做一块试试看，我可不怕，说做就做，我找了一张烂玻璃，又和了些黄泥巴，涂在玻璃的一个面上，耐心地等黄土干了，我一看，傻眼了，一点也不像镜子，这怎么就不灵了呢？后来，大家都嘲笑我，我也像宾同学一样，羞得满脸通红。不过，我有一个好爸爸，他安慰我说：'以后认真地学，弄懂镜子到底是怎么做出来的，不就行了吗？那时，你就是个小发明家了。'听了父亲的话，我就不再不好意思了，我跟小伙伴们承认自己撒了谎，镜片是自己捡来的，大家也原谅了我。我想着爸爸的话，一心想查出这镜子背后到底涂的是什么。我用小刀刮出一些'黄泥巴'，发现里面还有一层亮晶晶的东西，虽然还是没弄清那到底是啥玩意，但是，我的好奇心从此就被激发起来了。从那以后，我就真的很注意关于镜子的知识，很快知道镜子是在玻璃的一面上镀了一层银才做出来的。"

我对学生说："你们看，老师小时候也吹过牛，这其实也不是什么大不了的事，而且，说不定这样小事还真能改变你们自己，让你们成为有这样的追求的人呢。比如我，后来就特别喜欢与镜子有关的知识并喜欢上了物理这门学科。宾同学的爸爸可真是在一个发射卫星的地方工作的，如果宾也认真学习，将来也可能去做发射卫星的工作，说不定还真能登上月球呢。你们说是不是呀?”“是!”同学们欢呼起来。接着，我还告诉他们，虽然到现在我们中国还没有人上到过月球，但是，我们的老祖先早就有关于在月亮上生活的故事了，什么嫦娥奔月呀，什么吴刚伐木呀，这引起了很多同学对月亮的兴趣。我对他们说：“看来，我们还应该感谢宾同学呢，要不是他，你们能听到我讲这么多有趣的故事吗?”于是，大家把热烈的掌声送给了宾。

宾同学异常兴奋，脸再一次涨得通红，但不是因为难堪，而是因为激动。从那以后，宾对天文地理知识极感兴趣，还时不时告诉我一些关于UFO飞碟的新闻。

作为一名教育者，要时刻站在孩子的角度看问题，不要轻易地对他们上纲上线；要时刻注意保护他们的心灵，不让他们受到不必要的伤害。同时，我们还要时刻注意激发孩子们的激情，帮助他们将看似极幼稚可笑的童心童趣化作成长过程中的催化剂，从而促进他们的社会性发展以及对社会和自然科学的兴趣。

Xing Zhi Zhao
行之招 3

一箭多雕

——让学生的个性更张扬

“一箭多雕”之招，简而言之，就是一个教育活动要多设计些环节，要尽量完成多项教育任务。它看似增添了教师的工作量，其实是最能减轻教师负担的招数。特别是班主任，经常要配合学校、年级组织一些学生活动，自己还要针对班级情况开展活动，如果在开展这些活动时，我们能充分利用多种教育资源，多赋予它们一些职能，或多给它添些花样，我们就能通过较少的活动，得到较丰富的教育成果。比如，在学校开展运动会的时候，如果我们相应开展“热心拉拉队员”“文明观众”“保洁卫士”的评选活动。那么，你们班的拉拉队员就可能最卖劲而取得的成绩也可能最好；纪律也可能最佳；地面也可能最整洁；而你在整个运动会中也可能比很多老师更省心！

氢气球里的“书信”

我曾经开玩笑地说，我可能是中国最早组织孩子们搞城乡“手拉手”活动的教师之一。那是20世纪80年代末期的事，距今已有20多年了。当时，天然气刚刚进入家庭。由于它比空气轻，所以，很多小朋友都用它来灌气球。

学校搞庆六一活动，要求我们每个班必须准备十个以上的氢气球，集会时统一放飞。家中接通了天然气的学生纷纷表示自己可以完成这项任务。这时，不知是谁问了一个问题：气球会飘到哪里去，会不会爆呢？这对当时的小学四年级的孩子来说，是一个很有意思的问题。我告诉了他们一些原理后，一下子就来了灵感，说："既然我们不知道它们要飘到多高多远才会爆，那么，我们能不能在每个气球里装一封信，看它能飘到哪里去，看会不会有人拾到并给我们回信。"于是，我们又增添了一项新的活动项目：给远方的朋友一封信的书信比赛。最后，我们从中选出了十多封优秀的信，将它们用小塑料袋装起来，分别放在了十多个氢气球中。

庆祝活动结束了，但我班学生的兴致一点也没有削减，大家都在热切地等待着有从远方寄来的回信。遗憾的是，很多天过去了，我们一封信也没收到，大家渐渐不提这事了。谁知大约过了三个星期后，袁慧同学突然收到了一封来自一个叫高县月江镇的地方的信。这是一个农村孩子写来的，她说她从她们家的柑橘树上发现了一封信，一看知道是宜宾市农业街小学一个叫袁慧的同学写的，她也在读小学四年级，所以，她非常高兴，就按地址写了这封信。这一下，我们班可就炸开了锅。无数的同学都向袁慧投去羡慕的眼光。后来，袁慧同学要给那位同学写回信，我又引导孩子们把自己想知道的、觉得好奇的问题提出来，请袁慧转告那位同学……

在那个年代，交通与通信都还相对闭塞。我们班的孩子们包括我都没去过高县，也不知它究竟有多远。但是，孩子们却与那里的一个农村孩子有了这样一种传奇式的"手拉手，心连心"的书信往来，让孩子们切切实实地感受到了一个视线外的真实世界在与他们相连，这真的给了他们一个很遥远而又很真实的一个想象的空间。现在，这批已 30 岁左右的成年人回忆起这段故事，也觉得那种感觉妙不可言，认为那是他们最难忘的也是最有意义的一个儿童节。

我们教师的工作，不应是古板地教死书死教书，我们完全可以在自己的工作中，与孩子们共同谱写一支支充满创意、充满诗意的校园插曲。

相关博文的博友留言：

打开心窗："好点子呀，在学生紧张的学习之余，为他们奉上一些这样的精神'加餐'是难能可贵的，也是孩子们热切期盼的。"

依梦柳："您再教孩子们把信装到瓶子里，通过长江，飘吧，看看会不会有回信？"

“一箭多雕”趣味多

很多教师都喜欢在每次活动过后要求学生写与活动相关的作文。老师的想法是：这样做学生有话可写，而且也可以让活动变得更有意义，这应该是“一箭多雕”的好办法。但实际情况是，这样的套路用得太多了后，学生会产生反感情绪。久而久之，这不但影响了学生对作文的兴趣，甚至当他们一想到活动完了还得写作文，就对本来很有趣的校园活动也不感兴趣了，觉得学校组织的活动就是一种任务，于是能躲则躲，不能躲则应付了事，这是很可悲的事。我所提倡的“一箭多雕”之招，虽然希望一个活动的设计能完成更多的教育任务，但不希望增添学生的负担或是让他们产生对活动的反感，更不能什么都只与“学习”（特指与考试及成绩相关的学习）任务或作文挂上钩。一定要挂上钩，也一定要“挂”得巧妙，“钩”得住学生的心。如我常采取的方式是搞征文评选活动，不硬性要求每个人都参加，但结果大家都愿意参加，因为参加了的人能参与更多有趣的活动，最基本的就是摇取纪念奖的活动了。

这就不得不说一说我设计的“徐氏转盘”了。很久以前，我就在思考一个问题：我们强调要给予所有学生机会，平等对待每一个学生，但是，在具体的教育教学工作中，无论我们采取什么样的标准，都不可能对全体学生平等，也总难调动所有学生的参与积极性。那么，有没有一种方法，能给所有的学生以平等的机会，让所有的学生都怀抱一丝希望，觉得自己也有机会成为大家都想成为的某一活动的幸运儿？

后来，抽签给了我启示，转盘给了我灵感，我决定为学生制作一个转盘，让很多的人选事宜由转盘做主。于是，我用一种玩具手枪的子弹——一根前端带有塑胶吸盘的短棍做可贴在黑板上的轴，轴上套一个固定指针，再将一个老式硬唱片贴上一张封面，并把封面平分成 80 小格（我们的学生一班最多可达 70 来人），并按顺序从 1 到 80 标上记号，每一号表示对应学号的学生。这样，“徐氏转盘”就做成了，只要放在黑板上，用手一转，指针指向几号，就选定了这个学号的同学。从此，“徐氏转盘”就发挥作用了。

有一年，学校运动会在宜宾市广场举行。学校为此策划了一个盛大的入场仪式，要求各班自行组成别具特色的方队入场。我们四（3）班采用什么形式入场呢？于是，围绕运动会入场话题，我们开展了入场方式“金点子”征集活动。第一天，我让大家想办法，并写出这主意的好处和独特的地方。第二天，我专门安排半节课的时间让他们确定方案。有女孩子说拿着彩带进场，到主席台前就舞起彩带通过，结果男孩子们反对声一片；一男孩子说一人拿个篮球进场最独特，到主席台前就运球过去，很有运动会特色。我笑了：“哈哈，到时不皮球满场跑？你以为大家都和你一样会拍球？”有同学说，每人拿一束鲜花，走过主席台时一起摆动鲜花，既整齐又好看。大家都说好。但很快有人反对：“我妹妹班已经要求她们准备仿真花了，说不定还有很多班会用，没有特色。”……结果，谁的也没选上。但是，通过大家的交流，我们得出了最后的综合方案：统一穿上学校的运动装校服，为了有特色又醒目，加配一双雪白的手套。不拿什么花呀气球呀什么的，我们用走正步的方式通过主席台，并且在经过时高呼口号，以一种独特的代表体育精神的精气神儿打动主席台上的领导和评委老师们。接下来，我们又做了两项工作，一是刻苦训练走正步，二是找最有特色的口号。最后，在运动会的入场式中，我们班的大方阵高喊着“友谊第一，比赛第二；三班雄起，三班必胜”的口号正步通过主席台时，洪亮的声音，整齐的步伐，雪白的手套燃烧起了大家的激情，获得了最热烈的掌声！

在后来几天的比赛中，我们的运动员和拉拉队员们喊着那句口号活跃在运动场上。那场运动会，我们最终获得的只是团体第二名，但是，这丝毫没有减弱大家的活动热情。接下来我们又进行了《我与校运会》的故事征文比赛。活动规定将评出三名优胜奖，并用转盘转出二名幸运奖。奖品是很有意思的东西——由我和相应同学签名的我为运动员及拉拉队员们拍的照片。可以想象，大家的写作热情会有多高了。因为，如果你不参与，什么机会都没有，只能当活动的旁观者。而只要你是认真地参与了征文的，就算你的文章不能评得优秀奖，也有可能得到幸运奖。现在，哪些学生得到了奖品我已记不清了，但是，我相信获奖的学生一定会把奖品珍藏起来。同时，在他们心中，这届运动会也一定是最特别最有意义和最难忘的。因为，它已不只是一场少数同学代表大家参加的争夺名次的比赛，而是我们班级多彩生活的体现。

当然，在日常教学中，我也经常运用一些能起到“一箭多雕”作用的小招数。有一次，六年级一个单元的作文要求写一种植物。正好我家到学校的路途中有个花市，我在上班的路上，顺便花了2元钱买了一小盆半尺来高的文竹——一种清悠无比，似竹非竹，似松非松的长青植物。然后，让同学们以此为观察对象，回忆、联想自己生活中与文竹相关的人和事，再进行写作。我们本来是两节作文连堂课，但我只用了一节半课来完成写作任务。剩下半节课的时间里，先每六人组成一个小组推出一篇优秀作品，再由作品主人上台朗读自己的作品，最后由大家投票选出本次作文的冠军，由我亲自将这盆文竹作为奖品颁发给冠军得主。我们的颁奖仪式简单而隆重：我在学习委员组织学生唱票之时，已经用彩色粉笔在黑板上写上“现场写作大赛冠军颁奖典礼”，得票结果一出来，就由班长宣布获奖者名字，再由我来颁奖。最后，我还以黑板为背景，让这个同学抱着文竹照了一张相并送给她作为留念（我习惯随身携带相机，随时为孩子们拍照，这个习惯至今仍保留着）。花2元钱既有了作文写作的素材又有了优秀作文的奖品，学生高兴，我更开心。我觉得这比很多老师在期末花很多钱为学生买大量的奖品更有价值更有意义，也更让学生喜欢。

相关博文的博友留言：

草儿：“‘一箭多雕’——徐氏箭法，射出一个自由展示的空间；射出一个张扬个性的舞台；射出一片轻松愉快的天地！”

Xing Zhi Zhao

行之招 4

拨云见日

——擦亮学生的眼睛

教师的责任，是让学生擦亮眼睛，拨开眼前的迷云，去发现问题的本质，去寻找世界的光明。“拨云见日”之招，一是要在学生最困惑最无助的时刻，伸出充满爱与智慧的援助之手，为学生化解心灵的疑云，让美好的阳光照耀并温暖孩子的心田；二是要在学生最平常本真的时候，运用老师的教育智慧，从细节中发现学生存在的优势或不足，从而引导学生更加健康地成长。

说“拨云见日”是教育之招，在于它可以指引我们在分析问题时，不被纷繁复杂的表象所迷惑，而是透过它们去挖掘问题的根源，从而更深刻地认识问题的实质。同时，“拨云见日”更是一种教育的追求，是教育智慧的体现。同样的事件，有的教师可能陷入和学生一样的困惑甚至产生悲观之情；而有的教师却能拨开云雾，引导学生看到希望的阳光。

“变坏了”还是“成熟了”

有一天，静在日记里向我讲了她的一个烦恼。

她在日记中说，有一个原来在她眼里很调皮，自己并不太喜欢的男同学，前不久给她写了封情书。她开始时很不在意，也不理睬他，可他还是不断讨好她。于是，她开始注意他了，并渐渐地发现他除了学习不好之外，其他方面还是很吸引人的：大方开朗、帅气、心胸宽广、篮球打得好，还有……反正优点多多，而且这些都是很多学习好的男生根本无法比的。于是，她开始被他吸引了，并与他走得近了，上课也不能集中，甚至做作业、睡觉时也不由自主地想起他来。

她觉得自己真的变坏了，怕家长知道了不会原谅她，又怕同学们知道了嘲笑她，只好向我倾诉。最后她写道："我是不是太不像话了，连交给老师的本子上都敢写这些东西？"

静是个很懂事的女孩，能力很强，学习也很好。而那位男同学，家里很有钱，人的确也长得很帅，也很会讨女孩子喜欢，喜欢他的女孩子据说还真不少。抛开这些，他的确很聪明，很阳光，很"仗义"，也很诚实，对班集体的事也很热心，学习虽然有些差，但社交能力完全秉承了其做生意的父亲的基因，我还是比较喜欢他的。

我给静写了批语，第一句话就是："祝贺你，你长大了，开始走向成熟了！你已经从一个幼稚单纯的小女孩变成一个有看法会思考的大姑娘了。这是一个人成长的重要经历，是你开始长大成人的标志。"接着，我又谢谢她对我的信任，并讲了为什么我要祝贺她。我告诉她，她开始懂得真正地欣赏男孩子了，其实一个男孩子是否优秀并不完全是以学习成绩来衡量的。一个同学的学习成绩不够好，并不说明他其他方面就很差，你原来看不起他，只因为他学习不好，所以你就对他的优点视而不见，这样看一个人是很幼稚、很片面和不成熟的。现在你能以更全面的眼光去发现他的优点，这是一件多么值得高兴的事啊！

接着，我告诉她："正是因为你突然间发现他有那么多的优点，让你十分惊奇，所以你一下子被他吸引了，再加上你周围有很多女孩子都说他不错，而他偏对你好，你产生一种优越感并随之想和他交往是完全可以理解的。"

随后，我又告诉她："人生好比正在驶向前方的列车，我们要学会欣赏沿途美丽的风景，这个在某些方面很优秀的男孩儿，就是这样的一道风景，我们不要害怕去欣赏他！但是，在欣赏他的同时，你还要想想他可不可能就是你还很漫长的人生旅程中最美的风景？你更要想想自己的目的地在哪里？这个'美丽的风景'值不值得你放下自己的目标，走下车来，永远在这里停滞不前？同时，并不完全成熟的他也是一座移动的'风景'，他又会不会和该不该为你永远停留？要知道他也是在不断成长和成熟呀！你是个聪明的女孩，当你想通了这些，你就不会再为被他吸引而烦恼，你就会带着欣赏的目光重新看待他，并在自己的路上走得更好。人总是在成长中变化的，几年后，当你们再回过头来看这件事时，一定会觉得这也是件很美好很单纯很有意思的事，只是两人的观点和想法早已改变。如果哪天他能与你走到一个同样的高度，你们又相遇了，而且还发现更加成熟了的对方依然是自己见到的最美丽的风景，那更是一件值得庆幸的事情。”

后来，我也找过那个男孩子，他说她学习好，有气质，与众不同，我说：“那你觉得自己能与她携手并进吗？你愿意为之努力吗？”他笑了，这小子，不再“紧追”静了，而学习与纪律却有很大进步。静后来把这件事也处理得很好。

在毕业时，她给我写了一首诗，还附加了留言。

献给徐卫老师的歌

徐老师，您的眼神是神奇的
总能提醒我们要专心听讲
您的思维是奇怪的
总能想出一些怪招来治我们
您的课是特别有趣的
总能让我们在笑声中获取知识
你的性格是随和的
总能与我们成为好朋友
您的声音是优美的
总能使我们有舒服的感觉
您的心胸是开阔的
总能不与我们计较
三年的相处
使我和您成了好朋友
三年的相处
让我了解到语文课也是这样有趣
三年的相处
让我知道怎样去面对失败与成功
三年的相处
让我有了更大的发展与进步

三年的时间将是我们友谊永恒的见证！

我是您的学生也是您永远的朋友！

我爱您，徐老师！

您永远的学生：静

附：徐老师，真的谢谢您！不管是书本还是其他，您都教会了我许多！许多事如果没有您的帮助，我真不知该怎么办，可能会一失足成千古恨。只有您才真正地了解我，这些事与家长是根本无法沟通的，说了第一个字，他们就会又打又骂，觉得我变成了很坏的女孩，可是这也不能完完全全地怪在我身上。谢谢您！我会永远记住您，也希望您不要忘记，我是您的学生，也是您的朋友——静

静后来在初中成绩很好，在高中还成了一个同样姓徐的班主任的最得力助手，号称第二班主任，最后考入某重点大学，作为唯一赴宴的教她小学的教师，在谢师宴上我认识了她的哥们班主任——小徐老师，一个很有思想的年轻教师。后来，我与小徐也时有交流。

相关博文的博友留言：

nbangle：“羡慕静能碰到这么聪明又有教育水平的老师！真的羡慕！

“学习了您处理早恋的方法，谢谢！

“我想中学生也适用的。”

书呆子：“你的办法真好！那时如果只是简单处理，也不知道会如何糟糕！”

“击掌为誓”之后

学生常常出现一些问题，无论你怎么提醒他们还是会犯。怎么办呢？有的老师采取的就是提醒提醒再提醒，结果，不但不见效果，学生还会生厌，觉得你太啰唆。而我采取的方法就是透过学生的言行，直指问题的本质，不

强调这样的言行该不该改正，只深挖这样的举止反映了什么问题。凡是预判学生会出问题且提醒也难见效果的事，我总会先用强调的方式，让学生自己保证自己能很好地完成这个任务，或保证自己在过程中不犯某个错误，然后就静观结果。学生做到了，那自然很好（但实际上这种情况很少），等他们的问题出现了，我再让大家回答问题：老师是不是强调了的？你们是不是信誓旦旦地保证过没问题的？然后，再醍醐灌顶地狠批他们一顿。这时，哪怕你给他们“上纲上线”，他们也不得不心服口服，甚至，他们的心灵也会为之一震。

2008年，我主持的教育部课程教材研究所“十一五”重点课题“品德课程与学校文化建设之间的渗透性开发与利用”课题组在长宁县的课题实验学校——长宁实验小学开展了一次研讨活动，有全市十个区县学科教研员及20多个实验及实验成果推广校的教师参加。长宁实验小学的两位教师分别上了一堂“品德与社会”课，同时，我也上了一节四年级的品德与社会课“活动要开心，更要当心”。

课前，我一直思考：这堂课我究竟该跟学生们讲什么？告诫他们不要玩危险的游戏？学生早就听厌了，班主任谁不讲这个问题？你现在还专门跟他们再啰唆一堂课，有必要吗？最多只是让他们口服心不服地配合你上好一堂课罢了。所以，我想，我一定要想方设法打动学生的心，要让他们不仅知道“活动要当心”这个道理，而且知道“不当心”的危害性有多可怕；还要让他们知道爱惜自己的身体不只是为自己，也是对父母的一种责任；更要让他们知道，教师、家长对他们的担心、批评其实不是多余的唠叨而是充满爱与关怀的举动。我想只有在这个时候，学生们才会心悦诚服地接受“活动要开心，更要当心”的观点并真正学会克制自己，不去做可能有安全隐患的危险活动。从上课情况来看，课堂教学效果还是很不错的，我尽可能地利用多种教学资源调动学生的情感，让他们意识到了教师和家长对他们的关心爱护。在与班主任及家长的两次对话中，不少学生流下了眼泪，表达了他们对父母的感谢和自己不再顽皮的心声。

课要结束时，我表达了一个心愿：“希望同学们回家后把今天课堂上学到了什么，想到了什么，还想对徐老师说些什么都写下来告诉我，写的信请你们的罗老师转给我。只要给我写了信，我一定会回信。”学生都说愿意写。

我说："想清楚，是不是真愿意写？想清楚了的就站起来，我们击掌为誓，说到做到！相当于你们的拉钩！"于是，一节课就在我与学生的击掌中和教师们的掌声中结束了。

上完"活动要开心，更要当心"后，我并没有就此止步。

我认为，对学生的安全教育才刚刚开始，真正要改变学生特别是好动学生的那些不良行为习惯，培养他们的意志力，还必须经历长时间的积极引导和强化教育。同时，我也在担忧：有多少学生能如约给我写信呢？如果学生上课激动，下课不动，这只是作秀式的而不是真正对学生有所帮助的假成功的课。

为什么要与学生击掌为盟？我就是要告诉学生：我是认真的！我的课不是作秀的，不是来演给听课的老师们看的，我是真心真意地来与你们讨论生活中需要注意的安全问题，我也是真心真意地想知道你们听了课后的真实的感受。但我真的不敢相信他们，我怕大部分的学生把我们的击掌当成上公开课常走的形式，不会当真，更不会放在心里并履行承诺。我克制了自己想请求班主任督促学生在周末完成写信任务的想法，我想看看最终的结果究竟怎么样。第二个星期一下午，我打电话询问班主任老师有多少学生交了信。班主任说上午问学生写信了没有，有几个说写了但没带到学校来。我想，如果我今天不追问这事，学生的信可能永远不会带来了，班主任也可能不会再追问学生有没有写信了，也许，她也会觉得我与学生的击掌只是教学上的表演。实际上，从当前的教育现状来看，把击掌当成作秀很正常，要较真也许还不正常。

班主任接到我的电话后，又去询问了孩子们写信的情况并提醒他们"徐老师等着你们的信呢。"

又过了一个星期，班主任说已经收到 20 几封了。我告诉她："我会在下周一专程来您班收信的，并请给我半节课的时间，我有话对同学们说。"

我驱车 40 多公里，赶到这所学校，走进了四年级（4）的班教室。

我很和蔼地问学生："还记得我吗？见了我高兴吗？"大家都说"高兴"。

我说："我见了你们可不是那么高兴。"

他们显得很纳闷。

我说："因为十天前，你们都答应了给我写信，大家还与我击了掌的。

我想，上课时，好多同学都流泪了，说明也是真有感触的，我也很高兴与你们共享了那么美好的40分钟，我真想知道你们会给我写些什么内容。可是，我左等右等，等了十来天，都没有看到你们写的信，我有一种被欺骗的感觉，你们不知道我有多伤心啊，你们说，在这样的心情下见了你们，我能高兴起来吗？要知道，我今天是赶来向你们讨信的！”

我在黑板上写了一个大大的“人”字，问：“你们认识这个字吗？”

“人！”大家回答道。

“那你们觉得你们是不是‘人’呢？”同学们看着表情严肃的我，没人敢发出声音。

我说：“当然，你们是‘人’，但算不算得上真正意义上的‘人’呢？真正意义的‘人’有一个最基本的特征——言而有信！”我把“言而有信”作了板书。我对他们说：“你们与我击掌为盟誓，说好要写信给我，但你们没有写，这叫食言，也叫‘言而无信’！因为你们的‘言而无信’，我对你们很失望，同时，这也让我很难过，你们想过这个问题吗？”同学们默默地摇摇头。我继续说：“那么，你们还觉得你们算是‘人’，一个‘言而有信’的人吗？现在，谁敢走上讲台，很自豪地对我说‘徐老师，我是人，是言而有信的人’？又有谁愿意上台来，用理直气壮的口气对我说‘我虽然是人，但我是言而无信的人’？谁愿意上来？”我的声音在不断提升：“我来到你们四（4）班，你们这样对我，我感到的是，你们四（4）班的同学——言而无信；你们是代表长宁实验小学来上课的，你们让我感到长宁实验小学的学生——言而无信；我是宜宾市来的教师，你们代表着长宁县，你们让我感到长宁县的学生——言而无信；如果我是来自外市、外省的教师，你们会让我感到——宜宾市的学生、四川省的学生——言而无信；如果我是一个外国人，你们这样的表现，将会让我感到：中国的学生，不，中国人——言——而——无——信——！”

学生都低下了头，有的学生脸上挂了泪珠。我的声音缓和下来：“今天，我不是想来让你们流泪的，我是想让你们明白一个道理的：一个人的一言一行，哪怕只是一个很小的行为，都可能影响到别人对他甚至他所代表的集体的印象！记住：人，不只代表自己，也代表他所在的团体！

“我们老祖先认为‘言必行，行必果’，就是要我们在答应别人一件事之前，先好好想想：我能做到吗？能，就答应；不能，就别答应！

“当你们与我击掌的时候，你们想过这样的问题吗？没有吧，这就不是一个负责任的人的行为！你们不能以为自己小，说话做事就可以不负责任，难道，四年级的孩子就不是人了吗？当然是！是人，就要‘言而有信’！”

我顿了顿，说：“不过，孩子们，这也不能全怪你们，这也是我们做老师的平时对你们提醒不够，是我们当教师的责任啊。今天，我给你们提醒了，强调了，你们该怎么做，心里应该清楚了吧？

“现在，我想问大家：从今天起，谁愿意、也能做一个‘言而有信’的中国人？”这时，很多学生都举起了手。我很严肃地说：“请先把手放下，先认真地想一想。我们的确都应该争取做一个‘言而有信’的人，但要真正做到，是很难很难的，因为我们要对我们的一言一行负责，这是很考验我们的意志力的。想好了，再举手，我给你们一分钟时间想想。”

学生把手慢慢地举了起来，一分钟后，有三个学生没有举手。我请这三个学生站起来，我问其他学生：“你们认为我是会批评还是会表扬他们？”学生迟疑着。我说：“我很高兴，我看到了三个此时此刻‘言而有信’的同学！我相信，他们也一定是想当一个‘言而有信’的人（这时，三个孩子都点了头，脸上露出了自豪的表情，不再像刚才那样紧张），但他们知道这不是一句空话，要做到很困难，他们怕自己举了手，事后又没做到，这反是‘言而无信’了。所以，他们宁愿把这种心愿放在心里，去努力，也不轻易举手，要做到这一点，已经不容易了，再加上到最后只有他们三个人没举手，他们精神上的压力得有多大呀，可他们还是能坚持自己的选择，这就是在坚持真正的‘言而有信’啊！他们没有举手表示自己要做个‘言而有信’的人，但他们用实际行动证明了自己‘言而有信’。对不对？同学们，让我们用最热烈的掌声恭喜他们，同时也鼓励他们继续用实际行动来做一个‘言而有信’的人，好吗？”

掌声过后，我对学生说：“你们绝大多数同学都举了手，但能否真正做到，还得靠你们的实际行动来证明。如还会不会不按时完成作业，上课还要不要乱讲话，答应父母、同学、朋友的事是不是时时放在心上去完成……这些都是很具体的，要做到是很难的，要努力啊！不过，也不要因为我们说要讲‘言而有信’，就只要有一次说的话没做到，或者偶尔犯点小错误就觉得自己或者同学是‘言而无信’了。我们是要把这样一种对人对事的态度放在心上，遇事时一定要掂量掂量能否做到，对自己和别人负责。答应别人的事，如果一时忘了，要勇于向别人道歉，请求别人原谅；如果困难比预想的大，一时无法完成，也应给人讲清楚，再作新的安排。有这样解决问题的态度，也能说明你是个‘言而有信’的人。懂了吗?”学生认真地点了点头。

“今天，因为你们的‘不回信’，徐老师狠狠地批评了你们；明天，希望能因你们的‘言而有信’让徐老师好好地表扬你们！好不好?”

“好!”多么坚定的声音！

“那么，让我们起立，一起高声、有力地跟着我念——

“人——言而有信，

“人——言而有信，

“人——言而有信。”

高声朗读三遍之后，我们这次谈话结束了。

班主任罗老师对我说：“徐老师，您的讲话对我也是一种震撼，我也有很多工作做得不好，没有意识到这些问题，您已经间接地批评了我，我也接受。我教书20多年，没有见到一个教师在上完课后还这样关注学生对课后要求的完成情况。大家都是上完公开课就完了，说穿了就是做给大家看的，您是我见到的第一个较真儿的老师，也是让我真正敬佩的老师。您对我今后开展教育工作帮助很大，谢谢您了!”

当时，我是这样对她说的：“其实，我这样做的目的不是责备同学们而只是提醒他们。这次他们没有及时写信，主要责任不在他们而在教育。不守承诺，把承诺当表演，这是当前许多公开课的问题。我作为一个实实在在的教育人，很着急，很担忧，所以，我今天说话也很重。现在，很多老师没有把公开课当做一次真正给学生上的课，而是当成了和学生一起进行的一次合作性表演，一次教育作秀，学生只是作秀的配角乃至工具。他们忘了，在一堂优质的公开课中，我们不但在用我们的教育魅力征服着教师，也征服着我们的学生。学生在与我们交流的过程中，对我们会是那样的崇拜，我们的一言一行对他们的影响多么大！当我们一次又一次在广大听课教师面前对学生说‘你们要给我写信，我也一定给你们回信，我们击掌为誓’之类的话后又不了了之，学生就会有这样的意识：‘上课是表演，我们要说老师爱听的话；对教师的评价也无非是这个老师上课真有趣，课上得真好，和老师击掌还真好玩。’也许，起初还有孩子去想，我们小孩子拉了钩就一定要去做，我们给老师击了掌，也该写信吧。而当这样作秀的课上多了，上油了（即成老油条了）的时候，他们就知道了：原来，在大人的世界里，承诺是可以不算数的。这样一路学下来，谁还把教师在公开课上的承诺当回事？说不定，有这样想法的小孩在别人的眼里，要么是脑袋进了水要么就纯粹是白痴。这，就是学生心目中的公开课，这，就是学生心目中的优秀教师！这样下去不行。教育要‘言而有信’！上课不是走过场，承诺不是办家家！我觉得，中国的教育如此随意，如此不负责任，就是在教我们的孩子做事可以不负责任，可以‘言而无信’！”

话说远一点，在现实生活中，我们的校长们、教师们在设计教育教学方案时，有多少人想到过“我能不能做到”的问题呢？大家首先想的，往往是现在的教学理念是什么，怎样做才能得到大家特别是上级领导的认可。所以，我们在制订教育工作计划的时候，常常思考该怎样做才合乎道理而不思考该怎样做才行得通。结果，不少人要么说一套做一套，要么干脆只说不做，唱一些假大空的高调。

大家都爱这样评价校长培训：听时（专家报告）激动；看（名校管理）时感动；写（培训总结）时怦然心动；回到学校原地不动。我想，这除了理想与现实的冲突，愿望与能力的差距外，也与我们缺少“言而有信”的责任感有关。我“怦然心动”地写培训总结时，想没想过我要做的事是否有现实的可能？是否有操作性？要完成这些工作会遇到哪些困难？如果我完不成这样的目标，可不可以把目标降低一些？然而，大多数人没有真正沉下心来思考这些问题，就把总结和计划“怦然心动”地写下来，交上去。这就与孩子们心情激动地与我“击掌为誓”一样，其实他们并没想过是否要真正去实施，也就更不会思考其操作的可能性和难度了。所以，回到学校，就把一切都忘记了。仔细想一想，孩子们的一些言行，不就折射出我们教育人本身的言行吗？

后来，就这件事一位博友在与我交流时说：“子曰：‘自古皆有死，民无信不立。’如能重铸诚信，国之大幸也。”

一个重视“言而有信”的教师，会带出成百上千个“言而有信”的学生。反观之，一个忽视“言而有信”的教师呢？一千个忽视“言而有信”的教师呢？将带出多少“言而无信”的人？所以，我呼吁：教育人，请时刻唤醒学生心中的“言而有信”！唯有中国绝大多数的教师都能意识到这一点，并努力改变这一切，中国的教育才是有希望的教育，十年后二十年后的新一代中国人，才是一代真正有着“言而有信”烙印的中国人！

相关博文的博友留言：

依梦柳：“看了痴人的‘言而有信’系列，我受益匪浅，希望自己不是只在阅读痴人的博文时，才意气风发地在心中表态：我要做个‘言而有信’的老师！虽然我不承认自己是个‘言而无信’的人，但是在我的教育教学过程中多多少少存在着作秀的现象。我想，以后的我会像痴人博文里说的那样，做个真正的‘言而有信’的教师，用自己的言行去影响我的学生，为我们家乡的教育事业献出我的微薄之力！”

萍踪：“‘言而有信’在仅是表演而已的公开课上，你的较真儿令人佩服。”

益可：“言而有信，徐老师在用身教诠释。真诚的教育怎能不打动学生的心灵呢？能打动学生心灵的教育才是成功的教育。”

叮咚：“好像一篇战斗的檄文！吹响了前进的号角！从我做起，从身边的一点一滴做起！”

Xing Zhi Zhao 行之招 5

痕迹回望

——让学生在反省中成长

“痕迹回望”之招，是指老师在日常教育教学工作中，要有意识地收集学生在学习生活中的点点滴滴作为唤醒他们认识自我的证据，引导他们不断自省、不断进步。

人的素质，特别是一个团体的素质的高低，一定会通过这些人在活动中或活动后留下的“痕迹”体现出来，如果我们留心去观察这些“痕迹”，分析这些“痕迹”，它往往能深深地打动人，甚至给人以震撼。如果我们就是当事者，那么，当我们有机会重新回望这些“痕迹”时，我们一定要对自己的言行进行自省，更深刻地认识自己，从而促使我们改变自己、提高自己。

另外，在家庭教育中，家长们也应从孩子一出生开始，就关注孩子的点点滴滴，不仅要在食品上对孩子进行精细化的喂养，更要在言行举止和心理活动上对孩子进行精细化的培养。这也要求家长们要善于发现孩子的活动“痕迹”。

实施“痕迹回望”教育的思考

1964 年第 18 届东京奥运会，参加开幕式的近 10 万日本人结束离场后，偌大的场地看台上没有一点儿垃圾、纸屑，全世界都为之震惊。此情此景距今 47 年了，人们依然津津乐道。特别是 2008 北京奥运会前后，人们更以此为对比，对我们在奥运会期间出现的一些不文明现象进行了批评。为什么日本人能在十万人的聚会结束后，场地“一片纸屑都没有留下”？如果我们进一步了解，就会知道，1964 年，日本以奥运会为契机，为大力提高国民素质，采取了六项举措：

（1）要热情接待，东京政府要求全体市民对所有来会的外国友人不分国家、不论身份一律要热情接待。

（2）注重仪表，市民要有良好的精神面貌，着装要整洁，到机场接人一定要穿正规服装，不符合要求的人不能进机场。

（3）要热烈鼓掌，市民在观看奥运会所有项目的比赛时，无论哪个国家的运动员夺得金牌，都要热情鼓掌。

（4）整顿市容，一律不许市民随地吐痰、便溺。

（5）行人优先，对司机进行交通法规教育，在行车时遇到行人要礼让，保证交通安全及道路通畅。

（6）文明素质教育要从幼儿园抓起，从小就开始培养孩子良好的个人素质和行为礼仪。

这些举措的效果如何，日本人民以离场后不留一片纸屑作出了有力的回答。同时，这一事件广受褒扬也激励日本人民对这些举措的拥护，这些举措逐渐成为东京市民的行为准则。可以说，正是在此基础上，当今的日本才成为被世界公认的公民素质极高的国家。

作为一个教育工作者，一直以来，我都很注重对师生活动后的“痕迹”进行观察，并对出现的现象进行分析，且在不同场合表达过我透过这些现象进行的教育思考。

我的博文《上百个烟头》和我 2009 年拍摄的某次大型班主任研讨活动后纸杯、瓜子壳、纸屑满地的场景图，都是很好的供我们回望和反思的“痕迹”，也引起了很多教育人的关注。

如果您注意收集，这样的“痕迹”还很多：

右图里的学生正在上以“公民素质”为主题的班会课。我摄下了他们课椅后面的这些“痕迹”。课后我与老师们交流时问道：“看了班会课上同学们夸夸其谈的‘表演’之后，请大家再看看这幅照片！现在，请大家思考：在我没有出示这张照片之前，谁注意到过这些现象？你当时是怎样想的？现在，看到这张相片，你又是怎么想的？如果我们把这张照片作为本次班会活动的一个教学资源展示给学生，他们会有什么反应？我们又可以与学生交流些什么？”我向老师们表达了我的感叹：“我们这所学校的学生是从全市数万初中生中挑选出来的‘精英’学生，也许，进入了这样一所在当地最具实力的名牌高中，也就意味着他们能走向大学甚至很好的大学。但是，你们能把他们培养成一个个合格的大学生，却不一定能把他们培养成一个个合格的公民！他们能在课桌上乱写乱画，也能在风景名胜处信手涂鸦‘到此一游’！也许有人会说，乱写乱画的只是少数，不应以偏概全，但我却要问：就算多数学生没有乱涂，但是，身为名牌高中的学生，他们能熟视无睹地生活学习在这充满涂画‘大作’的环境里，这说明了什么？在这样的环境中长期耳濡目染，他们的个人素质又会好到哪里去呢？重点学校的学生都这个样，我们这一代孩子的整体素质又将怎样？将来那个以他们为主体的中国社会的公民素质将又是什么样？同时，我还想追问我们的老师们，作为教师，作为学生成长过程中的引路人，我们观察过这些实实在在的学生们留下的‘痕迹’吗？我们让学生观察过这样的一些‘痕迹’吗？我们想过应通过这样的一些‘痕迹’来引导孩子们审视自己的言行吗？”

右图显示的是一个市级名牌小学的运动会现场，看台上的孩子算得上是文明观众吗？看台上的地面还能入目吗？但是，我们有多少时候能静下心来观察这些“痕迹”，并由此组织相应的育人活动？很少甚至没有！虽然在整个活动中，学校也在强调纪律，也在要求大家保持卫生，但这始终不是活动的主题，比赛、拿名次才是大家最关注的事情。这实在是对学生素质的漠视！这实在是对一种有效的育人资源的浪费！这也实在是教育的悲哀！看着这样的“痕迹”，我们不能不追问：无论孩子们的比赛成绩有多好，以这样的文明素质，十年二十年后他们会成为什么样的社会公民？会构建起一个怎么样的“文明”社会？于是，我又一次强烈地感到：及时发现这些能反映孩子们文明素质的现场活动“痕迹”，并以之为契机，在活动之后进行专题教育活动，是学校应该高度重视的非常重要并非常有效的教育工作。

通过不断思索，我逐步形成一个重要的教育构想：学校需要实施“痕迹回望教育”！我强烈地感觉到，我需要找到这样一所学校来实践、验证和充实我的“痕迹回望教育”构想！

什么是“痕迹回望教育”？如果要暂给一个定义的话，可以这样表述：“痕迹回望教育”属于学校德育范畴，指学校组成专门的“痕迹回望教育”机构，通过有计划地系统地对师生的日常校园生活状态（含教育教学活动和师生自主活动）或师生具体活动后的现场进行图片特写收集或音像记录，从而保留下活动的“痕迹”。利用这些“痕迹”，学校客观地分析相关人群的文明素质水平，并以此为教育资源，开展一系列的主题教育活动，提升全体师生的文明素质水平，从而建构并维持高素质的师生团队。进行“痕迹”的取证是其基础和前提，回望这些“痕迹”并组织相应的教育活动是其重心，唤起当事者及其同伴的灵魂觉醒和自我肯定是其目的。它应该具备这样几大特点：第一，它有一个稳定的由学校行政、教师及学生组成的组织管理机构；第二，它要时刻在对学校的一切教育教学活动进行“痕迹”取证，并有足够的时间和执行力利用这些“痕迹”对该活动中呈现的相关人员的素质水平展开回望教育活动；第三，它必须坚持常态化、长期化、人性化，坚决杜绝运动式、功利式和揭发式的活动。

事物总是有两面性。我清楚地认识到，“痕迹回望教育”其实也是一柄双刃剑，运用不好，就可能会走火入魔地演变成“克格勃”运动。

要实施我构想中的“痕迹回望教育”，最重要的或者说最关键的就是“它必须坚持常态化、长期化、人性化，坚决杜绝运动式、功利式和揭发式的活动”。因为，我们首先要成立相当于记者团的“痕迹”取证组织。他们包含学校行政人员、教师，也包括一些学生。他们可能会在大家意想不到的时候，在任何时间、地点，在一切学校的活动中或活动后，通过拍照或摄像，记录师生们的一举一动或他们留下的“痕迹”。同时，我们也欢迎任何一位师生向我们提供“痕迹”证据。而这一切，都是为了如实地分析被取证的当事人（群）的素质水平，并以此构思相应的教育活动。这样看上去，这样的痕迹取证做法就有可能侵犯个人隐私，就可能让人觉得在校园里没有安全感，在活动中放不开，有顾虑。这是我们必须面对和努力化解的弊端。同时，对我们所收集到的“痕迹”证据，我们如何进行选择和利用就“必须坚持常态化、长期化、人性化，坚决杜绝运动式、功利式和揭发式的活动”的原则，要做到这一切，是非常考验实施这种教育活动的领导者的教育智慧的，做得不当，就有可能得不偿失，弊大于利。鉴于此，我不得不进一步用更为感性的语言表白我心中的“痕迹回望教育”：

在我心中，“痕迹回望教育”是人本教育、人心的教育，是从表象分析本质的智者的教育。因此，对反映当事人负面情况的“痕迹”我们要科学合理地运用。它绝不能对“痕迹”中的当事人造成心灵的伤害，而只能让当事人产生努力提升自己的自觉！

在我心中，“痕迹回望教育”是亡羊补牢的教育，是防微杜渐的教育，是见微知著的教育，是心平气和的教育，是沉下心来思考、自省的教育，是温文尔雅的教育，是发现问题并更善于发现动力、善于给予希望和信心的教育，是积极乐观的教育，它在初始阶段可能像是“揭短”的教育，但在不断的坚守中它会越来越像是“扬长”的教育，是助长师生志气和豪气的教育。

在我心中，“痕迹回望教育”可以是定点定时、定点不定时、定时不定点的记录“痕迹”和运用“痕迹”的教育，但它一定是为了唤醒为了进步而不是抓小辫子搞惩戒的教育；它所收集的“痕迹”一定是客观自然的，即使是刻意营造的“情境创设”也应该具有真实性和现实性。

在我心中，“痕迹回望教育”是长期记录长期回望的教育，是让人不断看到进步、看到希望、不断反省自我、不断增强信心的教育，是伴随历史进程并永远传承的教育，是有历史回望感的教育！

要做到这些，关键在于如何实施，这不是一两句话能表述清楚的，但是，在我心中，却坚信它转化成现实的可能性。

相关博文的博友留言：

姚铎侯："可以看到，您对自己提出的教育模式有着全面的认识。'痕迹回望教育'的特点或者要求'必须坚持常态化、长期化、人性化，坚决杜绝运动式、功利式和揭发式的活动'实质已经指出，'痕迹回望教育'不宜构建什么机构来实施，否则就难以避免运动式、功利式和揭发式的活动。当然，作为一名教育者，如班主任，可以智慧地实施'痕迹回望教育'，因为他具备实施这种教育的本质——客观性原则。"

徐痴人回复："我理解您对有一个稳定的由学校行政、教师及学生组成的组织管理机构的担心，我也怕这样的组织管理机构会引出'运动式、功利式和揭发式'的活动，所以特别提出了这样的问题。但是，作为一个学校，它的功能是多方面的，一个学校的领导及行政班子要做的事情也纷繁复杂，所以，要把'痕迹回望教育'做得更细，更长久，就需要有专人来打理，有专人沉下心来研究，而不只是心血来潮地做一通就完了，更不能运动式地做一下，甚至做出与其本质相反的伪教育来。"

家庭教育："分析"比"平息"更重要

孩子在成长的过程中，肯定会有这样那样的"事故"出现的。可以说，孩子是在不断的惹事中成长起来的。其实，很多时候，一个个生活中的小"事故"就是孩子成长途中的宝贝，它能让我们发现孩子的思想和行为出了什么小问题，只要我们善于观察和分析，再给予他们正确的引导，他们就能更加健康地成长。因此，对孩子在生活中出现的这样那样的状况，我们既不要视而不见，任其自生自灭；也不要视如洪水猛兽，急于平息。

王老师是位很出色的语文老师，但在对自己孩子的教育上却遇到了一些问题。一天，她向我咨询孩子的教育问题，她说："我女儿主要是由她外婆带大的，外婆太娇惯，造就了她任性的性格。现在这孩子已经读初中了，却越来越任性，什么事大家都要让着她才行。特别是前两天，我们批评她一个人抱着电视遥控器，不征求一下大家的意见，想换台就换台。她一气之下，摔了遥控器就冲进自己的房间，谁也不理了。您说这可怎么办？”

我对她说：“先不说这件事该怎么办，我们来分析一下这事为什么会发生。我有这样一个观点，平常我们不关注生活中的一些小问题，无视这些小问题，或不把这些小问题与孩子自身的责任感联系起来进行分析和引导，孩子的这些小问题就会演变成大‘问题’。不信，就让我来反推一下你们对孩子从小到大的教育方式。举个例，我想，在孩子很小的时候，她要是摔倒了，她外婆甚至也包括你们都会用拍打地面或桌椅的方式哄她不哭，让事情尽快平息吧？”

王老师说：“刚学走路时是这样的呀，这有什么不对吗？”

我告诉她：“的确，大多数家长都是这样做的。但这显然不对！仔细想想：她摔跤，真是地面或桌椅的责任吗？不是，其实问题在她自己。但是，家长们为了平息事情，往往以打地面，拍桌椅的方式来哄孩子，止住孩子的哭泣。殊不知，从那一刻起，我们就在教孩子如何把所有问题的责任推给别人了。所以，到了今天，她当然觉得遥控器在她的手中，她想如何按就是她的自由，你们对她横加干涉，就是你们的错了。”

听了我的话，王老师大呼悔不该当初。随后，我俩共同制订了补救措施，前两天，她兴奋地告诉我她女儿现在懂事多了。

王老师对女儿的教育方式给了我很大的感触。的确，中国家长养育孩子，习惯于在孩子出现问题时帮助他们“平息”问题而不习惯于帮助孩子“分析”问题，这样的教育思维培养出来的孩子，是永远也长不大的。一位留学德国的女士给我讲了这样一个故事：一天，她领着 5 岁的儿子去公园玩，儿子用一架纸飞机换了一个德国小朋友的玩具车。纸飞机最多只值 5 美分，而那辆玩具车起码值 20 美元。她主动找到那位德国妈妈。这位德国妈妈却说：“小汽车是属于孩子的，该由孩子做主。换都换了，就该归你儿子了。过一会儿，我会领孩子上玩具店，让他知道那辆小汽车值多少钱，能买多少架纸飞机，这样他就不会第二次做这蠢事了。”这就是德国妈妈与我们的妈妈教育意识的不同之处：不因孩子小而不尊重孩子的权利，不因孩子小就不承担责任，也不因孩子小就不引导孩子懂得道理。中国妈妈把“平息问题”放在了首位，而德国妈妈把“养育孩子”放在了首位！

其实，生活中总有很多小问题值得我们关注，但因为太小，所以往往被我们所忽略。有个温水煮死青蛙的实验，对很多家长来说，可能是个警醒。科学家做了这样一个实验，他们把一只青蛙扔进很烫的水里，这只青蛙猛地跳了出去。他们又把一只青蛙放在冷水里，然后让水温逐步增高。结果就不一样了，青蛙因为开始的水温合适而在水中悠然自得，直至无法忍受高温时，已经心有余而力不足了，最后被活活烫死在热水里。就第二只青蛙而言，我们能得到这样一个启示：我们的孩子在成长的过程中，总会犯各种不同的错误，这些错误如同温水，不会一下子要了谁的命，或者说不会让孩子一下子变成“问题”孩子。因此，它们不但没有引起孩子的警惕，甚至也没能引起家长的重视。每当孩子出现什么问题时，大人想的就是如何尽快帮他平息事件而不是分析事件的成因并引导他自己找到解决问题的方法。结果，事情虽然解决了，但孩子身上的问题并没有被他自身所意识，更不用说得到修正了。等到他身上的问题越积越多，多到连自己都感觉到了的时候，他已经没有能力一下子跳出这温度越来越高、伤害越来越大的问题之水了。相反，如果每次孩子出现问题，我们都给他指出来，和他一起进行分析，帮助他吸取教训，那么，他就不会因为问题越积越多而最终由量变到质变，成为“问题”孩子了。

打个比方，“分析”就是体验，是就算我们没有任何感觉也应做的定期体检。通过它，我们可能会发现自己患有还没有任何感觉的但完全能够治愈的“早期毒瘤”。“平息”就等于是早期毒瘤已经让自己感觉不舒服了，还不去看看身体到底出了什么问题，只是吃一大把抗生消炎药把病痛给暂时压了下去。这看似缓解了问题，实是耽误了时间，等问题严重到明显地暴露出来，你想平息都平息不了时，可能已经是癌症晚期了，那时，还有什么药物可治呢？

那么，我们平时要“分析”些什么呢？我认为，首先，我们要养成回望反思我们的生活历程的习惯。我们要时不时地回望自己在一天中或者某个活动中的言行举止，也就是我常提到的活动痕迹。这样，我们才有“分析”的素材。通过这样的自省，我们才能不断巩固自身的优点，改正自身的缺点。由此，我们就能防患于未然，需要我们去平息的不良事件也就不多了。

Xing Zhi Zhao
行之招 6

化错为宝

——让错误成为学生成长的“契机”

“化错为宝”之招，可分为两类：一是化教师之错为宝，一是化学生之错为宝。

“化教师之错为宝”指教师在教育过程中意识到自己出现错误时，不但要及时纠正错误，还要利用这个机会对学生进行教育。其实教师也是在问题中成长起来的，因此，我们要养成时刻反思自己教育行为的意识，当意识到自己的教育行为出现偏差的时候要勇于及时矫正。但是，我们在教育过程中出现的问题，往往是由学生引发的，因此，我们在检讨自己的同时，还要化被动为主动，从问题产生的原因出发，分析师生双方各自的问题，提醒相关学生与自己共同进步。而且，学生有尊师的天性，老师的认错与道歉很容易让学生感动。在这种情况下，学生变得更愿意听老师的话，如果抓住这一时机对学生进行教育，就能收到事半功倍的教育效果。

“化学生之错为宝”指我们要把学生的某次犯错当做转化他的契机，达到“一错惊醒梦中人”的教育效果。大家都明白一个道理：不摔摔跟头，孩子是学不会走路的；不犯点错误，孩子是长不大的。孩子正是在不断的认识和改正错误中成长进步的。但是，有时孩子会很不在乎一些习惯性小毛病，家长也不把这些小毛病当成什么大事，以为孩子还小，大了就自然好了，因而采取了任其自由发展的态度。结果，随着年龄的增长，孩子的坏毛病变成了难以改掉的恶习，这个时候，家长们就会如临大敌，整天指责说教，但这不但起不了教育作用，还会让孩子产生逆反心理。在这种情况下，我们往往就需要静待学生犯“大错”的时机，并借机给其以震撼性的教育。

对不起，你怎么能是“老油条”?

在新接手的这个班里，强是我最耳熟的名字。

“徐老师，强又扯我的头发!”

“徐老师，我不想坐强的后面，他总乱拿我的东西来用!”

一次周总结会上，面对学生的告状，我终于忍不住了：“强，你来说一说，同学们哪点对不起你，你为什么就管不住自己的手脚?”

小家伙站上了讲台，一句话也不说。我有些恼怒：“你不想说，就听同学们说说你的恶习吧!”于是，一场“声势浩大”的声讨大会开始了。

忽然，强哭起来，昂头用带着哭腔的声音叫喊：“我就是这个样，你们要咋个嘛（怎么样）?我就是个老油条，在幼儿园，老师就说我是老油条，煮不烂炖不化的老油条！我妈也骂我是小累赘，同学们都骂我混蛋，我就爱整人，就爱打人，你们要咋个（怎样）就咋个（怎样），我改不了了!”

同学们静了下来，我也愣住了。

一股内疚感涌上我的心头：一个才9岁左右的孩子，怎么就连自己都认定自己是老油条呢?作为孩子的老师，作为孩子的父母亲，我们到底为孩子做了什么?孩子变成今天这样，难道我们没有一点点责任吗?我的表情凝固了，沉重了。我走上前去，抱住了孩子，抚摸着他的头，对同学们说了这样一段话：“同学们，强同学真的很老了吗?怎么就会自暴自弃地认为自己是老油条呢?难道他真的到了不可救药的地步了吗?是啊，当你们都把他当成整人害人的小混蛋的时候，他除了整人，还能做什么呢?当我们老师都把他当着煮不烂炖不化的老油条时，他学好的希望又在哪里呢?当他的父母都对他不抱什么希望的时候，我们还希望他怎样友好地对待我们呢?今天，我听到了他的心声，看到了他的哭泣，当他绝望地叫着自己改不了了的时候，我知道他其实是多么想改正自己的缺点啊，但是，他又是对自己多么没有信心啊。这里有我们老师的责任，在这里，我想对他说几句话。”

我低下头，望着他的小脸：“对不起，徐老师关心你太少了，同时，我想代表你的幼儿园老师，还有一二年级的老师们，对你说声‘对不起’，孩子，你还很小，你怎么可能就‘老’了呢?老师相信你能改变，能变好，你相信自己吗?”

“能，我能改好，徐老师，我错了，您原谅我，同学们请原谅我!”强哭着对大家鞠了个躬。

“同学们，你们想对强同学说点什么吗?”

“对不起，强，我们不该看不起你!”

“强，以后我们要与你一起玩，帮助你。”

“……”

从那天起，我特别关注这个小孩，他的变化的确不小，他开始关心同学了，也能融入集体了，特别对班级的事，他跑得更勤更欢了。虽然他的问题依然很多，告状的同学也还是不少，但他无疑正向着良好的方向发展变化着。

有一天，不轻易请家长的我也让他下去请他妈妈到办公室来（因为强太调皮，他的母亲天天守在教学楼下的操场上等他放学一起回家），他不安地问我为什么要请他妈妈，我说请来妈妈再告诉他。一会儿，他和他妈妈忐忑不安地来到办公室。罗妈妈还未坐定，便迫不及待地问孩子又出什么事了。我说：“的确有事，但不是坏事，是好事。”我告诉她那天强的家庭作文写得不错，反映了真实的生活，有些语句虽然很朴实却很感人，孩子很有进步。同时，这也说明家长对孩子的督促检查有了效果。这时，一个意想不到的场面出现了，罗妈妈一下子激动地站了起来，按着儿子的头不住地让他向我鞠躬，并连连说：“快谢谢徐老师，快谢谢徐老师！你个不争气的，看徐老师对你有多好!”说着说着，眼泪就下来了：“谢谢徐老师，我以后会好好管教娃儿的。”我的眼眶也一下湿润了：我只想通过孩子妈妈来共同激励孩子，我真的没有想到罗妈妈会有如此激动的情绪反应。我想，这应该是被老师请怕了的罗妈妈第一次因为孩子进步了而被请吧！而罗妈妈的泪水，也反衬出自孩子读书以来，她与孩子共同承受了多少老师的批评和责难呀！作为老师的我和我的同事们，有意无意地对他们造成过多少伤害啊!

其实，当时我所做的是多么平常和随意，甚至强的那篇文章写了些什么我都不记得了。但是，罗妈妈那落泪的一幕，却深深地印在了我的脑海。从那时起，我知道了，不只是对差生，也包括对差生的家长，我们都要有一双发现他们闪光点的眼睛，更不要吝惜对他们的肯定和赞美!

半年后，当我调动工作离开学校时，强是全班同学中哭得最凶的，这让我在离别的伤感中多了一份欣慰。

相关博文的博友留言：

依梦柳："'我的表情凝固了，沉重了。我走上前去，抱住了孩子，抚摸着他的头'，痴人，我看到这句话时，眼泪被你'引'出来了！被你教过的学生，不是被你'骗'好了，就是被你'哄'好了，被徐老师对学生的真情感动！原来男人也可以这么细腻的！"

书呆子："激励，夸奖，赞扬，'高帽子'，小孩需要，大人同样需要！我们每天就准备100顶'高帽子'，都赠送给那些'受冷'的人吧，不管是小孩还是大人！"

张沛："徐老师，我以为，你所做的绝对不平常，教育孩子就在你的点点滴滴工作中。教师的魅力和巨大作用就体现在其与学生相处的时时刻刻和一言一行中啊！你所说的'随意'，我想那是你的功力所致吧。如果要我用一个词去替换你的'随意'，我愿意用'下意识'！"

徐痴人回复："希望我们的教师都多些有利于学生健康发展的'下意识'吧！"

你们愿意优雅吗

如果我问你，要求三年级的小孩子学会"优雅"有必要吗？孩子们能做到吗？可能你会说没有必要，孩子们也做不到。但是我觉得只要能打动学生的内心世界而不是站在成人的角度去进行说教，孩子们也是能理解"优雅"的含义的。当然，这是需要特定的教育契机的。我就有过这样的一次教育生成。

这是发生在我教了近一年的一个三年级班的故事。上课铃响了，我往教室走去，这时，听见我们班的教室里传来一阵阵嘈杂声。原来，刚上过一堂体育课，大家还在兴奋之中，一些男生故意在教室通道上拥挤，惹得女生有的尖叫，有的大骂。我在教室后面观察了一会儿，一直没吱声，终于有学生看到我了，大家才安静下来。我走上讲台，没说话，教室里安静极了，特别是那几个捣蛋的学生，更是心虚地把头低到了桌子上，不敢看我。大家就这样沉默了几分钟，我说话了。我显出很平静的样子，一字一句地说："同学们，刚才一些男孩子的表现叫'粗鲁'，而'粗鲁'有一个反义词叫'优雅'。"我看了看那几个捣蛋的学生，再接着问："那么，什么叫'优雅'呢？"有的同学似懂非懂地作了些回答。我说，老师今天就给大家讲讲关于优雅的故事吧。

第一个故事源于我爱人的一次出国经历。她讲述了一次她们一行人深夜到达瑞士机场，来接她们的是一位男司机。由于夜深了，大路上几乎没有过往的车辆。他们的汽车路过一个个红绿灯路口，虽然总是遇到长时间的红灯，但是，司机却从来没有因为路上没有一辆其他的车而闯过一次红灯，都是极为耐心地等待着绿灯亮起。同行的朋友问他："你们的路口有监视器吗？是不是闯红灯要被罚款呢？"司机不明白为什么要问这个问题，当他得知朋友的意思后，不理解地说："不管有没有人知道，我们都应该遵守规则呀。为什么要去闯红灯呢？"后来，她们一路的行程都是这位司机相随，大家发现，他除了特别遵守交通规则外，还特别礼让，每当有行人在前面要横跨街道时，他总会提前停下车，并挥手示意请先过。而这些，是绝大多数西方人的基本习惯。

第二个故事源于记忆中的一期《读者》里的文章，文章的作者参加一个高层次的酒会，酒会上的宾客都是些很有身份的尊贵的人物。但是，给他留下最深印象的，却是一个上了年龄的侍者。他一直不卑不亢地在人群中送着酒水，脸上总是露出真诚而友好的微笑，动作也很舒展优美。在他的眼里，这位侍者比谁都更具独特的魅力。

……

最后我动情地说："优雅，就是在深夜无车的情况下，那位平和安详地等待绿灯亮起的司机；优雅，就是那位穿越在酒会人群里不断避让同时还报以绅士般微笑的侍者；优雅，就是那位在狭路相逢时，微笑着为傲慢地说'我从不给笨蛋让路'的批评家让开道路，并送上一句'我刚好相反'的回敬之语的伟大作家萧伯纳；优雅，就是与因鄙视我们新中国而不脱手套的西方官员握过手后，把擦过手的手绢轻轻扔进垃圾箱的我们敬爱的周总理！我希望，我有这样一批优雅的学生；我希望你们，不，我们都是这样一群优雅的人。”

没有大声的呵斥，没有恶意的嘲讽，也没有学生的顶撞，只有老师轻轻的述说，只有孩子们静静的倾听，这节课上得很安静。然而，接下来几天的情况大家可想而知，学生仿佛一下子变了一个人似的，特别是那几个男孩子。

第二学期，我要调到市教育科学研究所工作，在与学生分别时，有好几个孩子在给我的临别留言里还提到这些故事，表示自己一定要做一个徐老师所说的那种“优雅”的人。那时，他们也还只是10岁左右的小孩子。

有时，学生犯下一次出乎你意料的错误，可能就是一个让你创造教育神奇的绝佳机会。就在看似不经意间一个个突然间跳出来的不经准备而早已储备于脑海的故事，一个个突发奇想而能顺应教育规律的教育举动，都可能深深地打动孩子，并足以影响某个孩子今后的人生。教育，就是这样充满魅力，也许，你会认为因老师的言行而改变学生命运的情况是可遇而不可求的，但它却是完全有可能会发生在你的身上。因此，我们教育工作者必须记住：教育无小事！说不定某一次我们的不经意会正向或反向地改变某个学生一生的命运。而决定其正向或反向的，往往就是教师的专业素养和人格修为。因为，它们往往决定了我们在面对学生突发的错误或问题时，是火上浇油而让学生变得与我们更加对立，还是雪中送炭而让孩子感动于我们送去的温暖。

Xing Zhi Zhao
行之招 7

逆向而为

——教育学生要另辟蹊径

相信大家都记得这样一个洗衣粉广告：一个小孩甩笔时不慎将墨水甩到了美女老师的白衬衣上，小孩子吓得睁大了眼睛，张大了嘴巴。定格了一两秒钟后，年轻的女老师露着一张笑脸："不用怕，我有我奥妙！"顿时，孩子脸上也露出轻松的笑容。

很多时候，当学生认为他的举动一定会引起你的什么反应时，教育者最需要这种逆向反馈，更需要有这种能及时扭转个人情绪的气魄。

当学生和你发生了分歧甚至是很严重的冲突时，我们可能会很生气，很想发火解气，这时，如果我们克制不了自己，我们就失去了教育学生的资本。因为，学生知道你会发火，甚至有的学生就想让你发火，看着你气成这样，他心里觉得解气。如果我们偏没有生气呢？

当学生出现问题甚至是很严重的问题时，我们可能会对他进行严厉的批评教育，学生也知道你会这样做，他可能已经想好了狡辩的对策或者采取表面接受批评而心里不当回事的态度。如果我们偏偏不提批评教育这回事呢？

当我们的班规班纪不被学生认同或者得不到学生的遵守时，我们可能要求学生不理解也必须严格遵守，一旦有违反者我们就会严格按照班纪班规进行处理。学生其实也知道我们会这样做，但是，就算学生被迫按我们的要求去遵守班规班纪了，由于缺少自觉自愿的动力，这样的班级依然是没有什么生机的。如果我们不再去强迫学生去遵守自己不想遵守的这些规矩呢？

"逆向而为"之招就是不按常理出牌，出学生意料之外地另辟蹊径，找出一条能让学生心服口服的教育之路，领着学生向前走！

让“家访”成为学生乐于争取的待遇

一般情况下，学生们都是不太喜欢老师进行家访的，主要原因在于，不少老师总是在学生有问题时才想起要进行家访，学生很难从老师的家访中尝到什么甜头。

“家访”一般有三种情况：一是学生在近一段时间里出了什么问题，家长又没能到学校来协助老师解决问题，无奈之下老师只好亲自登门造访，这是一种被迫性的家访；二是学校有硬性要求，要求班主任老师必须进行一定数量的家访，于是，老师就有计划地选择一些孩子的家庭进行探访，这是一种半主动半被动的家访；三则是教师出于对某位学生的特别关注，认为有必要与家长交流沟通，于是进行主动性的家访。但不管怎么说，这些“家访”，都是因为教师在教育过程中发现了学生的某些问题后，从“需要”的角度出发而进行的或主动或被动的工作。我想，我们能否从“家访”本身的价值和其教育附加值上去认识和思考它的作用，让“家访”成为一种相对独立的育人手段呢？

首先，家访作为家校联系的一种方式，其意义不只在于促进教师与家长双方的沟通，更在于教师对学生家庭生活环境的了解。因此，家访应该成为教师特别是班主任育人工作的重要部分，我们应该有计划有目的地对学生进行家访。这种家访的主要目的，不是解决学生存在的问题，而是为了更深入地了解学生的成长环境，以便于对他们进行有针对性的教育。这样的家访，最好事先和家长进行预约以便家长有足够的时间与我们进行交流。我们也一定要呆上足够的时间，并把观察家庭作为家访的重要任务。家访过程应该做到教师、家长与学生三方都在场，教师要注意倾听家长和孩子同时在场时各自谈话的语气、神态等，从而判断这个家庭的和谐程度，分析家长的教育观点和教育方式；老师还可以请孩子找出自己最喜欢的玩具或书籍，请家长拿出孩子的相册等能体现孩子成长的东西，和他们一同分享孩子的成长历程，从中暗自分析和了解孩子的各种性格特征和行为习惯的形成因素；教师还需要关注家庭的人员组成、基本经济状况，这项工作对于在家访有一定问题的孩子时尤为重要。因为，那些总是让人生厌的问题生，那些总不愿合群的自卑内向的孩子们，往往是生活在某种不幸的家庭中的。当我们走进他们的生活中时，我们往往会一改对他们的厌烦而生出一丝同情，进而对他们产生发自内心的爱怜。这足以改变我们今后对他的教育态度。是的，通过我们的实地走访，那些有一定缺失或问题的家庭的孩子，今后一定会得到我们在学习与生活中的尽力照料和帮助。我们在对这样一些缺失爱的或家境贫寒的孩子们进行无私的关爱的同时，也将会获得教育者应有的教育幸福。而这些孩子们更会从你关爱的目光中感受到学校和教师的温暖。

其次，只要稍加观察，我们就会发现，以沟通情感加强了解，而不是以告状为目的的家访，是非常受家长特别是孩子们欢迎的。那么，我们可不可运用“好的家访受学生及家长欢迎”这个附加值来为我们的教育工作服务呢?

我想这是可以的，我们完全可以把“家访”化为促进全班学生积极上进的催化剂。比如，建立一套能让学生真正欢迎的“家访”机制，把教师的“家访”变成学生必须经过争取才能得到的荣耀性待遇。如何能做到这一点呢？我们不妨这样试试：首先指出，老师愿意牺牲自己的休息时间，对为班级作出积极贡献的以及在各方面都取得很大进步的学生进行家访，并把这样的好消息传达给家长。当然，学生必须用自己的行动来帮老师准备家访的真实材料。只有当正面的材料足够多的时候，或者是大家都认为这个同学进步特别突出或为班级作出的贡献足够多的时候，他才有资格获得一次请老师“家访”的机会。那时，老师就可以来到这个学生家里，与家长、学生共同分享一份来源于学校的幸福和快乐。

我们可以想象，在一个班级中，当“家访”作为一种学生只有通过努力争取、积极表现才能获得的一种荣耀性的待遇的时候，这个班级将是一个怎样的积极向上的集体！老师与学生之间、老师与学生家长之间，将会是怎样亲密和谐的关系！

但是，我们进一步分析会发现，如果“家访”成了一种“荣耀性的待遇”，一些问题学生可能也会乐得自在，反正我得不到“荣耀性家访待遇”，也不会因问题而被“家访”了。别急，我们再制订一个需要给老师道歉的“老师被迫性家访”制度。怎么制订呢？首先，当学生犯了错误或出现了某些方面的退步，或者给班级带来了严重后果，迫使我们的老师不得不牺牲自己的休息时间，将这样的情况反馈给这个学生的家长，即对这个学生进行家访时，我们规定，要对他进行一些惩戒。因为，这样的家访不仅于他是不光荣的，更是浪费老师的宝贵时间。处理的方法可以是这样的：除接受老师的家访外，这个学生还必须在班会课上向班主任道歉，表达自己让老师牺牲休息时间做不愿意做的事情的歉意。同时，这个学生还可以通过给班级做些有意义的事情来进行将功补过，以期望在老师进行家访时，也给家长带点“喜讯”过去。这样，老师的“报忧也报喜”的“家访”会让这个学生有些安慰。如此这般之后，我们可以想象：当学生意识到老师“被迫性家访”不是老师愿意的而是自己强加给老师的时，他们自己为自己的行为负责的责任意识不就一步步地形成了吗？当孩子们想到自己通过改正错误，通过为班级做些力所能及的好事能使老师在向家长“报忧”的同时“也报喜”，他们对自己的未来不是也越来越充满希望了吗？当学生一想到自己不遵守学校和班级的规章制度，教师就有可能进行“被迫性家访”时，他们对自己的主动警戒和努力克制的意识不就一点点地增强了吗？

如果说家访本是一碗沟通家校的心灵鸡汤，那么，让“家访”成为学生乐于争取的待遇，就像给鸡汤稍加了点调料，其鲜美的味道必将弥漫在师生及家长的心间。

再不交作业，就剥夺你的作业权

王英，我当年的学生，也当了好几年老师了，工作上遇到什么问题，她都会时不时向我这个老师汇报，我也乐于与她进行这方面的交流。

一天，她谈到班上的军同学不爱做作业的事很让她头疼。

军是个 11 岁的男孩子，曾随外出打工的父母在外读过一年学，后来又随父母回到老家，来到王英的班读二年级，现在，已经三年过去了。

小王老师一说起这孩子，就收不了口：“军从来的第一天起就没让我省过心，真是一个让人头疼的孩子。他爱惹是生非，经常撒谎，一写作业就装肚子疼，写作业的速度又很慢，时间一般是别人的 2 倍，而且字还写得乱七八糟。不按时完成家庭作业的情况更是家常便饭。我也尝试过很多方法：重做，谈心，写保证，下决心，请同学协助，请家长帮忙监督，办法想了不少，可是收效甚微，过不了几天不做作业的名单上又有他。更气人的是，这孩子常常头天还信誓旦旦说要重新开始，可第二天又……哎，让你有种被戏弄的感觉，我真是哭笑不得，却又无可奈何。真的就这样放弃了吗？这个问题在我心中不只盘旋过一次，可是教师的职业道德让我从未对他放弃过，努力，失败，再努力，再失败！徐老师，我到底该怎么办？”

我问道：“那么，你分析过他不愿做作业的原因了吗？是懒惰还是有困难？是没责任心还是没兴趣？”

小王老师说：“我也曾把他请到办公室询问过，绝大多数情况是因为偷懒不想做。”

我追问：“他说过自己懒吗？你针对他的懒进行教育之后，让他又是检讨，又是反思，又写保证，又找家长签字，为什么很快又犯？你觉得可能是什么原因？你想没想过，你下的是什么药？对的是什么症？这药起到作用没？你在思考如何帮助军改掉不做作业的坏毛病时，你追没追问过军为什么会那么懒？懒的背后的深层原因是什么？你有没有深刻反思自己的教育手段是否有问题？想没想过解决问题的最终因素不在学生而在教师？就像面对一个病人，医生是没有权利去指责和埋怨病人病得太重或得的是什么怪病的。病人的病已经摆在那里了，能不能医治不是病人的事而是医生的事。我们要分析并追问的，是我们在‘诊断’上出了什么问题，我们在‘医术’上出了什么问题，然后不断调整我们的‘治疗’手段。只有这样，我们才可能不断地向解决问题的正确方向靠近，最终‘医治’好‘病人’。”

我接着说：“回忆下刚才你的分析：你说你想尽了方法，不就是‘重做，谈心，写保证，下决心，请同学协助’这几种方法吗，而且从二年级起就在用，已经用了三年，其结果用你的话说是‘努力，失败，再努力，再失败’。那么，你有没有进行方法上的调整、改进甚至改变呢？如果没有，那么，我就要说，医不好这个孩子的毛病，不该怪这个孩子，而要怪你没有及时主动地改变自己的‘医治’方案，也没有好好地分析这孩子不交作业的深层原因，只是一味埋怨甚至潜意识地认定这孩子不做作业的坏毛病改不了。因此，虽然你看似没有放弃，但是，三年了，你一直在重复地使用一些常规的于治疗犯病无意义的治疗手段来救治此人，说客气点这是在加重‘病人’的‘病情’，延误‘病人’的医治；说严重点，这不是在救人，是在害人！”

“哦!”小王老师若有所思。

“那么，我们来分析分析，‘作业’到底给这个孩子带去了什么：是成就感还是失落感？是自卑感还是自豪感？‘不做作业’又反映出这孩子有哪些问题：是智商不足以致学业困难还是责任心不足而不愿学习？是对文化学科或对你所教的知识或布置的作业不感兴趣还是对任何有一定困难的事都不感兴趣?”我请小王老师思考。

“我的确没有去思考过这些问题。现在想来，‘作业’带给这个孩子的主要是失落感和自卑感，因为他从没有因为作业而得到过老师和同学的表扬，有的只是批评。这是不是说，我们应该只要一有机会，就给予他一些表扬？但是，他就算完成了作业，字也写得很乱，怎么进行表扬呢?”

我说：“表扬的机会有时是老师帮孩子创造出来的。比如，遇到一次难度很低的作业，你有意识地督促他写好点，做认真点。等点评作业时，你好好夸夸他做得全对而且字写得很有进步。如果你真心想通过作业树立点孩子的信心，你是不可能找不到机会的，关键在于你有没有这个意识，再看看你愿意不愿意去费点心思，对不对?”

“现在再谈谈兴趣和责任心的问题。你觉得这孩子属于什么情况?”我又问道。

小王老师认为：“这个学生本身是很聪明的，不存在智力问题，在班上做劳动，为班级做事等都是很积极的，主要是对文化学习兴趣不浓，对学习也没有太多的责任心，贪玩好耍。如果多找机会表扬他，他可能对做作业慢慢会有些兴趣，但责任心还是不好培养。”

我说：“那么，我们尝试着让他体会做作业会对自己有好处，就是对自己负责。其实，作为学生，做作业既是学生的义务，也是学生的权利。我们过去只是要求他尽做作业的义务，却没有让他意识到这也是自己的权利。过去，是他不完成作业，你撵着他做，他累，你也累；他怨，你也怨。我们可不可以反过来，不让他做作业，让他无所事事，只能看着别人做作业，交作业，评作业，因作业被表扬，因作业而有班级成员的归属感，那时，情况又如何呢?”

“不做作业，这不正是他希望的吗?”

“小孩子不吃饭，大人追着去喂，累死怨死了，觉得是小孩子不吃东西。

你有胆量让他一天不吃看看，再不行，让他两天三天不吃看看，想象一下，会有什么情况发生？”

“嗯，有道理。我好好想想，就这样去试一试。”小王老师决定尝试一下。

一天，军又没有做作业，小王老师把他请进了办公室。让军没有想到的是，这次小王老师没有批评他不做作业，而是很认真地告诉他做作业不但是学生的义务，还是学生的权利，现在，如果军自己不想要这个权利了，老师就要收回这个权利，或者说要剥夺他写作业交作业的权利，但前提是要签订一份“不写作业条约”。军双眼发亮，并努力地掩饰着内心的喜悦，如释重负地签下那份协议。

如果军不觉得自己不做作业是种损失，而是觉得享受到了不做作业的“特权”，会不会正合其意呢？如果真是这样，又怎么收场呢？小王老师心里也在打鼓。

军果然如小王老师所担心的那样，像飞出笼子里的鸟自由到了极点，也开心到了极点，每当同学们埋头写作业的时候，他就在旁边指手画脚，洋洋得意，偶尔还有点指点江山、激扬文字的感觉。

“如果一直这样下去，我岂不是又要前功尽弃？”小王老师说。

我告诉小王老师，要坚持一段时间。的确，这个想法很大胆，实施起来也有一定难度，如果拿捏不好，很可能会引发学生的懒惰思想。于是，小王老师开始默默地关注他的动向，还私底下特别叮嘱课代表要走到军的面前收他同桌的作业本，但是别过问他的作业，让他感受一种被剥夺权利被忽视的滋味。小王老师又找更多的机会表扬作业写得好的同学，在课间也会拉家常一样问问军在家里是怎么安排时间的，玩得开不开心，有什么样的收获，但是绝口不提作业的事情。有时，小王老师还会不经意地拿着他同桌的作业本仔细看看，并当着他的面表扬鼓励他的同桌。特别是当全班同学都在做作业的时候，小王老师就盯住他，不准他动笔做作业，只准一个人呆着，并不准影响他人，渐渐地，军开始觉得有些无聊了，那充满得意的眼神也不见了，取而代之的是一种孤立无援的无助感。

又过了几天，他终于鼓起勇气走进了小王老师的办公室。

“老师，我错了，我一定要好好珍惜自己的权利，请让我收回那份协议吧……”

看到他这次认错的态度和以往真的不一样了，小王老师心里暗自窃喜，但表面还是不动声色，故意皱着眉说："不行呀，这可是画了押的，不能轻易反悔，大丈夫岂能言而无信？万一到时候你又不做作业，又让老师来催，老师会好累好烦呀，你这么多年都没改，现在你让老师怎么相信你？"泪水已经顺着军的脸颊流了下来，他哭着很坚决地要收回那份协议才肯离开。看时候差不多了，最后小王老师就顺水推舟，给了他个台阶，郑重地把协议交还了他。然后拍了拍他的肩膀，语重心长地说："把它保存好，当做作业遇到困难时拿出来看看，想想，做作业，既是学生的责任，也是学生的一种权利呀。孩子，请学会珍惜啊！"接着他双手捧着那份协议，深深地向王老师鞠了一躬，说了声"谢谢"，离开了。看着他的背影，小王老师终于露出了笑容。

从那以后，小王老师注重对军的作业进行点评，并对他的进步及时予以表扬，在批改他的作业时，也尽量多给他写点评语，而不交作业的"黑名单"上再也没有军的名字。

相关博文的博友留言：

开心一笑："因材施教一点没错，针对这样的学生，采取别样的方法，触动了他心灵深处的进取之心。"

Xing Zhi Zhao
行之招 8

攻守同盟

——轻轻呵护学生的心灵

“攻守同盟”之招主要用在孩子成长过程中出现各种“问题”的时候。孩子出现问题，我们要的不是指责孩子有“问题”，而是要帮助孩子驱走“问题”。其最好的办法就是走进孩子的心里，与孩子结成“攻守同盟”，成为“同盟军”。

是孩子就会“有问题”，只有当“问题”长期停留在一些孩子的身上时，他们才会成为“问题孩子”。面对“有问题”的孩子，请做能与他们共同驱赶“问题”的“同盟军”吧！如果我们只是冷眼相待，那么，“有问题”的孩子们就只能相互“取暖”并将“问题”不断强化和扩散，于是，“有问题”的孩子便彻彻底底地成为“问题孩子”。

信任的见证：二十三支偷来的笔

一天，一个胖胖的小姑娘看见我，一下就扯着我的衣服叫道：“徐老师，我好想你啊，同学们都好想你回来上课呢！你还记得我叫什么名字不?”这是我三年前只教了一学期的一个班的学生，当时他们刚上三年级，半年后，我调到市教科所，也就离开了这群孩子。我对这个孩子印象很深，但却叫不出她的名字了，我很抱歉地说：“我记得你，很听话的小乖乖嘛，不过真是对不起，老师忘了你的名字了！”她连忙又把她的名字告诉了我，并要我不要忘了。她的名字我现在还是忘掉了，因为的确有点不好记。但是，对于她的一件教育往事我却难以忘掉。

这个小姑娘，长得白白胖胖的，挺招人喜欢，父亲做生意，母亲是全职妈妈，妈妈每天都把孩子打扮得干干净净、漂漂亮亮的。可是，刚一接手这个班，同学就总是反映她爱偷别人的文具特别是笔，但她死不承认。

有一天下午放学没多久，她妈妈非常气愤地带着她与三个女同学来找我："这几个女孩子太不像话了，放学了拉着我女儿硬说她拿了她们的笔，还把她的笔给抢去了，那是我中午才给女儿买的新笔，怎么变成了她们的？她们不相信我女儿不说，连我这个家长也不信，还骂我护短，太不像话了，我再护短也不能拿这种事护短，可能吗？"

几个女同学也挺委屈，丢笔的同学哭着说有同学看到她上午拿了自己的笔，而且自己也认得出就是那支笔！

凭直觉，我感到双方都没说谎，问题就出在这孩子身上。我安慰了几个孩子并让她们先回了家，然后，我请妈妈暂时离开，我要与孩子单独谈话。

我先温和地问她爱不爱妈妈，看着妈妈被同学骂成包庇小偷的人难不难过，她哭了，说很难过。

我又问："同学们都说你爱偷东西，不喜欢跟你玩，特别是今天大家还要拉你去见妈妈，你难不难过？"她低着的头点了点，眼泪流成了行。

我再问："同学的笔丢了，还被你妈妈骂得委屈得哭了，其实这也与你有关，你觉得难不难过？"这时，孩子已经泣不成声了。

我说："其实，你还是个很乖的孩子，还是知道什么是对什么是错，所以，当你犯了错以后，也不想让人知道，对吧？徐老师可是个神探呀，我知道是怎么回事！说给你听听，看我说对了没？这笔一定是你妈妈中午给你买的，而且是你要妈妈给你买的，因为你上午就拿了同学的笔，而且被同学发现了，她们说下午要找你妈妈，所以你就故意要妈妈给你买笔，这样，就可以让你妈妈相信你没拿同学的笔了，但却害得同学把你妈妈也当成护短的骗子了，是吗？"孩子点头又摇头，哭得更厉害了。

我抚摸了下孩子，继续说："这事呀，说大也不大，不就是因为喜欢而拿了同学的笔来玩吗？还了就好了嘛；说小也不小，拿东西拿成习惯了，那可比吸毒还厉害，是要上瘾的啊，那时，就真成小偷了！你说呢？"

我又给她分析："你现在的行为还不能算是偷，你家里也不缺笔，只是你特别喜欢同学的一些新式笔，见了就情不自禁地想拿来玩，玩了又舍不得放下，于是就产生了把它拿走的念头，其实过后又挺后悔的，也想过要还回去，但又怕别人知道了把你当小偷，所以又不敢拿回去，也不敢承认自己的拿笔行为，对吧?”这次孩子点头了。

我肯定了她能够承认错误的进步并进一步引导：“现在看来，你已经有些上瘾了，一见好的东西手就痒痒的，就想去拿了，是吧！这可是很危险的事情，如果不及时改正，可真要出大问题了。你愿意接受徐老师的帮助，改掉这个毛病吗?”

她说愿意，但提出了不能让她妈妈知道她拿笔这件事。我想了想，说：“我答应你不告诉妈妈你爱拿笔的事，但这支笔的事是要给你妈妈讲清楚的，不过，我一定会让你妈妈原谅你，不再责备你，同时，你也要答应我向刚才那几个同学道歉并亲自把笔还给同学。”

我还保证会做好那几个同学的工作，让她们不在同学中说这件事也不再找她妈妈。

那么，怎样才能帮助她改掉爱拿笔这个坏毛病呢？我提出了这样几个建议：“第一，你把以前拿的所有的笔都交给我，这样丢下了包袱，你自己的心情也能彻底放轻松。我分期分批地让同学来认领。第二，当看到别人有好看好玩的东西时，要想想今天的事，这样就能很好地控制自己。第三，如果这样都没能控制住自己，老毛病又犯了，后来又后悔了，怎么办？你就尽早拿来交给我，我再帮你还回去!”

我又特别提出：“当然有了拿东西的念头，最好当时就能克服掉，如果你克服掉了，就来向我报喜，我会很高兴的，这里面也有我的功劳嘛！如果没克服又犯了，拿来交给我了，我也会很高兴，这说明你信任我，也说明你愿意改，只要坚持改，就一定能改好的。”

第二天，孩子交给我两大捆笔，竟有 23 支！这是被她收藏起来的从一二年级起就拿的笔。虽然有一定思想准备，但见她拿了这么多笔我还是着实吃了一惊，心一下沉重起来，看来，这孩子的问题还真是特别严重。但是，我更多的是感动，我感受到了孩子对我最纯真的信任，也感到了肩上沉甸甸的责任。

我开始私下里展开工作。我先找来昨天被她妈妈骂哭的几个同学，告诉她们这个同学特别难过，很想改掉这个毛病，希望大家帮助她。不要在她妈妈面前再提起这件事，也不要在同学中传播。然后，我分次找各种机会把部分笔还到了同学手里，一些没人认领的则成为供同学临时使用的公用笔。

我也在暗自观察着这个孩子。在最初的一段时间里，我总在适当的机会里提醒她有没有拿东西的念头。她如果说有但控制住了，我会表扬她并为她鼓劲加油，如果她说没有，我会告诉她就快成功了。有一次，我很高兴地告诉她："我们班好久没丢过东西了，可见不但是你变了，其他的同学也变了。"

快到期末时，我已有意地"忘"了这事了——因为这孩子真的变了，我也不能再提这件事了，我可不希望这件事成为她心中的阴影！三年后的今天，与这孩子重逢，孩子的亲热劲让我感到，这个单纯的孩子，也许真的没意识到当年拿笔成瘾的行为的严重性，也许真的淡忘了这件事，所以，她见到我并没感到一丝的难堪。我也真的希望，那个承载着 23 支笔的让我心头一沉的往事，早已如一场轻轻飘散的梦，永远不在孩子的心中苏醒！

相关博文的博友留言：

育花人："循循善诱，这就是教育。做你的学生好幸福。我也在努力做一个像徐老师这样的好老师。"

texiao 心灵："轻轻地呵护女孩那颗心，教育润心无声，这就是成功的教育！正如'育花人'所说，做你的学生好幸福。我也努力！"

教育，坚守在"保密"与"泄密"中

我曾经提到，一个能让"蒙尘之玉"绽放异彩的优秀教师，一定具有三大特征：真爱、智慧、坚守。其中，我特别提出对教育的"坚守"是由无数的"坚持"汇集成的。我虽然于 2004 年离开了教育第一线，但是，遇到教育问题，我依然选择"坚守"。

2006 年的一天，我到一个二年级班听课，就坐在一个男孩子的后侧，可是他不但不认真听课，还偷偷写纸条，于是我伸手把他的纸条没收了。我一看，纸条上面写着"某某，下课后我们去打某某某"。下课了，我把他单独叫到身边，发现这是个足足比一般学生高出半头的虎头虎脑的男孩子。我没有把纸条转交给他的班主任，而是和他进行了一次单独的对话，然后，我们达成了一个秘密的口头协议：我答应他不把纸条的事告诉他班主任，替他保密；他则答应我要努力改变自己，变成一个不是欺负弱小，而是保护弱小的“真正的男子汉”。同时，我对他说：“我们一起来创造一个奇迹，让你的老师和同学们感到惊奇：为什么你变得这么快变得这么好！如果他们问起是为什么，我们只是告诉他们说因为我们之间有个小秘密。”他高兴地同意了。

我记下了这个学生的名字——康。从那天起，我就时不时向他的班主任询问康的情况。这孩子，在班上的确是属于差生一类的，不但学习成绩不好，行为习惯也差。其家长素质也不高，对孩子出现的问题，家长觉得没什么大不了的，反正自己的孩子个头大，在班上是吃不了亏的。后来，他的班主任发现我时不时都在打电话关心这个孩子，也发现这个孩子从那天我去听过课后变化很大，感到很好奇，多次问我是怎么回事。我告诉她：“保密!”只是请她随时注意孩子的变化和表现，当孩子出现反复的时候，提醒他与徐老师之间有个协议，徐老师会随时询问他的情况的。后来，康的进步的确不小，于是，我把原因说给班主任听了，并请她继续关注这孩子并对他保密。于是，共同教育康又成了我与班主任之间的小秘密。

一年后，这孩子变化很大，在三年级下学期的期末考试中，从未上过 80 分的他考了 90 分，成绩已经进入班上的中等水平。

2008 年，我组织了一次全市的课题研讨活动，他的班主任来参会，我又进一步了解到康不仅各方面都表现得很不错，而且文化成绩已经很稳定地站到了中上水平了，我很高兴。在当天的会上，我正好谈到如何转化差生的问题，我就把我与康之间达成协议的故事作为案例讲出来了。我失言了。我想，我应该把我已经失约的事告诉康，同时，要以此为契机，进一步激励他更上一层楼！于是，我给他写了封信。

康同学：

你好！

还记得徐老师吗？还记得你和徐老师之间的那个小秘密吗？我高兴地告诉你，今天，我终于忍不住“违背”了对你的承诺，泄漏了本来只有你我才知道的那个小秘密。别人一定会感到奇怪，泄露了你的秘密我怎么还会“很高兴”？但你不会惊奇吧？

两年前的那天，我们商定：我不泄露你的纸条上的秘密，你答应我要越来越像个男子汉！

两年来，我一直遵守着我们的协议。而你也一直在按你的承诺在努力进步。前些天我和你们学校的老师们在谈到如何去关心学生时，你的班主任罗老师告诉我你进步很大，现在已经是班里的中上成绩的学生了，所以我一高兴，就忍不住把你我的协议内容告诉了老师们，目的让他们明白你进步的原因，既让大家为你高兴也让老师们思考该怎样去具体地关心孩子。我想，虽然我泄密了，但是你还是一定会很开心的，因为当初你希望我保密，是为了不被老师批评，而现在我的泄密能让老师为你高兴！俗话说：“浪子回头金不换。”现在的你，就快成金子了。

还记得我们签下那个口头协议的情形吗？两年前的一天，那时你才上二年级。我来你们班听课，你竟在课堂上写字条约同学下课去打人。下课了，我把你单独叫到身边，我把字条一举，问你愿意把它念给大家听吗？你摇摇头，没出声，我又轻轻地问你要交给班主任老师吗？“不！”看得出你很害怕，我对你说：“你还是知道是与非的，这么看来你胆子不小啊！听课的老师在你旁边你也敢写这样的字条！还要叫同学下课一起去打人！我想，你要打的那个同学一定不是你的对手。但是，是不是你打得赢他，你就是个男子汉呢？”你说“不是”。我对你说：“说得对，真正的男子汉是能保护弱小的男孩，我觉得你是有条件成为男子汉的，因为你又高大又勇敢，班上好多同学你都可以保护他们，尤其是女同学更需要你的保护，这点你愿意去做吗？”你说“愿意”。我又说：“还有，做男子汉不但要勇敢而且要聪明，要有本事。所以你还得好好学习，好好上课，要像解放军叔叔一样遵守纪律，你愿意做这样的男子汉吗？”你说“愿意”。最后我们有了这样的一个秘密口头协议：我答应你不把纸条的事说给你班主任听，替你保密；你则答应我要努力改变自己，变成一个真正的男子汉。我说：“我们一起来创造一个奇迹，让你的老师和同学们感到惊奇：为什么你变得这么快变得这么好！如果他们问起，我们只是告诉他们说因为我们之间有个小秘密。”你高兴地同意了。

随后，罗老师经常跟我说你变了：你上课讲话的情况越来越少了；你上课竟然开始主动举手发言了；你上课发言的时候越来越多了；你作业能按时完成了；你能主动争取上讲台讲故事了；你当值日班长了；你的语文成绩从70来分升上80了又升到90了；你现在已稳定在全班的中上水平了……好消息不断传来。所以那天，我太高兴了，终于忍不住把我们的这个小故事讲出来了。我还让你的班主任罗老师把我在众多老师面前表扬你的事告诉你，好让你也高兴高兴。不知罗老师跟你讲了没？

现在我对你有更大的希望，你现在是四年级的学生了，希望你能在小学最后两年的时光里，更像一个懂事的男子汉，能把文化成绩升到全班上等水平，能从更多的方面为班集体增光添彩，能成为班干部甚至班长，成为老师的小助手，成为同学们的好榜样，那你可就是我心目中真正的男子汉了。你愿意这样去努力吗？我相信你能做得到。你自己有这个信心吗？把你的想法写信告诉我好吗？希望能收到你的来信。

最后，再次祝贺你在各方面取得的进步。

你的大朋友　徐卫

2008年11月19日

没多久，他的班主任罗老师和我在QQ上有了这样一段对话：

罗："康很认真地给您写了回信，我一字未改让他给您寄过来了，过几天您记得查收哈。"

罗："他的家长看了您的来信很感动，千恩万谢的。"

痴人："好的，他近来变化大吧。"

罗："和原来比应该是翻天覆地吧。"

罗："我们第七单元刚好是教写信，我给他您的信的时候没有刻意交代要他回信。"

罗："只是想看看他看了以后的反应，因为我知道马上要教写信，教了写信那节课后我只是针对全班同学会了写信，你最想给谁写信呢？康主动站起来说想给您写一封回信。"

罗："之所以时间推得有点迟，是因为我不想让他感觉是我要他给您回信，希望是他发自内心地想给您写信。"

痴人："你做得太好了。"

痴人："这样的话，你可多费心了，让他学会多阅读，这对一个人将来的内在气质影响很大。"

痴人：“多留心给他推荐点励志的书。”

通过这次对话，我不仅看到了康的进步，更看到了年轻的罗老师教育理念的日益成熟。从“没有刻意交代要他回信”中，我看到了她的“刻意”与“苦心”：教育要无痕呀！“我们第七单元刚好是教写信”：早已有了“无痕教育”的方案！“教了写信那节课后我只是针对全班同学会了写信，你最想给谁写信呢？康主动站起来说想给您写一封回信”：“无痕教育”收到了实效！我想，没有罗老师一直以来对康的这样一种细腻而精巧的引导教育，他是不可能产生“翻天覆地”的变化的。

2010 年上学期期末考试，康的语文成绩再上 90 分，数学成绩破天荒地考了 100 分，家长都不敢相信，还专门打电话问老师这是不是真的，一副不相信的样子。看来，家长对孩子还是不太信任，还是没能成为孩子的同盟军啊！

相关博文的博友留言：

书呆子：“非常赞同你的‘由无数的“坚持”汇集成的对教育的“坚守”’观点。其实，生活中、工作中的哪怕一丁点儿的很平凡的小事，只要坚持日日做、月月做、年年做，坚持十年，那也不平凡！你教育康的机智和‘坚守’令人佩服。通过你的这篇文章，看到了一个极不平凡的一直‘坚守’的教育强人，衷心祝愿你！”

叮咚：“坚守的含义是什么？

“从徐老师的文中似乎找到了答案。

“几次读徐老师的文章，几乎都是同样的教育话题，同样深刻的思考与实践。这，该是坚守的榜样吧！”

Xing Zhi Zhao
行之招 9

魅力惩处

——让学生心悦诚服地接受批评

所谓“魅力惩处”之招，就是对犯了错误的孩子，教师或家长有时需要进行一些富有技巧性的惩处。这种惩处，既要让孩子有一定的惧怕感，又要让学生愿意接受，有一种让人痛并快乐着的魅力感。

魏书生老师让犯错误的学生写相应字数的“说明书”，就是一种“魅力惩处”。但是，“说明书”这种形式本身并不是魅力之所在，不少教师将这种形式照搬过去使用，结果发现学生仍然不买账，原因何在？当然在于他只学到了魏老师的“形”而没有学到魏老师的“神”！我们只有将关注点放在学生的“心”上，看看什么惩处对自己的学生才既具“压力”又具有“魅力”的时候，我们才能开出“魅力惩处”之妙方。

徐氏魔咒：1——2——3

作为教师，我们在组织教学中常常会要求学生速静。而学生此时的“不静”一定是有其兴奋的原因的，因此，教师的呵斥有时很难让学生立即安静下来。我曾尝试过加大嗓门儿，或者一脸严肃，默不作声，静等学生安静，但结果都不太令人满意。渐渐地，我摸索出了“徐氏 1——2——3”的办法，很好地解决了这个问题。

不过，由于这个方式有对学生进行变相体罚之嫌，能不能用或是用不用得好因人而异。所以，我一直在想有无必要向大家介绍，但不少教师对此很感兴趣，且此办法运用得当，也深受学生欢迎，所以还是决定说一下。

如何让很兴奋的孩子们迅速安静下来呢？我一直在苦苦思索这个难题。

一天，我对学生们说："今天，我们来做个实验，看同学们能不能坚持静坐三分钟，我觉得大家不能。"学生说"不信"。我说："那咱们打个赌，如果在静坐时谁动了一下，被我点了名，大家就加坐一分钟，我敢肯定你们一辈子都要坐下去，如果三分钟内你们谁都不动一下，我就给你们表演个节目。"学生都非常高兴，愿意和我打赌。结果，不到一分钟，就有学生被点名，然后我就在黑板上把"静坐 3 分钟"改成了"静坐 4 分钟"，不一会儿静坐时间就变成十多分钟。再看大家的表情：一个个坐得直直的，手放得端端的，眼巴巴地望着徐老师，好可怜哟！我好像听见他们在心里说："徐老师，求求你饶了我们吧，我们认输了还不成吗？我们真的受不了了，我的身上好痒呀，好想活动活动呀，我坚持不住了……"

这时，我问大家："你们认输了吗"？大家异口同声地说："认输了"。于是我宣布赌约结束，大家终于"解放"了，有的活动手，有的活动腰，有的长长舒了口气。这时，我宣布了我的新招数："以后上课时，如有纪律涣散的情况，我就在黑板上写 1、2、3，如果'3'字写出前安静了，大家就安全了；如果'3'字写出后才能安静下来，我们就在下课或放学后补三分钟静坐，有人被点名，静坐时间依次增加！"话音一落，底下"哎哟"声一片！

从此，1、2、3 便经常出现在黑板上。一般说来，1 字刚出，学生们便会相互提醒："快，123 了。"于是乎，教室里迅速安静下来；有时，我做一个要写"1"字的动作，大家便心领神会，立即坐正，而我也继续上课；还有时，我不再往下写数了，学生便舒口气并发出笑声来，我就回应一个举粉笔的动作和一个学生能懂的表情过去："又放松了吗，不怕我接着再写下去吗？"于是，他们又赶紧安静下来。

当然，也有写完"3"全班静坐的时候，而且渐渐地大家真的练出功夫了，还真可能会出现全班同学都能坚持 3 分钟不动的情况，我可不能让这样的情况出现。于是乎，我故意在学生前面一会儿挠挠痒，一会儿吹吹头发，一会儿掏掏耳朵……这下，学生就不由得浑身痒痒了，他们看着我的表演，想笑不敢笑，想动不敢动，难受极了。最终，还是我"大慈大悲"，不会让他们坐穿"牢底"，最后，他们还得谢谢徐老师呢！

当有同学被点名时，开始时我让他们补坐，但渐渐觉得这样不太妥当，变相体罚味太浓，对他们的负面影响大而激励性不强。后来，我说："这些同学害得我们大多数同学多坐了那么多时间，就让他们静坐结束后上台给大家大声地说声‘对不起，我让大家久坐了’，并鞠躬致歉，对多次被点名的则还要求他为同学做件好事‘抵债’。”这下，大家都很满意。

“徐氏1——2——3”静坐法，表面上是以罚为主，但“罚”实在不是其目的或核心，“罚”是为了“不罚”。其最重要的价值还在于我能让学生认同、服从并支持这种做法，从而使得“惩罚”中有“风趣幽默”，“害怕”中有“开心快乐”。如果让它成了学生害怕而憎恶的“酷刑”，那么，这绝不是“徐氏1——2——3”静坐法的本真！请欲借鉴者三思而后行！

相关博文的博友留言：

子归：“不一般的1、2、3！好玩！其中少不了您与学生的心的交融。”

反串角色复述故事

“老师，老师，不好了！帅和刚打起来了，拉都拉不开！”正在打扫卫生的学生慌慌张张地跑来向我报告。

这两个学生，在班上都是有点个性的。帅是个小干部，各方面都不错，但就是得理不饶人。一次做完课间操集体排队回教室时，帅在二楼楼梯间不知被谁推了一下，摔在了地上。这下可好，他躺在地上不起来，非得要推他的同学来拉他，这时，后面的学生正往上拥，好在我班的学生个头大，忙把后面的同学堵起来，不让大家踩到他身上。但是，这家伙依然不起来，后面的人越挤越多，险情随时都有可能发生。我拼命挤到事发现场，一把将他拽了起来，才化解了一次事故。

刚是个闲不住的惹事鬼，一天到晚精力很旺盛，总爱逗猫惹草的，他调皮捣蛋的事没法举例，因为多得讲也讲不完。

两人来到了我的办公室，按我的规矩，普通学生比班干部有汇报问题的优先权。于是，刚先进行辩解：“我在拖地，因为有点高兴，所以，我拖得就有点快，我想几下拖完好早点回家。帅自己慢条斯理地在那儿做事，还说我不对，我有点不服气，所以就在他面前摇动了下拖把，只是想逗他一下。哪知他一下子冲过来，逮着我就用力推，‘砰’的一下就把我掀在了地上，我的头撞到了桌子脚上，好痛哦，所以，我才起来抓住他的。”

帅在旁边早已委屈得不行了，好几次想插嘴，都被我制止了。终于等到他申辩了：“明明是他在那里玩，拿着拖把到处跑，同学们都看到了的，不信你问问大家。我就批评他，他不但不听，还故意跑到我的面前来，不断摇晃拖把，水都沾到我身上了，这衣服是我今天才换的，那么脏的水弄在身上，谁愿意啊，我才轻轻拂了他一下，想让他离我远点。是他自己不小心，还有是他自己把地弄的又湿又滑的，他才摔了的。他爬起来就来抓我的衣服，他的‘黑爪子’把我的衣服都抓了黑杠杠了，你看。”帅边说边激动地撩起他的衣服。

我听完他们各自的辩解，没有说什么，一会儿看看帅，一会儿看看刚，好像在找什么东西一样，两人被我看得莫名其妙。终于，我忍不住笑了起来。两人都不知所措地看着我。我说：“你们知道老师笑什么吗?”他们说不知道。是的，他们觉得老师应该是很生气的，或者是很公平地来给他们“断案”的。

我说：“我在笑你们俩平时作文写得不算好，没想到今天的口头作文这么有水平，不用打草稿，就能做到用词考究，而且都很会用词句为自己服务，这真是写作文的最高境界呀。

“不是吗？他刚说你一下子冲过去，逮着他就用力推，砰地一下就把他掀在了地上，他的头撞到了桌子脚上，他很痛。”我先对帅说。然后望着刚：“帅说他是轻轻拂了你一下，想让你离他远点，是你自己不小心，还有是你自己把地弄的又湿又滑的，你才摔了的。”我又对两个人说：“怎么样，是不是都说得很有水平呀？而且还都有让人信服的道理呢。但是，我听谁的呢?不行，还没能分出胜负。你们现在再来讲述一遍事情经过，这次我有个新的要求，你们不但要讲，还要比画，把你们的动作轻重都表现得形象些。比如，你说‘推’时，手要‘哗——’地推出去（我做了个夸张的太极推手动作），你呢，说‘拂’的，要这样轻轻地‘拂——’一下（我做了个女孩子的兰花指再很轻地往帅身上抹了一下）。”这时，两人你看看我，我看看你，都有点不好意思，知道徐老师在调侃他们了。可是，自己还得表演呀，如何表演呢。我看看他们，说："表演好点，办公室里还有这么多老师，不要丢了我们班的脸。"这下两人真有点为难了。这时我说："要不这样，你们出去商量下该怎么办，还要不要表演。"两人你看我，我看你，"扑哧"一下都笑了，接着就出去了。没一会儿，两人低着头回到办公室，说："我们都不狡辩了，我们都原谅对方了。"我说："这可不行。我才发现你们如此好的作文水平，不能就这样放弃了。不过，表演刚才的打架行为，是有点让人尴尬，那么你们想想，如果时光倒流，你们会如何让这个故事发展呢？"刚说自己不应该拿着拖把疯，还说帅批评自己时自己应该改正。帅则承认自己不应该推刚，并愿意向刚道歉。刚虽调皮，却是个大度的人，当然接受道歉并说没关系。我说："这样多好。那么，明天你们如何给同学们解释呢？你们到办公室来表演了，其他同学却在为你们完成打扫卫生的任务，你们明天总得给同学们一个交代吧。我给你们两个选择，一个是像第一次一样，两人各自为自己辩解，并加上动作给大伙表演当时的情况。一个是反串角色，帅把自己当成刚，刚把自己当成帅，再讲讲这个故事。这样，可以真正站在对方的立场上来思考这件事。最后想一想，如果自己当时哪些方面改变一下，就可以避免发展到最后扭打在一起拉都拉不开的情况，好不好？"两人没办法，只好选择反串角色复述故事。

第二天，帅和刚反串复述了两人发生的故事，他们的反串一方面引来了同学们善意的笑声，另一方面也让大家接受了一次有趣的教育。后来，帅和刚成了很要好的朋友。

Xing Zhi Zhao 行之招 10

固本清源

——感恩教育，唤醒学生的幸福感

固本清源，本是中医的一个冬令时节进补的原则，后来演变为稳固根本、清理源头的意思。把它引用到教育领域，就是指我们既要从学生问题的本身出发，分析并解决问题，又要能跳出学生问题的表象，从塑造“责任感”等内在的品质出发从根本上解决学生的问题。教育的固本，就是要巩固学生内在的善良美好的本质，引导学生发现自己不曾发现的源于自己内心的积极元素。教育的清源，就是要透过学生的问题的表象，清除引发学生出现行为偏差的心理毒素，在清毒的同时，植入健康因子，从而唤醒学生的真善美之心。我主要指我们要明白学生的“心”是其行动的核心能源，对学生的心，我们要唤醒和赞美而不是打压和斥责。

没有幸福感，何来感恩心

过了吧，化疗似的演讲！

首先，我们来关注这则新闻：

四川文明网宜宾讯（覃光俊）5 月 19 日，烈日当空，在《烛光里的妈妈》的音乐声中，由中国感恩励志教育专家组委会、中国时代感恩励志教育传播中心联合开展的“心怀感恩、成就梦想”大型感恩报告会“走进兴文”巡讲活动的最后一场激情澎湃、震撼人心演讲，在该县兴文二中隆重举行，整个演讲让在场的 3000 多名学生和家长情不自已，当场洒泪。

在歌曲《烛光里的妈妈》《慈祥的母亲》《谢谢老师》等时而高亢热烈，时而低沉舒缓的音乐声中，中国时代感恩励志教育传播中心专家讲师×××

围绕“爱父母、爱老师、爱自己”等主题，通过声情并茂的演讲、真实感人的故事、情真意切的问题，让在场学生喊出振奋人心的口号以及发自肺腑的誓言，使整个现场沉浸在浓浓的感恩氛围之中。

孩子们在演讲老师的引导下，齐声高呼“爸爸，妈妈，辛苦了”“爸爸，妈妈，我爱你”。

“爸爸妈妈，我爱你们！以前我太不懂事了，给你们增添了很多麻烦，今后我会好好努力，认真学习！”在演讲老师的带动下，一个个被感化的孩子情不自禁地冲向讲台，当着全校师生和家长的面，表达了自己对亲人的爱，向亲人承认了错误，并表示决心要好好学习。很多同学在请家长到讲台上的时候，“扑通”一声跪在讲台上，请求父母原谅他们过去不懂事的地方，并保证以后一定好好学习、努力工作、孝敬长辈……深情相拥，泪流满面的场面让场下所有人都热泪盈眶。

20日，我来到了这所学校，无意中了解到昨天报告会的事情。作为一个德育工作者，我当然对此很感兴趣。我问学生听了报告后总的感受是什么？令人感慨的是，所有的孩子几乎就是一个答案：过去太不懂事了，对不起爸爸妈妈，以后要好好学习。

我又问好多学生：“有没有因为听报告而感到很高兴，觉得自己还是曾经做过很让父母高兴甚至骄傲或让他们感到幸福的事？”竟然没有一个学生说“有”。这时，我的心隐隐作痛起来，一个词汇跳进了我的脑海中：化疗！这样的演讲在呼唤孩子们感恩细胞的同时，把孩子原本存活的健康的亲子体验细胞也全给杀死了。

我在学生们上晚自习的时间，走进了一个班级，征得老师同意后，对学生做了一个小调查。

我问：“听说昨天的报告很感人，请问，听完报告后，感到很内疚，觉得过去对不起父母的举手。”

全班都举起了手。

我又问：“那么，有没有同学在听到某段内容时，自己感到很欣慰？如果有，为什么会感到欣慰？比如说，因为这个很感人或很亲切的情境里面有自己的影子？”

尽管进行了启发，还是没有一个人举手。

我再问："听完报告后，有没有真心地想和父母改善关系，回家后多跟父母进行交流的冲动？有的请举手？

"有！"很多学生高声回应了我，全班都举了手。

我又接着问："现在，请静下心来想一想，你昨天深受感动时，是否想象过你会重新和父母建立一种什么样的关系？如果想过，那么你觉得你是否有信心通过你的努力，在一年以后，即明年的今天，真正能建立起你希望达成的关系？请很郑重地想一想，再举手。"

有几个同学很有信心地举起了手，还有十几个犹犹豫豫地举起了手，我数了数，一共 21 个，这个班一共有 59 人。

我还问及"在报告会上学到了哪些与父母沟通的方法"，"沟通是自己努力了就能如愿实现的吗"，"如果父母不善沟通或方式方法不合你的心意又该如何对待"，"能不能找出 5 个让你开心的家庭趣事"等。

对这些问题，学生显得很茫然。

一场感人至深的报告会，让孩子流泪了，让家长流泪了，让老师流泪了。但是，为什么孩子们流下的都是后悔、内疚、惭愧的泪？为什么没有一个学生或一个家长流下的是喜悦、欢笑的泪？为什么孩子们都只是对自己的家庭关系的不满意，而不是对自己幸福家庭生活感觉的强化？

我不反对这样的报告会用特写的感恩元素来打动我们的学生和家长，来震撼孩子们的心灵。但是，我们不能因为要震撼学生，就着力暗示学生是没有感恩之心、自私自利、不懂回报的不孝儿女，从而让他们背上重重的内疚之壳！那重重的一跪，除了内疚，是否还有盲目的冲动？

我又一次感到，我们很多教育工作者，不是在孩子身上"沙里淘金"，而是在孩子身上"骨中挑刺"。他们习惯于用别人的优点来对比学生的不足，让学生沉浸在自卑和内疚之中；他们更习惯于将学生的问题、缺点挑出来，狠狠地放大，让学生在心里认定：我就是这样一个对不起人的人。为什么要把他们本就不是太多的优点掩盖起来？为什么不能把孩子们的自信心催生出来？为什么不让孩子们感悟到生活的美好，感悟到家庭的亲切和幸福？

没有幸福感，何来感恩心？感恩教育，首先要唤醒的，是孩子的家庭幸福感，是要让孩子从幸福中发现自己原来也会感恩，不要总是用别人大写特写的所谓感恩让孩子心生愧意；励志教育，要励的，首先是孩子自己的志，不要只长了别人志而灭了孩子自己的威！幸福的心，是感恩之情的“心”能源，离开了幸福感这一原动力，感恩之动车组要么启动不起来，即使勉强启动起来，也会有脱轨的危险！

警惕啊，莫成蹩脚导演！

现在的教育界，似乎还爱上演20世纪六七十年代的让人一眼就能分出好人坏人的最蹩脚的电影，一竿子就想当然地把我们的学生划分成了好学生或坏学生。不少教师也依然不自觉地以不黑就白的二维评判思维去分析学生，然后想当然地导演和设计他们的课堂，特别还爱设计这样的一些黑白分明的教育小品让学生进行表演。

在宜宾市一个国家级示范高中有很多综合素质非常高的年轻教师，其中一位年轻女教师从众多同行中脱颖而出，将代表学校参加全市的主题班会。她选择了感恩这个主题，经过充分的准备，准备进行一次试讲，我有幸被学校请去听课。这位教师果然口才了得，设计也很精心，当场把学生和家长感动得眼泪稀里哗啦落个不停，然而，这不但没有感动我，反而让我很难受，很别扭。因为，整堂课充满了一种压抑感，一堂课下来，学生们增添的，不是幸福感，而是内疚感，人人似乎都觉得自己对不起父母的养育之恩。这时，我看了看她写的教案，不禁大吃一惊。她是这样进行班课背景分析的：“现在的学生根本不懂得珍惜幸福生活，他们并不知道理解、心疼父母，花钱大手大脚，追求物质消费。对父母之恩熟视无睹者有之，麻木不仁者有之，贪得无厌者有之，以怨报德者亦有之，唯独知恩图报者鲜有之。对父母无情无义，对师长对社会更不会有情有义。他们普遍患有‘情感冷漠症’，感恩的意识薄弱。”天啊，在她的眼里，学生真的就这么可怕吗？我向她提出了这个问题。她似乎意识到了什么，不好意思地笑了。我说：“其实，在平时我们并不是这样来评判学生的，可为什么一要讲‘感恩’，我们就非得把学生认定成不会‘感恩’之人呢？”是啊，是什么原因造成了这一现象呢？我认为，其原因就在于，我们总在用学科思想来设定育人套路：你不懂，我才会教；你都懂了，我还教什么呢？所以，今天我要上关于感恩的课，我就得假定学生们都（起码是大部分都）不懂得感恩；如果要上关于“勤学”的课，我就得假定学生都不珍惜今天幸福的学习生活，都在浪费大好青春……

其实，我们上感恩的课，不但不必害怕孩子们已经懂得了感恩，还要帮助孩子们把埋藏在心灵深处的更多的感恩的种子挖掘出来，让孩子们静下心来，好好地体会感恩给自己和亲人朋友带来的幸福感；我们上勤学的课，也不必担心我们的很多孩子都很勤学了，因为我们同样可以让孩子们去感悟珍惜时间的意义，体会自己在勤学与奋进中收获的人生价值，这样的一次反思，这样的一次自省，就是对自己的一次有意义的肯定，就是给自己的一次心灵的洗礼。

我告诉这位老师，每个人的心中，都充满着善与恶的种子。我们的教育，在于唤醒，在于唤醒孩子深藏于心的善的种子，让它生根发芽并开花。我们的教育，在于体验，让孩子体验这善的种子生根发芽开花时带给自己的幸福，从而满心欢喜地去培育自己善的秧苗；也让孩子体验恶之种子暴长时可能带给自己和他人的不快，从而自觉自愿地努力将这恶的种子扼杀在萌芽之中。后来，这位教师在市里的展评活动现场表现极佳，带给很多教师欣喜。在这堂课中，孩子们和邀请来的家长们同样纷纷落下了泪水，然而，这泪水中饱含的更多是幸福。家长们看到更多的是孩子们的长大，看到了孩子们的进步；孩子们看到更多的是家长的付出带给自己的幸福和自己为了这样的幸福而肩负的责任。有位女生很激动地这样评价自己："我感慨我的血液里流淌着我父母带给我的骄傲！"

我们的每一次教育都应该给学生的"心"能源充一次电，加一点油，而不是为其添加过多的负荷。

掌声，献给倒数第一名

2009年12月11日，宜宾市在南溪县钟灵街小学开展了一次全市品德与生活（社会）学科与主题班会的整合育人研讨活动。和以往一样，除两位一线教师上展示课外，我也为参会教师们上一节研讨课，目的是为大家提供一个自由评说的活靶子。

上课班级五（1）班是个优秀的班级。据我了解，虽然人们口口声声说不能以成绩论英雄，不能给学生排名，更不能公开成绩排名，公开学生的分数。但是，现实情况是，教育部门给学校排名，学校给老师排名，老师因此也不可能不给学生排名。就这个班而言，他们的语文平均成绩在年级一直都排第一，该班老师专门提到希望我能帮助几位成绩差的学生提高成绩，学生也知道哪些同学考得最差，甚至这些学生在班上因为常考倒数而备受同学们瞧不起。只是这些情况，都不在公开场合议论罢了。但是，我认为，我们能回避这些成绩倒数的孩子心灵受到伤害的现实。我当然希望能帮助这些学生提高学习成绩，但我更希望他们能对自己的人生充满信心，更希望其他学生能不以成绩论英雄。不过，要做到这一点，我不得不直面排名和成绩这两个敏感的话题，我决定就从这两个话题说起，和学生探讨如何对待考试排名，如何对待考试成绩倒数的同学。

这个班的平均分为 90.5 分，年级第二名平均分 88.4 分，年级平均分是 88 分。课中，我把语文老师提供的本次全班倒数前三位的语文分数写在了黑板上：68 分、78 分、81 分，再让学生谈谈看了这个分数的感受。很多学生都对这样的成绩流露出轻蔑和嘲笑的神情。这时，我请学生思考一个问题："这三位同学的分数虽然不高，但也分别为我们班贡献了 78 分、68 分、81 分呀，如果这三名同学一分都不为班上贡献，我们班还能成为年级平均分的第一名吗?"接下来，我让学生从总分中减去这三个分数后再来求全班的平均分，得到的是 87.06 分。这个分数还达不到年级平均分。这时，学生们都蓦然发现，其实，这三位同学也为班级作出了很大贡献。在我的鼓动下，大家为这三位同样为班级贡献成绩的同学鼓了掌。这时，我又再次追问："你们觉得这些同学应不应该得到这样的掌声呢?"不少学生说："应该。"我很郑重地告诉学生："不要不经过大脑就轻易回答徐老师的问题。"我要求大家把心静下来，在心里默想内心愿不愿意把掌声送给这三位同学。我对学生说："让我们带着这样的思考，来看这样的一个故事，请你把手放在你的心上，用 30 秒的时间默看一下这个故事，想一想，如果让你来读，你将用什么样的语调来读，才能表达你内心的情感。"于是，我出示了如下的故事：

掌声，送给倒数第一

时间，定格在 2008 年 9 月 10 日；地点，定格在北京"鸟巢"。此刻，正在进行的是一场残奥会的盲人组男子 5000 米预赛！

比赛开始了，洛佩斯在渐渐落后……比赛过半时，洛佩斯已经落后半圈，而其他 6 名运动员相互间只差一两米的距离。然而，洛佩斯并没有表现出沮丧，仍以标准漂亮的跑步姿势，迈着坚定的步子冲向前方。越来越多的观众注意到这位小个子的"战士"，开始为他大声喝彩。

15 分 09 秒，第一名运动员到达终点。16 分 04 秒，第六名运动员到达终点。此时场上只剩下了洛佩斯一人，他仍然保持着标准姿势向前冲着。还有半圈了，赛场上传来主持人的声音："这位身穿白衣的危地马拉运动员已经到了最后冲刺，让我们一起为他加油，坚持到终点的都是胜利者！"这时，洛佩斯伸了伸双臂，便猛然发力向前冲去！此时，被这种精神感染的观众，全体起立鼓掌，给予他比冠军还热烈的喝彩。

17 分 05 秒，在潮水般的掌声中，洛佩斯冲向了终点。"鸟巢"沸腾了，几乎所有观众都起立欢呼，掌声雷动！

30 秒钟后，我带着孩子们朗读了这个故事，并让大家重新审视：面对自己及黑板上三名同学的成绩，我们该不该送去掌声？掌声，应该为成绩本身还是成绩以外的什么东西而响起？这一次，教室里出现了片刻的宁静，孩子们真正进入了沉思。有的学生说，邹某某同学应该得到掌声，虽然她的成绩不理想，但她是因为身体不好影响了记忆，所以学习有些困难，但她和那个运动员一样，在很努力地学，没有放弃。这时，所有学生也包括听课的老师都报以热烈的掌声。接着，有的学生检讨了自己，说自己成绩虽然比他们考得好，但自己并没有很努力，所以不应该得到掌声。这时，我终于感到了一丝欣慰，我希望看到的效果出现了。我想给予孩子们的，就是要点亮这样一盏心灯：只要努力了，只要付出了，就算是不尽如人意，就算是遭遇失败，也是应该赢得大家的掌声的。

课到这里还没结束。我为语文成绩后三名的孩子分别准备了一本书作为礼物。邹同学小时候因铅中毒而影响了记忆力，因此现在学习起来比较困难，特别是学习记忆类的知识总比别人慢一大截，直接影响学习成绩，其实她是班上一个最文静、最团结同学、最尊敬老师的学生，虽然老师对她很严厉，但她明白这是对她的爱，所以每到教师节，她都会买上小小的礼物送给老师。我送给她的是海伦·凯勒的《假如给我三天光明》，并念了我写给她的赠言："孩子：细细地品读这本书吧！两耳失聪，双目失明的海伦·凯勒一定会带给你无限的力量与光明！你的大朋友：徐卫。"

孙同学因父母离异导致行为习惯和学习习惯较别人差，其实她是一个聪明乖巧、能干的女孩子，会跳拉丁舞（在滨江广场上，一大群成人都跟着她学跳舞），擅长画画，就是对学习头痛，因而学习成绩差，加上又爱和同学闹矛盾，同学不喜欢和她玩，她就很自卑、孤独，常常做出许多让同学不满意的事。我送给她的是一本至善至美的童话集《永远的布谷鸟》。我给她的赠言是："友善的笑容比美丽的面庞更让人感到可爱，文雅的举止比优美的舞姿更让人感到亲切，把心灵的善良分发给大家，你会赢得朋友无数！你的大朋友：徐卫。"

罗同学很聪明，特别能说会道，和同学、父母辩解总能赢，但在学习上时常不严格要求自己，因而成绩较差。于是，我送给这个小伙子的是《鲁滨孙漂流记》。给他的赠言是："再会说再能道，最终还得看做没做到。'在学习上时常不严格要求自己，因而成绩较差，最头痛的是不爱劳动，总爱逃跑'，这是 2009 年 12 月张老师对你的评价。下面的空白处，是我为你留的 2011 年你毕业前再请张老师写评价的地方，那时张老师的评价会不会充满赞美的语言呢？我很期待！你的大朋友：徐卫。"

念完三本书上的赠言后我说："其实，除了名字，我到现在还不知道你究竟是谁，如果你不想让我和听课的老师们知道你是谁，可以课后由班主任老师转给你。如果你能坦然面对自己文化成绩的暂时不足，愿意在这里亲自接过徐老师手中的礼物，那当然更好。因为，成绩的好坏不能决定能否赢得真正的掌声。"结果，这三名学生都当堂站了起来，走向讲台领取了我的礼物。最后，我请愿意帮助他们提高学习成绩的同学与他们分别结成学习组合，结果，三位同学分别从愿意帮助自己的同学中请了两位同学，各自组成了"爱心组合""快乐组合""学习组合"。

课后，孙同学给我写了一封深深感动了我的信：

您好徐老师，我是您的朋友孙××。

您是一位帮每位同学解决烦脑（恼）的父亲，是您让一位小女孩从孤独中走了出来，是您鼓励了我，您比我的亲人还好（要）亲，您是给予别人快乐的老师，谢谢您！

祝您圣诞快乐！希望您下次再来可别忙（忘）了我们"爱心组合"哦。

（以上是写在一张自己剪裁的心形纸片上的文字）

徐老师，是您让我找到了这么多朋友，是您给了我爱：虽然只有短短那么一节课，但我觉得我自己懂得了很多。您让我明白什么是爱，怎么去关爱别人，原来我只是一个无所谓的平凡女孩，孤独，忧伤，现在都没有了。徐老师，我的泪是为大家流的，大家感动了我的心，我现在终于明白人要有永

（勇）气面对现实。我要谢谢您，是您让我又从（重）新站了起来，从（重）新刷新自我。圣诞节要到了，祝您圣诞快乐！您可别忙（忘）了我哦，记住我的名字，我叫×××。

请徐老师看后面：

写给老师您的一首诗

您是一位快乐的老师，

您是一位爱孩子的人，

您是5（1）班全体同学的朋友。

您的朋友孙××

2009年12月14日

我给这个孩子回了这样一封信：

孙××同学：

你好！

我是个男老师，应该说，我是坚强的，更何况，男儿有泪不轻弹嘛。可是，当我读完你的信时，我的眼里几乎满含热泪了。你精心剪制的心形卡，你工整的书写，你真挚的诗句，无不显示着你是一个情感十分丰富的可爱小女孩。我还深深体会到你在得不到别人关爱时，内心是多么孤独、忧伤。所以，我能理解你过去时不时爱打人，爱骂人，实际上是在发泄内心的痛苦，或者是想引起大家对你的关注罢了。好了，就让一切都过去吧，让一切重新开始吧。

然而，世界上从来没有完全平坦而无波折的道路，人生的道路也是如此。有很多时候，你心里想着要重新开始了，但具体行动起来，还是会有很多困难在等着你。不是说什么东西一想它变好，它就能一下子变好的。比如，你的学习成绩不是太好，这与你过去学习习惯不好有很大关系，而要改掉不良的学习习惯，真正做到上课专心听讲，控制住自己的嘴，控制住自己的思维，让它跟着老师的思路走，这是很不容易的事。因为过去的老习惯会趁你不注意跑出来影响你，在不知不觉中你就可能又走神了，讲话了。还有，因为过去学习基础不够好，现在想好好学，好好做作业，也会遇到比其他同学大得多的困难。在这个过程中，可能还会有学习上和纪律上的反复，因此，也还会不断被老师批评，被同学责备，这都是很正常的，也是很必要的，没有这个过程，你是不可能真正进步的。所以，不能一被批评，就对自己失去了信心，更不要这样想：反正我努力过了，别人还是不满意，我还是回到原来的样子好了。这样，你的一切努力就白费了。你一定要用自己的意志力去克服，去战胜过去那些坏毛病；要感谢老师和同学的不断帮助和批评。这样坚持一两年后，你会发现，你在老师和同学们的眼里，已经真正地优秀起来了。我相信，现在这么可爱的你，这么懂事的你，一定会战胜那个还想打败你的过去的你的。现在的你，迎着困难上吧！去战胜困难吧！一天天、一步步地取得学习上、纪律上的特别是学习习惯上的进步吧！徐老师相信你！

我相信你能不断进步，还因为你现在有那么多同学的支持，还有自己的学习组合。但是，我还要提醒你的是，一定要像你说的那样，要“明白什么是爱，怎么去关爱别人”，同时，还要时时提醒自己，不要让自己过去爱打人、爱骂人的坏习惯又跑出来，破坏你刚刚与同学们建立起来的友好关系。其实，你要明白，过去你与同学关系不好，也不完全是同学们的问题，主要的问题可能还在你。有这样一个故事：一个生长在大山里的小女孩爱发脾气，除了妈妈，没人愿意与她在一起。有一天，孤独的她对着大山谷生气地吼叫：“我恨你，我讨厌你！”顿时，大山谷也传来长长的回音：“我恨你，我讨厌你！”小女孩害怕了，扑到妈妈怀里，吓得哭了起来。妈妈对小女孩说：“孩子别怕，你对它大声喊‘我爱你’，它也会对你大声说‘我爱你’的。”小姑娘止住了哭，她试着喊了声“我爱你”，却没有听到她希望听到的回音，她依然不开心地生活着。在妈妈的不断鼓励下，终于有一天，她大声地向大山谷喊出了“我爱你”，果然，大山谷也传来了一阵阵“我爱你，爱你”的回音。从此，小女孩懂得了怎样与别人相处，渐渐地，也赢得了很多朋友。

孩子，在这个故事中，你明白了什么？我想，在你的人生道路中，也许还会有很多不如意，也许你还会有失去朋友的时候，那时，你不能一味指责别人，而是要看看自己的言行有没有不值得朋友尊重的地方，如果确实是朋友做得不对，我们也要用一颗宽容的心去对待他们。终有一天，你的周围就会充满更多的“我爱你，爱你”的声音。

爱你的大朋友：徐卫

2009年12月24日

“书信沟通”是我用得特别多的方法。其优点在于其集感性与理性于一身，融亲切与信任于一体。一切不好意思当面说的，一两句话说不清的，当面无法说服对方的问题，都能通过书信沟通的形式加以解决。今天，我希望我的信能成为孩子前进途中的一根拐杖，当她在困惑彷徨的时候，读读它，就会有勇气继续往前走。

这堂课，我花了很多时间来与学生分析评价自己和别人的分数。课后，我的一位徒弟提出商榷：“畅谈分数排名是否与素质教育有悖？”

我答曰：“只谈分数排名，与素质教育有悖；暗谈分数排名，与素质教育捉迷；畅谈分数排名，与素质教育同行！”

现在，我们的学校，我们的社会，我们的家长，明知什么样的教育才叫素质教育，但是，为了孩子的将来（主要是家长，也包括老师），当然，也为了老师、学校甚至当地政府的名声，不得不把考试分数排在了第一位，甚至只谈分数，以至于一俊遮百丑！这是我所痛恨的教育！用这样的眼光看学生，绝大部分学生的人生都是失败的，这样的结论本身，就是对教育的莫大讽刺！这，当然是与素质教育有悖的！

暗谈分数排名，是教育的悲哀，也是教育的羞耻。一方面，社会舆论与教育行政法规让地方教育部门、学校和教师不得不披上“素质教育”的锦袍，在口头上与“分数排名”划清了界线，暗地里，区县被市局排名，学校被区县排名，老师被学校排名，学生被老师排名。而排名的最主要依据，还是这个“分数”。所以我说，暗谈分数排名，是与素质教育捉迷藏。其实，我最真实的感受是想到了那个关于“立牌坊”的俗语，而我，实在不忍心说出口。

我为什么说畅谈分数排名，与素质教育同行呢？试想，为什么我们怕谈分数，怕谈排名？因为，我们把“分数”等同于一个人的“人生价值”了！为什么我们怕“排名”？因为，我们把“排名”等同于一个人的“社会地位”了！如果有一天，当我们畅谈起分数排名时，大家感到轻松，我想，就是大家已经热衷于谈论音乐排名、体育排名、社会实践活动排名的时候了；就是学生和家长以及老师不再以分数作为做人是否“成功”的唯一标准的时候了；也可能是我们的职业高中的学生信心满满，就是能以自己的高技能平视甚至傲视那些在普通高中学习的“学习尖子”的时候了。我希望这一时刻早日到来，让我们能与孩子们很自然地谈论起某一次考试的失误，某一次又当了倒数第一！

就这堂课而言，我挑起的这个分数排名话题，的确太敏感，我在这个教学环节中，也不太顺畅。但是，我就是特别希望能“畅”起来。如果我是这个班的班主任，我一定还会进行很多排名，搞一系列的排行榜：语文考分排名、语文综合素质排名、数学考分排名、数学综合素质排名、音乐成绩及素质排名、体育成绩及身体素质排名、关心集体的排名、最受欢迎排名……我将像重视语文成绩排名、数学成绩排名一样，组织孩子们来畅谈这些名次，来谈自己是不是该得这样的一个排名，还有没有进步的可能。我还会让学生们通过众多的排名，来了解自己的长处与短处，并引导学生正视自己的长处和短处，我会希望但不强求孩子们“补短”，但我要“强求”孩子们“扬长”，而这“长”不一定是语文或数学；我要让数学倒数第一的孩子自信地当数学正数第一的同学的跳绳师傅，让徒弟恭恭敬敬地叫他一声“老师”！在这样的班级里，我们可以畅谈分数，畅谈排名，但我们更会畅谈人生，畅谈追求，畅谈成功，畅谈失败，畅谈幸福，畅谈快乐……在这样的环境下畅谈这样的分数排名，是不是与素质教育同行了，是不是素质教育的春天已经来临了（或者说在我们班传出一点信息了）？

听课老师的反馈

罗亚玲：“‘教研员还要亲自上课真是少见！’坐在我旁边的李老师对我如是说。而身为徐老师学生的我听徐老师的课已不止一次了，于是我对他说：‘他是一个真正热爱教育和喜欢学生的人！’

“怀着课前的期盼、课中的感动与课后的虔诚写下我对这节课的点滴感悟，算是对老师辛苦工作的一点微薄支持吧。

“水本无华，相荡乃成涟漪。徐老师以一颗真诚的心去影响学生，激起学生学习的热情。在这平等的师生关系中，学生能不敞开心扉吗？能不激起交流的欲望吗？在这平等的师生关系中，学生体验着快乐，最终在平等交流中达成共识——心系集体，心系学习。

“宽松和谐的课堂能放松心情，带给学生安全感和信任感。徐老师创设了一个‘敢说、愿说、想说’的课堂，从一个‘猜猜今天上什么课题’的游戏，自然而巧妙地引入教学，当学生因怕被嘲笑而不敢面对现实时，徐老师没有呵斥，没有批评，而是带头深情朗读《掌声，送给倒数第一》的感人故事。当学生勇敢站起来的那一瞬间，没有歧视，没有说教，一句句温情的话语汩汩流入学生心田。正是师生之间真诚的沟通造就了和谐的课堂，也提高了品德的实践性。

“在徐老师的心中，学生不应该只是别人学习生活的旁观者、评论者，他设计了一个‘组建学习组合，成立支持亲友团’的活动。一石激起千层浪，学生纷纷出谋划策，以‘某某亲友团’的身份参与其中，为学生在得到他人肯定、自我悦纳之后展示自己提供了一个广阔的空间。这也是本节课的一个亮点，我觉得徐老师非常明白学生之心，也深深了解学生的心理特点。

“徐老师创设了开放的教学情境，从赠送书籍到看寄语、读寄语，到学生自己给自己写评语，他的课堂是开放的，尤其是读寄语，他选取了学生生活中的典型素材，如老师的话，家长的夸奖，再深入引出和学生的交流，无一不是真实情境的再现。在这种开放中，徐老师还捕捉到了不少生态资源：一次精彩的发言，一个动容的表情，徐老师都注意捕捉，徐老师的课堂是真实而又感人的，他在和学生的交往互动中不时生成着新的资源，又不断丰富着课堂，这样开放的课堂怎能不让学生感到这是一种享受呢？她们流下的不是泪滴而是真情！原来不敢承认低分的学生站起来了，自卑的心灵又燃起了希望的火花！苏霍姆林斯基说过：‘学生是教育最重要的力量。如果失去了学生，也就失去了根本。’徐老师正是以学生生活为基础，贴近学生的实际，以学生的现状为起点，筛选出学生需要的素材，激活他们向善竞优的潜能。

“听老师的课是一种享受，他还品德于真实，还品德于愉悦，还品德于人性……学生在徐老师的课堂上享受着具体的道德训练，从而发展了他们的道德智慧，引发他们对未来生活的向往——品德就在这享受中生成！

“与老师商榷之处在于：畅谈分数排名是否与素质教育有悖？”

李小燕：“徐老师，我不知道我为什么写这样一个题目——《道德·生活·责任》。我也不知道自己能否梳理好自己的诸多收获。真是听师一节课，胜读多日书！您的课让我开心，我第一次近距离地欣赏您那最自然得体的幽默；您的课让我感动，我随着那些被温暖的孩子而泪光闪动；您的课让我兴奋，原来品德与社会这一学科也可以是最真实的、灵魂深处的情感交流；您的课让我也跃跃欲试，我上这样的课会收到这么好的效果吗？

“在整个教学过程中，徐老师总是轻松自然地引入教学，侃侃而谈地展示教学，热情与真情并重地深化教学，真正达到了“润物细无声”的和谐效果。下课了，学生还想继续与徐卫这个大朋友继续聊下去。这样的课于我，也听着从心眼儿里舒服！

“我相信，今天从徐老师课上收获的，我也会运用到自己的教学实践中去，让我和我的学生也能在品德这个生活的舞台上享受着……”

罗礼华：“徐老师的教学设计非常巧妙，环环相扣，步步引导，最终使学生的情感得到升华。他先指出有 3 个同学考得不好；再通过计算发现他们成绩虽然少，却有着重要的作用；在故事《掌声，送给倒数第一》中让大家接受这 3 个成绩不好的同学，也使这 3 个学生从开始因为怕被同学瞧不起而不愿站起来的思想转变为因感动而自主站起来；这 3 个同学为自己没有考好成绩而难受，但在同学的宽容中，在老师的送书以及赠言中，在结对帮助中，他们努力学习的斗志被激发出来了，他们学习的拐杖找到了，班级团结的力量也闪光了。（想强调的是这里的送书行为不是“为送书而送书”）

“对于是否该让这 3 个学生站起来，我认为不站起来学生们的荣辱感不强，不站起来就起不到作用。如果冒昧地让学生直接站起来，的确会让这 3 个学生难堪，也一定会引起其他学生对这 3 名学生的不满（因为他们拖了全班成绩的后腿）和轻视（因为成绩不好的人要么智商低，要么习惯差令人讨厌）。如果教师处理不当，会造成‘两败俱伤’的局面。徐老师的步步引导的确让听课老师为之赞叹和喝彩。

“我还想说，现在的教育对孩子是一种行为上的偏袒，造成了孩子们脆弱的成长心灵和教师脆弱的教育心灵。孩子们不能受到挫折，否则就可能有后果严重的事情发生；教师也不敢放手管理学生，要不出了问题后果更严重，甚至会毁掉教师一生的工作热情和工作清白。这种现状，在伤及教师情感与热情的同时，还有可能毁掉孩子的未来，甚至会殃及中华民族繁荣富强的国家命运……”

相关博文的博友留言：

可心：“看出来了平凡中的感动！徐老师一定是孩子们心中的天使！”

魏 saar：“徐老师没有回避问题，将问题说开了，将现实情理掰开了，真诚且高明！

“徐老师，你所展示的正是人生之课，是课后的课。因为此课，你才是真正的参与者。

“欣赏徐老师与学生的对话！教育界需要这样的交流和对话。多一些这样的对话，课堂就会成为最温暖的地方。

“教育无所不在，各种启迪心智的手法都是教育的手法。有教育使命，有教育热心，何处无温暖幸福？有温暖幸福，何人不愿进步？赞叹！赞叹！”

若涵：“虚荣的驱使下表面不谈背地里谈，何如畅谈来得更真实、更有意义？”

叮咚：“很佩服痴人老师亲自实践引领的精神和工作作风！

“这一点，作为基层的我们也难以做到。有时，也会想到跟班级老师一起做课，但是总未能实现。看到痴人老师的系列实录和反思，真的很感动。

“如果我们都能像您一样地跟课堂接轨，跟学生接触，跟老师接触，那么我们的教育工作还有什么难题不能解决呢？

“但是这样的机会太少了，像您这样的研究人员和研究精神也真的很难得。

“谢谢徐老师带给我的新年启发，仿佛来自新年的教育钟声！”

第三章

忧之十谏

林格先生说：“教育是没有用的。”作者说：“顺应人性的教育是很有用的，违背人性的教育是很有害的！”希望作者饱含教育忧患意识的十大“教育谏言”能唤醒更多教师及家长不再用教育来伤害无辜的孩子们。

You Zhi Jian
忧之谏 1

学生不是教师种植的“葫芦”

——真正做到“一切为了学生”

在大力提倡素质教育的今天，表面上，我们提出“一切为了学生，为了学生一切”的教育口号，实际上，我们更多地在实行着“一切为了成绩，成绩代表一切”的教育和评价体系。有人说，这一切的问题出在高考体制，徐痴人则认为问题的根源在于很多人把学生当成了自己获得成功的资本载体：教师向学生索取的是教学成绩这个“葫芦”！教育行政主管部门向学生索取的是高考成绩这个“葫芦”！但是，学生不是我们种植的“葫芦”。虽然我们也希望学生能成为我们期待中的“葫芦”，但我们不能只把目光盯在“葫芦”上，还要将目光放在支撑“葫芦”成长的“藤叶”上。

中国教育——我要的是“葫芦”

人教版小学二年级上册有这样一篇课文《我要的是葫芦》它的全文如下：

从前，有个人种了一棵葫芦。细长的葫芦藤上长满了绿叶，开出了几朵雪白的小花。花谢以后，藤上挂了几个小葫芦。多么好看的小葫芦啊！那个人每天都要去看几次。

有一天，他看到叶子上爬着一些蚜虫，心里想，有几个虫子怕什么！他盯着小葫芦自言自语地说：“我的小葫芦，快长啊，快长啊！长得赛过大南瓜才好呢！”

一个邻居看见了，对他说：“你别光盯着葫芦了，叶子上生了蚜虫，快治一治吧！”那人感到很奇怪，他说：“什么？叶子上的虫还用治？我要的是葫芦。”

没过几天，叶子上的蚜虫更多了。小葫芦慢慢地变黄了，一个个都落了。

这样一个具有哲理性的故事放在小学二年级，说明它所提示的道理是浅显易懂的。然而，每次我读到这篇课文，心情总是异常沉重。我总在想，养育孩子的目的肯定不能等同于种植葫芦，因为，我们种植葫芦的目的就只是收获葫芦。可是，我们养育孩子到底想要得到什么？只是传宗接代，或者只是为得到一只“龙凤”？如果是这样，我们和一般的动物又有什么本质的区别？我们应该明白，从孩子一出生，他就是一个独立的生命体，他是我们的，他更是他自己的，我们希望他成龙成凤，但成龙成凤并不是我们让他来到这世间的目的，当然更不是他生命的意义。他的生命意义存在于他整个生命过程中。我们不得不思考一些问题：一个人的活着是为了现在还是将来活得更好？人生的幸福之花是开在生命初春的青少年时期好，还是开在生命盛夏的成年时期好或者四季飘香好？教育如何才能既关注孩子的现在又关注孩子的将来？思考了这些问题，我们会蓦然发现，我们现在的很多教育，往往没能把学生当成一个正在绽放着生命之花的个体，也没有把学生现在的生命当成有价值有意义的生命历程，而是把它当成了学生将来长大成人、功成名就的准备过程。或者说，我们只把学生当成了自己正在种植的一只只“葫芦”，我们对他们的唯一希望是：他们最终成为一只只我们想收获的“葫芦”！于是我们惊讶地发现，我们的教育目的只是为了收果实，学生的生命意义只是为了变成一只成功的“葫芦”！

然而，学生终究不是我们种植的“葫芦”，所以，我们要关注的，更应该是学生生命的全部。诚然，教师与家长作为孩子的引路人，的确也希望孩子最终能成为一只大“葫芦”，但这与关注学生生命的全部并不矛盾，而且，两者间是相辅相成的。可惜的是，我们很多人眼里只有“葫芦”，而忽略了支撑“葫芦”成长的“枝枝蔓蔓藤藤叶叶”。

故事中“种葫芦”的人我们可以原谅，因为他确实不知道其中的道理，但对眼下许多“我要的是葫芦”式的教育我们却不可以原谅，因为那是在明知故犯。

就家庭教育而言，孩子能考上好大学就是家长们要的“葫芦”。为了这个“葫芦”，家长们都摩拳擦掌，认为不能让孩子输在起跑线上，所以就出现了逼迫孩子抛弃幸福而快乐的童年甚至幼年乃至“婴年”的现象，为了孩子所谓“功成名就”的成年，人们正在做着伤害孩子身体健康的事情。

就地方基础教育而言，高考成绩就是各级政府及教育行政部门的“葫芦”。地方的教育经费大量地向高级中学投入，为提高高考成绩设置各种目标奖，地方政府一点也不会吝啬；高中教研人员每年都能得到政府专项资金，或到高中教育名气更大的学校进行考察学习。而初中及小学教研人员，则往往不能得到同样的奖励和学习交流机会。为什么？难道不知道义务教育阶段的教育教学研究同样重要？难道不知道夯实义务教育阶段的教学基础对高中教学质量或者说高考成绩至关重要？当然知道，但是，对于政府而言，最需要的还是当下的高考成绩这只“葫芦”！

就基础教育学校而言，考试学科特别是高考学科就是学校行政的“葫芦”。于是，同为国家法定的教学课程，就有了主科与副科之分。特别是作为育人的重要阵地的品德类课程，成了迎接检查时摆在首位平时就扔在一旁的“花瓶”。而对于音、体、美等综艺学科，我们不敢保证有多少学生按规定课时完整地学习过它们，更不敢保证在这些学科上有多少真正合格的毕业生了。

就具体学科而言，实质上以成绩排名论成败的现实，使考试成绩成为科任老师的“葫芦”。于是，很多教师不得不在“轰轰烈烈地搞素质教育”的口号声中，违心地“踏踏实实地搞应试教育”：要考的，反复讲练；不考的，爱学不学。虽然，不少有着教育良知的教育工作者们也在尽可能地做到争排名与抓素质两不误，但也时时在“鱼和熊掌不可兼得”的痛苦中徘徊与挣扎着。

假使学生是“葫芦”

因此，有人说，中国的基础教育就像一列直指高考的全封闭的高速动车，大家都知道它太功利了，把学生除学习外的方方面面给忽视了，但很少有人敢停下脚步来为孩子们杀杀成长中的“蚜虫”；也很少有家长敢让孩子的人生过得多姿多彩。其实，在国家大力倡导素质教育的今天，在国内高校招生方式的不断完善和多元化、国外大学在中国大量招生的情况下，只看“分数”的风险已是越来越大。我们能不能跳出“我要的是葫芦”的教育怪圈，就看我们敢不敢把教育的目光真正投向学生的全面发展。正是在这敢与不敢之间，甄选了优秀与平庸，卓越与平凡。虽然，眼睛只盯着“葫芦”的，不一定如前面故事所说“葫芦一个个都落了”，但所结的“葫芦”肯定不是最优质、最富营养的大“葫芦”。就以高中教学为例，能成就学生高考成功的闻名全国的优秀教师，不管他是教什么学科的，在介绍成功经验的讲座时，没有一个不谈自己是如何走进学生的内心的，没有一个不谈自己是如何调整学生的学习心态甚至做人的态度的；能使高考录取率闻名全国的优秀学校的校长，在介绍成功管理经验时，没有一个能离开精细化的德育管理细节，没有一个不提到如何控制教师上课时间，把更多的时间交还给学生的管理制度；能真正改变一个地区教育质量并最终让自己走得更高更远的教育部门主管领导，更没有一个是只顾眼前政绩而不愿进行全面的教育管理和教育评价革新的。

只是，对于一般人而言，眼睛只盯着“葫芦”，总比眼观六路、耳听八方来得实效和容易。而且，只要“根根叶叶”不出太大的问题，“葫芦”总还是能结的，盯得紧一点，也就能结得大一点，也难怪他们会以此为追求了。当然，还有部分人是知道该怎么做的，可惜，他未必愿意花大力气、下大工夫去呵护整棵“葫芦”的茁壮成长。因为他关心的，未必就是这只“葫芦”。

眼睛只盯着“葫芦”的人很多，原因也很复杂，我们不可能改变所有人。但是，作为一个有良知的教师，我们一定要牢记：学生不是我们成就功名的载体，也不是我们种植的“葫芦”。只有当我们真正地关注学生的整个“生命体”时，也许我们收获的，恰恰是一个健康成熟且“高能”也“高分”的大“葫芦”。

相关博文的博友留言：

艳丽的桃李园："其实最可怜的是中国的老师！为了每一个学生都能考出好成绩，老师们不惜牺牲自己的休息时间，主动给孩子补课，加班加点，无私奉献。就为期末别让领导'重点展示长不大的小葫芦'。可怜天下老师心哪！"

You Zhi Jian
忧之谏 2

莫为成绩强占课

“占课”是学校中司空见惯的现象。从表面上看，爱占课的老师对学生最负责任。而实质是，他们严重危害了教育公平，公然公开地剥夺学生接受全面教育的权利……

无奈“占课”——“心寒难宣”的潜规则

校园里大量出现的“占课”现象，可以说是一个心照不宣的事实，而我更愿用“心寒难宣”来表达我的感受。我在一篇博文中鼓足勇气“宣”了一回：应将“占课”现象作为重点打击的教育违规乃至违法行为。同时，提出了这样几个质疑：

占课——考试课程强占国家要求必须开设的其他课程，是不是在剥夺学生学习其他课程的基本权利而违反教育法？

占课——在考试这样一个特殊的赛场上，占课的师生对不占课的师生算不算公平竞争？该不该予以打击？

占课——是否“占”的人多了，便可以“占”成正常的而不是非法的“教育之路”？

占课——大家都是为了提高成绩而迫不得已才“占”，这就应该了吗？

不少教师朋友看了此文之后，心里都觉得堵得慌。因为这占课的事，明知道理上不对，但因事出有因，再加上从来如此，也就无所谓对不对了。如果说真要打击，一定会伤了好多好心为学生着想的负责任的教师的心。“云影自悠悠”就说：“如果不是应付考试，谁愿意去占课？谁不愿意自己能闲适一点？占课是形势所迫，也是一种无奈之举。我能理解！”“半老顽童”更认为：“课的确不应该占……可高考的指挥棒不变，县上的大会小会都在强调考试（不是高考就是中考），家长仍然一如既往地看重学业，这是很多一线教师遇到的一个非常现实而又很无奈的问题。一方面得冠冕堂皇地响应号召，另一方面得见缝插针地占课抢时间，难啊！”

“占课”与否——素质教育的晴雨表

虽说这话不好听，但又不无道理，于是，也就有了“荷蓧丈人”留言所说的公开的潜规则：“和尚动得，我也动得。”这样一来，占一占课就不值得大惊小怪的了。于是，就又有了“我行我素”的质疑：“你不是一线教师了，就可以站着说几句风凉话，这样的风凉话谁不会说？哪个教师不想把自己的教学质量提高？哪个教师不想让自己的学生成才？占一节、两节课，就违法了？就不得了了？可笑啊可笑！那些动辄将老师骂得一塌糊涂的人不一定就不是一塌糊涂的人！”我回复道：“从某种角度看，你说得很好。我也认为，从现实情况来看，‘将占课作为重点打击的教育违章乃至违法行为’还只是一种理想，如果现实环境不变，或者说没有一个过渡期，这样的‘法’是不能制众更不能服众的。我想，您一定是个教所谓‘主科’的老师吧。我们来换个角度思考一下：如果您是一个特别有责任心的音乐老师，而且您发现班上有很多音乐苗子，您又特想通过您的课堂把他们培养成音乐人才，而孩子也特别喜欢上您的课，这时，你还觉得那些‘主科’教师应该随便来占用您本来就很少的每周一两节课吗？您还认为这种占课现象对孩子的全面发展公平吗？再回过头来想：如果有这样的音乐老师每周向您要一两节语文课或数学课，说是为了他的音乐教学质量提高，为了让他的学生成为音乐人才，您觉得您会让出您的语文或数学课吗？您是不是也会认为这损害了孩子们学习语文或数学的权利呢？再回到现实中来考虑，您这所谓的‘主科’课，把孩子的音乐课、体育课都给占了，不也损害了孩子们发展音乐与体育素质的权利吗？您为什么不为孩子们得不到全面发展而心痛一下呢？”当然，在当前的高考压力和教育评价体制下是没有音乐老师妄想占语文或数学课的，除非这个老师自己疯了。

在一个连国家法定课程都不能依法保障的校园里，学生哪有时间去全面发展？我们还有什么资格高调宣称自己在搞素质教育？素质教育，不能从空洞的口号喊起，需要从最基本的教育秩序和规范做起，从最基本的全面发展的时间保障做起！

“占课”与否，俨然一张素质教育的晴雨表，从本质上反映出一个学校、一个地区、一个国家是否真正走上了素质教育的轨道！

“加课占课”——被迫服用的“兴奋剂”

看来，在现行的一切以高考为指挥棒的教育及其评价体制下，谈这样的话题真是有点不合时宜。“育花人”就很理性地分析道：“一分为二地看这个问题吧，我也曾经旗帜鲜明地反对占课，还苦口婆心地劝老师别占课，但有个老师问我：‘如果你已经对学生的成绩无所谓了，你还去占课吗?’后来通过观察和跟老师的交流，我发现占课的老师，比某些不占课、被占课的老师更有荣誉感和责任心。”但我的内心却无法释然。想到鲁迅在《狂人日记》里的话：“从来如此，便对吗?”狂人问得，我是痴人，反正也差不多，所以我也傻痴傻痴地问得：“占课现象从来如此，便对了吗?便较不得真了吗?”

我觉得中国教育的占课现象和竞技体育服用兴奋剂现象很相似。因此，我特别希望政府尤其是教育行政部门，把教师靠占课去获取好成绩与运动员靠服用兴奋剂去取得好成绩的做法联系起来，看清它们的共同危害性：导致不公平的恶性竞争。看清了这一点，我们就应该像制裁兴奋剂服用者一样，对占课行为也予以扼制。首先做好切实的宣传教育工作，再制订严厉的惩治占课教师的制度并加以认真执行，最终还广大师生一个规范的良性的公平竞争环境。

“育花人”说：“占课的老师，比某些不占课、被占课的老师更有荣誉感和责任心。”的确如此，但靠服用兴奋剂取得优秀成绩的运动员，哪一个没有荣誉感和事业心？哪一个本身不是已经很优秀的而且很能吃苦的运动员？难道一个一点本事都没有的人真能靠点“兴奋剂”就能成为世界冠军？其实，在大家都很优秀的情况下，“兴奋剂”才能起决定性的改变正常名次的作用。要不是为了取得更好的成绩，要不是为了获得冠军，哪个本身已经很优秀的运动员愿意往自己身上“注毒素”？能不能因为服用兴奋剂者本身其实也是很优秀的，是比很多不服用兴奋剂的人更有荣誉感和责任心的，我们就应理解或同情他们从而认可其最终获得的成绩？如果是这样，其后果是什么？我相信，要不了多久，绝大多数冠军获得者都将是服用兴奋剂者，并且绝大多数想在体育界有所追求的运动员也一定会加入服用兴奋剂的行列中来，到那时候，公平、公正的体育精神何在？

进一步分析，我们会看到，运动员服用兴奋剂，除了破坏竞赛的公平性外，还只算得上害己不害人的行为。而教师的占课，不但破坏了公平竞争，还更是“害己又害人”的行为：既占了自己钻研教材、学习和思考如何向40分钟要质量的时间，又侵占了学生学习国家法定的其他课程的时间，加重了学生单科的学习负担，严重制约了学生的全面发展。

呼唤教育监督——惩治的实质是保护

从现阶段来看，各级教育主管部门对学校及教师的管理和评价，实质上是只看结果不看过程的，因此，现阶段的占课教师是值得同情和理解的。他们在很大程度上也是被迫的，他们只是现行教育管理和评价体制的受害者。占课现象错不在教师，也不在高考，而在于政府特别是教育行政部门缺乏对教学过程进行实质性的管理与科学评价。而要真正做好这一点，是需要更多的社会支持和极大的改革勇气的。

打击“占课”行为如打击服用兴奋剂行为一样，为的是建立公正、公平的教育秩序，为的是保障绝大多数教师的利益。因为，在一时半会儿还不可能取消高考的残酷竞争背景下，学校、教师及家长都会恨不得让学生每天24小时都学习高考科目，以期在高考中取得好成绩，占与高考无关的课当然会成为一种必然的选择。但是，如果对这样的占课行为给予默认，不加以严惩，不加以抑制，就必然会造成教育同行间的不正当竞争。怎么办？我想我们可以像银行业成立“银监会”，证券业成立“证监会”一样，也成立相对独立于教育局和学校的“教监会”，专门对当下教育界中出现的各种不正当竞争现象，特别是对最基本的“加课”“占课”的现象进行监管，维护学校教育的基本秩序。这样，起码能使非高考科目有最基本的上课保障，从而最低限度地保障孩子们在学校还有法定的，暂时“不做高考奴隶”的学习其他课程的时间和空间，使中国孩子还能拥有一个基本的可进行全面的素质教育的大环境！

当我们的政府及教育行政机构真正将占课作为重点打击的教育违法行为并建立起行之有效的打击措施之时，真正有着强烈荣誉感和责任心的教师就一定会静下心来，在公平的、“不占课”的正常教育秩序下，向自己的 40 分钟要质量，这也是减轻学生负担的有效途径。如果有了这样的教育环境，个别教师还存偷偷“占课”的花花肠子，那么，受到严厉的惩罚就不值得同情了。这如同服用兴奋剂的运动员不值得同情一样，不管他本身有多么的优秀，也十足地是个投机者和不公平竞争的制造者了！

大家都明白“大家马儿大家骑”的道理，大家在都占课与大家在都不占课的秩序下备战考试，其学生成绩的好坏的比率是基本一样的。而且不占课秩序下的竞争才真正能检验师生的真本事和硬功夫，大家比的是在相同时间内谁能有更高的教与学的效率。然而，一方面广大师生都希望在大家都不占课的秩序下参与考试竞争，但另一方面，又有不少人总在想方设法地多占课，这样，他们就占了不占课师生的便宜。长此以往，谁愿吃这样的亏呢？这就像在正常排队的车队中，总有个别司机占道逆向行驶“插队”，如果没有交警管，不抢道的老吃亏，当然也要加入到抢道的行列中去，最终的结果，当然是造成更大的堵车，大家都沾不到好处，效率反而大大降低。那么，在教育的大道上，为什么不能多派出点“交警”，多开出些“罚单”，从而有效地维持好大家都不占课，都不“插队”的教育秩序呢？

又想起狂人的话：“没有吃过人的孩子，或者还有？救救孩子……”于是，痴人也在想：“没有占过孩子课的老师，或者还有？救救孩子和孩子的老师……”

相关博文的博友留言：

育花人："读了你那长长的回复，感动、感慨占据了我的心头。从字里行间，从坚决的言行中，我看到了一颗忧教忧国的痴人心。这些天，我也在反思：'为什么占课？'其根本原因是'教学低效'，在既定的时间里不能保质保量地完成教学任务，达到应有的教学效果。这更坚定了我探索'教学有效性策略'的信心。"

徐痴人："在缺乏公平竞争秩序的当下，解决了'教学低效'问题就能不'占'而胜，这只是一个美好的梦想。教学效能高而不占课的师生，就算比教学低效却挺能抢课、占课的师生的考试成绩高，它也肯定比不上教学效能并不低但又挺能占课师生的考试成绩高！很多时候，后者的做法会让前者感到心里发慌，导致他们也不得不参与占课、加课，形成恶性循环，全体师生都不堪重负。所以占课问题是一个如何依法治教的问题，是政府的问题，是制度建设的问题，是教育体制改革中看似极小但却是极基本的保障教育教学正常进行的大问题。我坚持认为，现在的中国教育界，不占课的教师日子很难过！在这样的状态下，谈素质教育是不现实的。中国搞素质教育的障碍不是高考也不是应试教育，而是常规教育秩序得不到基本的保障，是没有实现'依法应试'！"

You Zhi Jian
忧之谏 3

家长不能输在为人父母的起跑线上

“绝不能让孩子输在起跑线上”是促进孩子尽早成人成才的真知灼见？还是蛊惑人心的束缚孩子健康成长的美丽“画皮”？如果您认为它只是张美丽的“画皮”，您有没有勇气和能力拒绝它那“美丽”的诱惑？笔者把目光从孩子身上移到了家长身上，提出了“家长不能输在起跑线上”的观点，这也许能在孩子早期教育的问题上引起您的一些新思考。

起跑线上话输赢

当今，“绝不能让孩子输在起跑线上”的咒语越来越让疼爱着孩子的家长左右为难，因为这所谓的起跑线，早已由小学教育向学前教育全面前移。孩子们明天的成败，似乎就决定于他们的童年甚至幼年乃至婴儿期的成败。家长与孩子，都越来越不堪重负而又充满了无奈。

孩子真的不能输在这越来越早的起跑线上吗？童话作家郑渊洁先生反其道而行，他将人生的漫长成长过程比作一次马拉松长跑，提出了一个特别另类的观点：要让孩子输在起跑线上。但是，在具有中国特色的高考制度笼罩下，在就业岗位的竞争性选拔制度的环境中，我们的幼儿们能一开始就输在起跑线上吗？谁有那么大的胆量去这样做呢？所以，我更愿意用这样一个例子来说明这个问题：我们培养两个双胞胎马拉松运动员，其中一个从一开始就被关在田径赛里，整天学习如何抢位，如何摆手，如何迈腿等技巧问题，进行规范的室内训练，一段时间后，其姿势可谓标准，其动作可谓优美；另一个则从一开始就生活在大自然里，登山，游泳，健全体魄，每天长跑，而把各种技能技巧渗透在以耐力为主的训练当中。我想，刚开始的时候，前者一定会赢，后者一定会输。但是，以后呢？特别是时间越往后推的时候呢？你能肯定前者真的就能在马拉松比赛中战胜后者吗？你能肯定后者的动作就不会比前者更标准更科学更适用吗？

我们培养孩子，当然希望他最好能成为鸿鹄而不是燕雀（其实，能成为燕雀也未必不好，这是另外一个话题，这里暂不赘述）。如果是这样，当然无须一开始就像调教燕雀般地教给他如何打转，如何飞跃蹦跳等各式各样的技能，我们要把心思放在如何磨炼其意志，如何壮实其肌胸，如何丰满其羽翼上来。如此一来，在起跑阶段的鸿鹄可能不如燕雀那么动作麻利那么多才多艺，输给对手实属必然。这，也就是郑渊洁意义上的“输”。然而，当它们振翅高空时，“小家碧玉”的麻雀又岂是志存高远的鸿鹄的对手。

成长路上说快慢

有些皮毛性的知识，不见得学得越早越好，学得越多越好。过早地赶在大伙之前就学了很多东西，有时同样是令人担忧的。有一位家长反映的情况就证实了我的这种担心，她说：“我的孩子上一年级了，一年级之前认字很多，数学都可以算到一万以内的进退位加减法，所以一年级的知识学起来很轻松。只是在幼儿园的习惯没有养好，所以上一年级时做作业相当费劲，像有多动症一样，做一会儿作业玩半天，你生气也没办法。”年轻妈妈提到的孩子这种“轻松”与“费劲”的强烈对比到底说明了什么问题？试想，就这个孩子而言，一年级的语文及数学知识基本已掌握了，课堂上学习的内容还能激起他什么兴趣？这种旧知识的重复性学习对他是多么无聊，这种无创造性的学习生活对他来说是多么无奈和难熬呀！你想象一下在这样的状态下，他能集中精力来认真学习吗？实际上，这样的“轻松”学习过程是多么不轻松啊。这也就难怪他“上一年级时做作业相当费劲，像有多动症一样，做一会儿作业玩半天”了，而这样低效率的坏习惯养成之后，到了高一年级，接触到有一定难度的新知识时，想再如从前一般的“轻松自然”，就难上加难了！

而且幼儿的智力开发也一定要符合自然的发展规律，不是什么东西都是学得越早越好、越多越好的。伟大的教育家卢梭曾指出，儿童教育最重要的原则就是要浪费时间。儿童是需要做梦、犯傻，需要慢慢长大的，不能急功近利。正是这种看上去的浪费，却为儿童赢得了成长的时间和空间。

美国耶鲁大学教授、著名的儿童心理学家格赛尔曾做过这样一个实验：他选择了一对双胞胎，在出生后的第 48 周开始让哥哥学习爬楼梯，每天训练这个孩子 15 分钟，6 周后即孩子出生 54 周后他能独立爬楼梯了。弟弟在 52 周时才开始练习，只用了两周即也是在出生的第 54 周后就能独立地爬楼梯了。两人的起步时间不同，但哥哥吃尽苦头后得到的效果却和弟弟一样。实验说明，任何一项训练或教育内容针对某个特定的受训对象都存在一个最佳教育期。因此家长心里要有数：别人的孩子学奥数花了多少时间？这些东西有无必要放在这样的年龄段给孩子学？如果放在明年让孩子再学会不会既轻松又少用一半的时间？我的孩子现在没学这个内容但我的孩子又多玩了哪些有利于终身素质养成的东西？我觉得家长一定要从这样的角度来比较。同时，还要在自己的孩子与别的孩子都学了的情况下，比孩子们的精确度。同一套数学题，自己的孩子有 50 分的题没做，因为他根本没涉及过，结果只得了 50 分。别的孩子全学过的，他们可能得 80 分、90 分。那么，我一定要满心欢喜地告诉孩子："你比他们棒得多，你学过的全会了，他们却没做到。你学了以后，一定比他们行。"学不在多而在实！一个在德国的博友讲的一个真实的事可以成为此话的诠释：他孩子在德国上小学一年级。学习了两周后，孩子的数学只学了两个数字：1、2。这让他很不理解为什么德国最后有那么多诺贝尔获奖者。然而他却不知道：德国老师并不急于让孩子们进行数字计算，而是让孩子们围绕 1、2 玩了很多游戏，让数字所代表的实质性意义深深印在孩子的脑海里，让孩子一开始就浸润在数学文化里而不是数学算式里。人家所贯彻的就是要在质量上"赢"而在数量上要勇于"输"的原理啊。这实在是为鸿鹄打素质基础而不是教燕雀学一时技能的做法。而我们的教育，都往往是让一只只"鸿鹄"变成了一个个"多才多艺"的早熟而无深厚内功的"燕雀"！

家庭教育论成败

由此看来，决定孩子将来的命运的，不是孩子本身是否“输”或“赢”在起跑线上，而是从孩子一出生起，家长的教育时机和教育方式是否符合孩子的成长规律。也就是说，要让孩子赢在终点，作为孩子第一任老师的家长，其教育观念及方式就绝不能输在为人父母的“起跑线”上。

遗憾的是，我们的家长成为孩子的父母，是不需要持证上岗的；我们的家长对孩子进行教育，也是不需要资格审查和能力培训的。如此情况，决定了我们很多家长都难以成为合格的懂教育的家长。作为一个不懂教育的家长，自己在教育孩子的问题上已经输了，带出来的孩子又怎么能成为“赢家”呢？郑渊洁这样说过：“教育孩子就像开飞机，如果没有专门学习过开飞机，十个有九个都会掉下来。”这话一点也不假！

家庭教育是有其自身的客观规律的，不是说你文化层次高你的教育水平就高，包括我们做教师的也未必就能透析家庭教育，也未必就能成为称职的好家长。现在的家长，特别是有一定素质的家长，在教育孩子的问题上往往会出现两种极端：

第一种是从一开始就对孩子实行“精英”教育。他们为孩子提供最好的教育，让孩子学习最多的本领，要求孩子样样都得领先于别人，什么都要赢，一句话，什么都不能输在起跑线上。其结果，可能培养出来的正是一只只非常优秀的“燕雀”。

第二种是不怕孩子一开始会“输”，但也没想过怎样引导孩子在一些方面去“赢”的“放羊”式教育。他们总以为孩子还小，应该让孩子自由地发展，快乐地成长，认为孩子长大了，有出息的自然会有出息，这实际上是对孩子不太负责任。有时，孩子的潜能不是孩子自己能展现出来的，家长有责任引导并帮助孩子把潜能挖掘出来。总的来说，从一开始就采取“放羊”式教育的家长，培养出来的孩子常常既难成“鸿鹄”，也难成为很优秀的“燕雀”。但是，随着社会舆论对孩子人文教育的关注，持这样教育观点的家长越来越多，而最终教育出来的孩子也可能很失败，刚好成为“不能让孩子输在起跑线上”的反面教材。然而，我认为问题不是出在孩子在起跑线上的“输”上，而是出在家长自身的教育本事的“输”上，也就是说，这些家长，实在是忽视了对孩子的基本的主动性教育，只是在让孩子随意发展。

作为家长，他们没有尽到家长的教育责任，没有为孩子的教育规划。孩子很小时，他们反感现在的学校教育带给孩子过重的学习负担，不愿让孩子这么小就承担过重的学习任务，对孩子采取了自认为很“人文”化的让孩子自然发展的教育。实际上，他们不是在真正意义上让孩子自然发展，而是在让孩子盲目发展。当孩子入学以后，学校教育与家长教育可能会出现严重错位，由此造成了孩子不知所措，进而导致成绩逐步下滑，孩子的自信心由此也受到严重打击。这种情况下，出于对孩子未来的担心，很多家长又会对学校教育全面投降，和教师一起成为孩子学习的施压者，这是很可悲的事。

我非常主张让孩子遵循自然的规律进行发展，但让孩子自然发展绝不是放任孩子随意发展。因为孩子是人而不是小动物，他必须在成长的过程中发展自身的社会性能力，逐步形成合乎社会规范的社会性意识。因此，从孩子一出生起，他的成长就绝不能离开我们有目的的教育和引导。所谓让孩子自然发展，就是在孩子的成长历程中，成人特别是家长有目的、有计划而又顺其自然、润物无声地引导他们走向成熟。

我们要让孩子自然发展，但我们不能“放羊”，我们要与“羊”同行，做好孩子的“领头羊”。

我们让孩子们自己在原野里玩，他们渐渐知道了原野上有花有草，知道了草是绿色的花是红色的，这是在让孩子随意发展。如果我们还引导他们去仔细观察草不一定就是绿色的，花不一定就是红色的，于是，在他们的眼里，花是五颜六色的，绿可以细分为新绿、浅绿、嫩绿、鹅黄绿、深绿或者墨绿的。这样，孩子在不知不觉的玩耍中，观察力和认识大自然的能力也得到了培养和提高，这就是我认为的真正的“让孩子自然发展”。

孩子在大自然中玩耍时，只要不触及安全问题，我们应尽量不去约束他们，要让他们尽情地玩，在玩中发散孩子特有的天性。很多家长一看到孩子玩沙子或者参加其他一些活动，总是不断地在旁边叮嘱：“不要把衣服弄脏了，不要把手弄脏了。”这是很不利于孩子的自然发展的。其实，一个人长大后做一件事是不是能专心致志，是不是能很投入，是不是能很有主见，与他在小时候是不是能全身心投入每一次玩耍有很大关系。那些总被大人限制着甚至控制着做这做那的孩子，往往在将来做什么事都是瞻前顾后、缩手缩脚的。很多家长不曾想到，长期在家长这种干预甚至控制下规规矩矩的孩子，他们的确是干干净净、清清爽爽的，但是，他们的心灵却可能是不自由的，是被压抑甚至是被损伤了的。奉劝这些家长，如果真爱自己的孩子，就不要为了孩子身上的衣服干净点而限制孩子的自由，压抑孩子的心灵。但是，是不是我们让他们尽情地玩耍，玩得一身很脏，然后继续让他们穿着脏兮兮的衣服四处跑，就是在让孩子自然发展了呢？当然不是，这仍然是对孩子的不负责任。我们应该引导孩子明白玩耍时穿粗糙些的衣服，就像工人上班要穿工作服一样，以便他们玩得尽兴些，洒脱些；在学习时或走亲访友时换得整洁点，显得绅士淑女些，并最终通过不断的意识强化，把这些行为转化为生活习惯，这才是我认为的“让孩子自然发展”。这样的自然发展，才是最有利于孩子的身心健康的。

同时，在孩子的成长过程中，我们更要特别注重孩子内心的成长。所以，我们要特别注重激发他们对周围事物的关注与兴趣，引导他们在生活中学会生活、学习做人，从而促进其社会性发展。

我以为，在孩子的人生起跑线上，作为家长，有两大教育任务不能输给别人：一是培养孩子良好的行为习惯；二是培养孩子打破沙锅问到底的问题意识。孩子的其他一切兴趣爱好，都由此滋生、生发。同时，在某一个时期，一定要让孩子练就一种在他自己看来最拿得出手的、最值得自己炫耀的本事；或者在一定时间内一直有一些自己特别想解决的问题。前者是保持自信心的保证，后者是保持求知欲的基础；前者出爱迪生，后者出牛顿！

总之，做家长的，如果希望孩子有个更美好的将来，就应该多看些有关家庭教育的书籍，多了解一些家庭教育的规律，不要输在为人父母的起跑线上。

相关博文的博友留言：

texiao心灵："'一是培养孩子良好的行为习惯；二是培养孩子打破沙锅问到底的问题意识'这一观点很有道理。

"在'给孩子一个快乐的童年'这样一种想法支持下，在女儿读小学前，我没有给予孩子过多的识字、写字的训练，因为我坚信幼苗在合适的时候自己能够健康成长的。但是，入学两个多月来，孩子在课堂上常常开小差、思想不集中、回答问题很小声等情况也令我很有些着急。这就是课堂常规方面、心理素质方面的问题，她还需要老师和我的鼓励和提醒。学习成绩暂时落后我不担心，我更担心的是孩子良好的学习习惯。读了这篇文章，我学到了很多，有益于自己的家庭教育。谢谢！"

麦子："痴人老师的文章让人警醒！我是一个4岁孩子的妈妈，我对孩子几乎就是'放羊'，觉得没必要让孩子学那么多，也没时间辅导他，也没条件送这班那班的。这源于我让孩子快乐成长的理念吧。但是孩子在学前班还是学了不少知识，接受了他们老师的驯养——乖乖地写作业，一上午能写好几张。而我从没有要求他在家里写的。

"'作为家长，有两大教育任务不能输给别人：一是培养孩子良好的行为习惯；二是培养孩子打破沙锅问到底的问题意识。其他一切兴趣爱好，都由此滋生，生发'，赞同痴人老师的这一观点。"

忧之课 4

别让龟兔赛跑了

——每个学生都有自己的长项

《龟兔赛跑》这个古老的寓言故事，曾经激励过不少人走向了成功。其中不少人在成功之后，也认为自己并不比别人聪明，只是自己有“笨鸟先飞”“勤能补拙”的意识和意志。但是，他们往往忘记了一点：自己可能在某些方面不如别人聪明，但在自己能取得成功的这个方面，也绝不会笨如乌龟跑步。更何况，是因为兔子睡觉，乌龟才跑赢的。但现在的兔子都在赛道上拼命地跑着，如果你还以为你是一只乌龟，还想在跑道上战胜兔子，那就有点天方夜谭了。然而，当今我们的学校教育不只是在做“龟兔赛跑”的游戏，而且，还是在让百兽同跑。明智的家长和智慧的教师，都应该将学生从这个古老的游戏中解救出来，别再让“龟”与“兔”赛跑了！

龟干吗与兔赛跑

一位高三班主任在“成功无捷径，学习当自强”的主题班会中，首先向学生提出了这样的问题：“想不想获得成功？想不想考上大学？”学生都回答道：“想！”“那怎么样才能成功地考上大学？”老师接着提出了核心问题并请学生看了一个传统故事改变的小品《龟兔赛跑》，再让学生结合高考谈感受。大家纷纷表达自己所受的启发：成绩好的不能骄傲自满，成绩差的也要不气馁，只要自强不息，不言放弃，就能获得成功。

然而听课的我却在想，先不去讨论学习是不是就为了考大学，也去不讨论考上大学是否就是成功这些纠缠不清的问题，我们暂且思考一下：小品会不会让学生钻进一个误区——不管你是否有一定的天赋，只要自己努力就一定能取得成功。不成功就是你自己主观努力不够？其实这种认死理的观念是很可怕的，它常常让一些已经非常努力但依然在某个方面不尽如人意的学生，对自己心存内疚而不能自拔，最终对自己失去了信心。所以，这个传统故事应该引起我们进行一些新的思考：其一，如果兔子不自满，不贪玩，一切按正常情况发挥，那么乌龟再努力，再拼命，它有取胜希望吗？其二，乌龟与兔子赛跑总是失败，乌龟就真比兔子活得失败了吗？其三，为什么我们总安排乌龟与兔子赛跑呢？为什么不比一比别的呢？乌龟真的没有比兔子优越得多的本领吗？

其实，大家都是能很明确地回答上以问题的。我们且不让兔子与乌龟比长寿，也不让兔子与乌龟比坚硬，就是比运动，兔子也有甘拜乌龟下风的项目，不信，就让它们比比游泳看看！

人生不是独木桥

由此，我想到了我们的教育，想到了我们千军万马过独木桥的高考，想到了我们的就业率极高却只是学生家长无奈选择的职业教育，想到了我们灿若百花般的孩子们，他们本该争奇斗艳，各显神通，却在大人的意志下，生活在所谓的为未来作准备的“寒窗”里，大人们希望他们做的就是一件事：啃书本！啃书本!！啃书本!!！有多少孩子，只是为了完成父母老师的期望而将书本无味地甚至痛苦不堪地啃着，啃着。多少本该快乐生活的孩子被强行插上数理化的沉重翅膀学习飞翔，结果连快乐奔跑的能力和激情都没有了！我悲哀的是，有形的差距还可让我们有较为理智的判断，一个只有一米五身高的孩子，家长绝不会逼他去争当跳高冠军，孩子也不会因为跳不赢身高一米九的对手而招致埋怨和痛骂！而每一个孩子的父母，却都相信自己的孩子只要勤奋，就一定能成为高考状元或个个都能上清华北大，他们看不到人的智力如同体形一样，各有长短，更没想过孩子也有他自己的特长，却总是让自己的孩子在高考这一棵树上摘果子。退一步讲，即使上了高考这棵树，也不是说只有与大家一起往树干上爬才能得到树上有价值的东西，而树上有价值的东西也不一定就是果子。说不定你另辟蹊径，拿起刀子割开树皮，还取到了极有价值的“橡胶”呢。

著名特级教师或者说对付高考的名师、中国人民大学附属中学王金战老师常常说："马和牛赛跑，牛输了，不能证明牛无能，只能说明安排这场比赛的人无知。"对于不同的学生，王老师的做法是，为每个孩子量身定做高考方略。结果，不少学生虽然文化成绩一般，却通过学马术、打高尔夫或其他种种"本事"，同样进入了清华、北大或香港中文大学等著名大学。的确，让牛和马赛跑，牛不但只能成为比赛的失败者，更会成为精神世界的受害者：牛必将会形成自己天生就只能与马赛跑的意识，并形成自己只能成为失败者的宿命论！所以，家长们，教师们，请不要再把龟逼到跑道上，请记住这样一句话：龟兔赛跑兔难输，龟兔游泳龟包赢！尺量天地羞愧短，寸测针眼自叹长。

相关博文的博友留言：

益可："社会的舆论如果同样有如此睿智的导向，家长和孩子就都受益了。"

荷蓧丈人："相信随着就业灾难的降临，碰得头破血流的家长也会回头的。只是教育者不能忘却自己的责任，凡事都要到撞了墙才回头，就未免太可悲了。"

You Zhi Jian
忧之谏 5

归还孩子的“受挫权”

看来，现在的孩子承受挫折的能力的确出现了问题。有人认为原因在于现在的孩子受挫折的机会太少了，因而提出学校应该进行有针对性的挫折教育，主张专门设置挫折情境来培养学生的抗挫折能力，但这可能是一种“得不偿失”的做法。在笔者看来，孩子们可接受挫折教育的机会随处可寻，只是在家里被家长给偷走了，在学校被老师给偷走了。我们要做的，就是把它们还给孩子。

家长偷了孩子的“挫折”

网上流传着这样一个故事：

有个渔人有着一流的捕鱼技术，被人们尊称为“渔王”。然而“渔王”年老的时候非常苦恼，因为他的三个儿子渔技都很平庸。

于是“渔王”经常向人诉说心中的苦恼：“我真不明白，我捕鱼的技术这么好，我的儿子们为什么这么差？我从他们懂事起就传授捕鱼技术给他们，从最基本的东西教起，告诉他们怎样织网最容易捕捉到鱼，怎样划船最不会惊动鱼，怎样下网最容易请鱼入瓮。他们长大了，我又教他们怎样识潮汐，辨鱼汛……凡是我长年辛辛苦苦总结出来的经验，我都毫无保留地传授给了他们，可他们的捕鱼技术竟然赶不上技术比我差的渔民的儿子！”

一位路人听了他的诉说后问：“你一直手把手地教他们吗？”

“是的，为了让他们得到一流的捕鱼技术，我教得很仔细很耐心。”

“他们一直跟随着你吗？”

“是的，为了让他们少走弯路，我一直让他们跟着我学。”

路人说：“这样说来，你的错误就很明显了。你只传授给了他们技术，却没传授给他们教训，对于才能来说，没有教训与没有经验一样，都不能使人成大器！”

听完这个故事，大家都会认同这个观点：人不仅要学现存的技术，还要在挫折和教训中吸取经验，这样才能真正成长起来，才能成大器。

这个故事未必能真正说服读者去反思自己教育孩子的方式，因为大多数人并不会认为这个“渔王”如此教出来的儿子真会比一般的渔民的儿子捕鱼技术差。

至少，我相信“渔王”的孩子的捕鱼技术一定比一般渔民的儿子强得多！在这一点上，编故事的人可能说了假话。“渔王”如此精心培养出来的儿子怎么可能捕鱼技术竟然赶不上技术比渔王差的渔民的儿子呢？问题在于，他之所以为“渔王”，也绝不只是他掌握的技术比别人多而已，还有很多东西光靠教是教不会的。

我们可以想象，在出现了“渔王”传授给儿子们的“潮汐”“鱼汛”的状况时，他的儿子们会“识”得最快，“辨”得最清；当鱼儿来到他们船边的时候，他们划的“船最不会惊动鱼”，他们下的网“最容易请鱼入瓮”。这个时候，他们捕的鱼肯定比其他渔夫的孩子捕得多，这时的他们也不失为捕鱼能手。但是，这种天时地利人和的情况不可能是天天都有的，在更多的没有潮汐、没有鱼汛的时候呢？在更多的没有鱼儿们成群结队地游向船边的时候呢？他们会怎么样呢？没有了父亲的指点，他们将无所适从，惴惴不安！而普通渔夫的孩子们呢？他们能够接受现实，也有毅力和耐心进行等待。同时，能着凭自己长期积累的经验，时不时也能捕获到一两条不小的让人眼红的大鱼。而跟着父亲享受惯了荣耀的“渔王”的儿子，看到别人各有斩获而自己一无所有，他们会更加心烦意乱，自尊和自信心都将备受打击，在这样的情况下，他们想捕到更多更好的鱼就更难了。这才应该是故事发展的真正结局。

那么，“渔王”对儿子的教育到底出了什么问题？细细体会，我们就会发现问题出在“渔王”身上。“渔王”在教育孩子的过程中，由于爱子心切，当一次次的困难刚出现在儿子面前的时候，他就出手了，他甚至提前就告诉了儿子将出现什么状况，接下来该怎么做。于是，儿子轻松地就捕到了鱼。就这样，他把儿子收获失败、承受挫折、总结教训、体验成功的一系列权利给剥夺了。"渔王"啊，其实你只要再慢一点点，再忍一下，让儿子碰一碰钉子，尝一尝苦头，再让他多反省反省，在他迫切需求的时候，再该出手时就出手，给他露一手绝活，让他眼前一亮，这时候，儿子就得到你的真传了。孔子说"不愤不启，不悱不发，举一隅不以三隅反，则不复也"。大意是说"不冥思苦想，我不去启迪；不郁积难言，我不去开导；我举一，他不能反三，那我就不要再教他了"。按此理出牌，什么事都缓一缓，不要任何时候都做孩子的"及时雨"，那么，你就把孩子接受"挫折"训练的机会还给他了。将来，孩子的"实战"能力也就显现出来了。

然而在我们的现实生活中，"渔王"这样的父母也实在太多了。

当孩子在奔跑中摔倒后，年轻的爸爸妈妈们马上抱起孩子，还不断用脚蹬地："打你，你敢绊倒宝宝!"你可不可以再慢一点点，再忍一下，让孩子自己爬起来，让孩子自己看一看，这地面是凹下的还是凸起的，是干净的还是湿滑的，问问孩子以后该怎么办，你要告诉孩子不是地面不乖而是孩子自己不小心摔倒的，所以不要再哭哭闹闹，要学会勇敢地承受（你不要说孩子还太小，你一次次地告诉孩子应该怎样做，那么孩子的心理年龄就永远都只有那么小，他将永远也长不大)。你这样做了，你就还给孩子一次承受"挫折"的机会了。

当孩子又一次忘了戴红领巾，在校门外给你打电话让你赶快给他送过去时，已经走在上班路上的你，能不能再慢一点点，再忍一下，别慌慌忙忙地转身往家里跑，然后拎起红领巾赶到孩子面前，一边怨气冲天地对孩子一通臭骂一边帮孩子把红领巾给戴上。你能不能让孩子对自己的行为负一次责任，让他自己接受应该承担的惩罚，然后，冷静下来的你再来动之以情晓之以理？这样，你就又还给孩子一次承受"挫折"的机会了。

当孩子不听你"天气要变多带件衣服"或"天要下雨要带上雨具"的劝告而老天偏偏降了温下了雨的时候，很担心很着急的你，能不能再慢一点点，再忍一下，别慌慌忙忙地起身、抱起外衣提起雨伞给孩子送去？你能不能让孩子自己体验一下任性妄为的后果。有了这次教训，他们以后自然就"冷暖自知"了。不要问孩子病了咋办。你如此害怕孩子的身体病了，就不害怕孩子的心灵病了？这样想通了，这样去做了，你就又还给孩子一次承受挫折的机会了。

当孩子因看动画片忘了完成作业而又到了规定的睡觉时间时，你能不能再慢一点点，再忍一下下，别打破规矩让孩子赶紧完成作业，甚至直接写条子给老师称小孩生病，帮小孩撒谎。你能不能坚持孩子必须按时上床（哪怕他半天也睡不着觉），要么明天早起要么等待老师批评，你必须让孩子明白：放学回家首先要完成作业，因其他原因耽误了做作业的时间，必须自行想办法去解决，而不能破坏与父母已经达成的规定，如果确实完不成作业就必须接受老师的惩处。这样，你就又还给孩子一次承受“挫折”的机会了。

当孩子在考试中失误后，当孩子在干部竞选中落选后，当孩子与同伴出现隔阂后，你能不能再慢一点点，再忍一下下，别马上对孩子一阵数落然后急着给孩子寻求家教，别马上找到老师求情说好话，别急着找当事的孩子帮他们和解或者对其他孩子加以指责火上浇油，你得让孩子自己去面对目前的困境，自己想办法走出来。这样，你就又还给孩子一次次的承受“挫折”的机会了。

老师偷了孩子的“挫折”

在家里，家长“偷”走了孩子们的很多“挫折”；在学校，教师同样“偷”走了孩子的不少“挫折”。

课堂上，我们的老师一个问题要重复好几遍，就怕学生没听清楚，没听明白。为什么你就不能“狠心”一点，对某些特别的问题只讲一遍，再使点花样让那些爱开小差的学生吃吃不听讲的苦头，让他们从此不敢不专心听你讲课？这样，你就还给孩子一次承受“挫折”的机会了。

改作业时，对一些经常粗心的学生，你可不可搞点不同寻常的做法，比如发现了问题不给他圈点出来，只是告诉他一共出了多少个错误，然后请他自己从头到尾地查找一遍，把问题一一寻找出来，让他从此不敢不仔细检查每一次的作业？这样，你就又还给孩子一次承受“挫折”的机会了。

在期末考试的时候，在学校运动会上的时候，在班团队的组织活动中，在与同学的交往中，孩子们一次次的意外“挫折”，随时可能成为我们的教育资源，我们不能轻易让它们从孩子们的身边溜走。

如果说，家长们因为溺爱战胜了理智，把在生活中磨炼孩子受挫能力的机会给“偷”走了，那么，在大力提倡人文主义教育的今天，很多教师，却是因为一些过左的社会舆论的压力，不敢给予孩子接受挫折教育的机会，可以说，是片面的社会舆论把教师培养孩子受挫能力的机会给强夺了。

在《班主任》（2008 年 8、9 合期）上刊登了一篇文章叫《别让教育夹裹着侵害好吗》。文中，作者向老师的一些做法提出了一些质疑：

早晨上课我迟到了，我喊了“报告”。但是老师你却没有让我进教室，而是让我在教室外站了一节课。老师，我知道你是在教育我上课一定不能迟到，但你是否知道，你在惩罚我的同时也侵害了我的上课权。

我在课上与同学说话，老师你让我到教室外去“面壁思过”。我不想出去，但你说我不出去你就不上课，于是我无奈地走出了教室。老师，我知道你是在教育我上课一定要认真听讲，不可交头接耳，但你是否知道，你的做法侵害了我的上课权。

期中考试前，老师你找我谈话，你说：“你是否参加考试对班级来说关系重大，你参加考试，成绩就要记入班级总分，这是会拖累班级成绩的：你要是请病假不考试，你的成绩就不会参与评比。为了班级的利益，我看你还是不要参加考试了吧。”老师，我知道你是在教育我要好好学习，学习差了会给班级丢脸，但你是否知道，你的做法侵害了我们作为一个“差生”的考试权。

我的作业没有完成，老师你查出来了。你让我将作业写十遍，并且要在午休时间写。老师，我知道你是在教育我完成作业是一个学生的天职，但你是否知道，你的做法侵害了我的休息权。

有一次考试，我破天荒及格了，于是我高兴地买了瓜子请同学与我同乐。老师你知道后说：“考试得 60 分就这么得意，要是考了 100 分还不得意到死呀。”老师，我知道你是在教育我做人要谦虚，但你是否知道，你的做法侵害了我的自尊心。

我在用 MP3 听歌时被老师你发现了，于是你没收了我的 MP3。过了很长时间，我才敢硬着头皮去找你要，你却不给我，并且说：“等考试考到 90 分再来要吧。”老师，我知道你是教育我要把所有心思都用在学习上，但你是否知道，你的做法侵害了我的财产权。

我们班丢东西了。丢东西的同学很让人同情。老师你很生气地把大家留在教室，要一个一个搜包、翻口袋。老师，我知道你这是在教育大家“不要做贼，做贼必被捉”，但你是否知道，你的做法侵害了我和所有同学的人身权。

班上的小爽是我的好朋友，她转学后给我来了一封信。但是老师你并没有把信及时转交给我，而是扣下了。你说小爽曾经是我的“女朋友”，这次来信肯定又是在“勾”我。老师，我知道你是在教育我要正确认识和处理同学之间特别是男女同学之间的关系，但你是否知道，你的做法侵害了我的自由通信权。

有一次开班会，老师你对全体同学讲：“我们班的小明同学虽然生活在单亲家庭里，但是却学会了独立，学会了生活。”老师，我知道你是想教育我面对挫折要学会坚强，但你是否知道，你的做法侵害了我的隐私权——我并不想让同学们知道我生活在单亲家庭里。

老师，我坚信你所说的每句话、所做的每一件事都是为了我好，都是为了教育我，所以我非常感激你。但是，我想请求老师你可不可以改变一下教育的思路与方式——别让教育夹裹着侵害，好吗？

不可否认，文中老师的行为的确有对学生“侵害”的一面，很多做法也的确是不可取的。但是，我认为不该片面地把“是否对学生有‘侵害’”作为教师该不该对学生进行教育的主要依据。大家真正应该关注的，是如何努力做到不“侵害”或减少对学生的“侵害”的前提下，尽最大努力纠正学生的不良行为！大家真正应该分析的，是教育中夹裹着的“侵害”的成因：是从人性的需要出发，还是从功利的需要出发？是教育过程中的必然还是教育方法的不当或者是对学生的认识不到位所致？

我们要明确有无“侵害”不是教师该不该对学生进行教育的决定因素。我们都知道“是药三分毒”的道理，你病得越凶，药就下得越重，药下得越重，其副作用也就越大。要是得了癌症之类的“不治之症”，那化疗起来就得“侵害”你长头发的“权利”，如果有需要，你可能还得失掉身体“没有刀疤”的“权利”，你还得放弃拥有某些身体重要器官的“权利”。这时，难道你能高喊：“医生，放下你手中的刀子，别让医治夹裹着侵害好吗？”为了保住你的生命，不说在你身上开一道刀口，留一道伤痕，就是锯下你的双腿甚至四肢，也可能是不得已而必为之的事情。遇到这种情况，我们除了同情，除了难过之外，我们还就得接受现实，接受医生的医治，这是我们为治病应该承受的代价，或者说，我们必须接受生活给予我们的这种“挫折”！当然，随着医护水平的提高，我们治病的副作用可能会越来越小，有些原来要锯腿的，现在不锯也能医好了，那不是更令人兴奋的事吗？同理，提高我们的教育水平，练就高超的教育教学本领，努力减轻教育对受教育者的“侵害”，将永远是我们的教育追求！

我们还要清楚，权利与义务是对等的。当你没能很好地尽你应尽的义务时，你的一些权利也会受到一定程度的剥夺。因为，不“剥夺”你的权利，就可能因为你的行为而伤害更多人的权利。因此，我们还要追问，这样的“侵害”是不是犯错的孩子应该承受的代价？

如果你上课总是迟到，总是用“报告”声打断老师与同学的学习思路，你的做法难道没有侵害师生们正常的课堂学习权？那么，相应侵害你一次上课权，又有什么不可以？但同样是迟到了，同样是老师罚学生到室外站一节课，对不同的学生可能会产生不同的效果：如果学生迟到被罚在室外站了一节课，换回了学生一生牢记这个“侵害”，成为一个守时守信，做事严谨之人，学生收获的将是所有人对自己的尊重和学生一辈子的尊严与幸福，这种教育“侵害”对学生来说，就是值得的好事。如果学生已经是个“老油条”，你让他到外面去站，他正好趁机到处溜达溜达；或者学生内向懦弱，你不让他进教室会让他无地自容，从此怕见老师同学，走路都再也抬不起头，那么，这样的教育“侵害”于他就是一种真正的伤害！

我并不“坚信”所有的教师“所说的每句话、所做的每一件事都是为了学生好，都是为了教育”学生。如果今天教师要求成绩不好的我为了不影响他的成绩而不参加考试，我肯定受到了“侵害”。同时，我会与教师力争，我会坚持参加考试。因为，我不认为这是在教育我好好学习，而只是在想着他自己的教学成绩。就像医生不想想怎样给病人治病，只想着维护自己的声望名声而把难治的病人推出门外。这本身就是一种没有师德的功利性教育行为。这种赤裸裸地“侵害”是应该引起我们高度重视和坚决杜绝的！

同理，对能力很强而做事草率的学生，教师让他重做十遍作业，也许对他的警示效果特佳；然而，对完成作业本来就困难的同学来说，让他重做十遍作业，您简直就是落井下石，对该生的自信心更是沉重的打击，这样的教育“侵害”当然要进行修正！

学生破天荒地及格了，真正的教师是不会给予“侵害”的，他一定会衷心祝贺这个学生，亲口品尝这个学生的瓜子，或许，满分真的就离这个孩子不远了。

没收了学生的 MP3 后，教师甚至可以让他考 95 分再让他来取，同时，也可能要求另一个学生 60 分就可以取。当然，这样的处理结合的是学生的学习能力而不是与学生的关系，另外，还一定要做到让学生接受得心甘情愿，这就是教师教育艺术的体现。

至于班上学生丢了东西，教师绝不该一个一个地搜学生的书包，这样的做法显然是违法之举。当然，我们一定会想出其他的一些方法来解决这一难题。

余下各个案例，我们依然可从这样的几个方面来分析：首先，这样的“侵害”是否有违明确的政策法规？其次，这样的“侵害”是出于功利心还是对学生的人文关怀？最后，这样的“侵害”是因势利导、因材施教的“棒喝”之举还是弊大于利甚至适得其反的粗暴行为？

所以，面对学生的缺点与错误，我们不能以不要伤了孩子的自尊心为理由，一味淡化和回避问题，不能一味地无原则地对学生举起大拇指说“你真棒”，你一定要让学生看到一个真实的自己的不足、激励他们做一个能够直面自己的不足、为自己的言行承担责任的人。如果教育工作者能时时思考这样的问题，我想，我们的教育工作就一定能越来越高效，对学生产生的负面影响也会越来越小，同时，孩子们的抗挫折能力也会越来越强。所以，我也要对孩子们说一句：同学们，正视老师教育中夹裹着的“侵害”好吗？

直面挫折，选择坚强

我们对孩子的确要呵护。但是，我们更要教会学生自强。对于一些软弱的孩子，我们可以为了维护他们的自尊而让所有的学生低下身来呵护他们。但社会不是学校，不可能让所有的人都来迁就他顺从他，相反，可能还有很多人要挖苦他嘲笑他，那时，我们该怎么办？孩子该怎么办？当生活的“挫折”降临到我们身边，适度缓冲不失为好的办法，但回避和迁就并不能解决问题。可惜，当今的教育舆论，更多的是希望教师去化解“挫折”去呵护弱者而不是抓住契机培养强者。

很多版本的小学语文教材都选用了一个故事《苏珊的帽子》，讲的是可爱的7岁女孩苏珊因生病接受了化疗，原先她那一头美丽的金发都掉光了。这对于她这样一个原本美丽的小女孩来说，无疑是非常残酷的事情。苏珊要回校上课了，海伦老师热情而郑重地在班上宣布：“从下个星期一开始，我们要学习认识各种各样的帽子，所有的同学都要戴着自己喜欢的帽子到学校来，越新奇越好！”苏珊第一次回到她所熟悉的学校。但是，她站在教室门外却迟迟没敢迈步，她犹豫了……可是，当苏珊向教室里望去时，真令她难以置信：她的每一个同学头上都有一顶帽子，和他们五花八门的帽子比起来，自己头上的那顶帽子显得那样平淡无奇，几乎没有引起任何人的注意。一下子，她觉得自己和别人没什么两样了，没有什么东西可以妨碍她与伙伴们自如地见面了。她轻松地笑了，笑得那样甜，笑得那样美……

这篇文章，也经常成为专家们给老师讲课时引用的经典案例。我也敬佩海伦老师对学生的细腻关爱以及无痕的教育机智。但是，我在认同海伦老师的做法不失为一种极佳的教育方式的同时，也在想，难道就没有其他方式，同样能打消苏珊心中的惶恐不安？我们就不能直接激励苏珊直面这次生活的打击，塑造一个坚强勇敢的自己？难道一定要让所有的孩子在以后很长的一段时间内，天天戴着自己不再觉得“新奇”的帽子，一直到苏珊美丽的金发重新长出来为止？如果苏珊的金发永远不可能再现，那么，我们又该怎么办？

如果是我，我可能采取另一种方法：我会用掌声而不是让大家用帽子来迎接她，我会给孩子们讲述苏珊的坚强，我会给孩子们讲述生命战胜病魔所要付出的代价；我要让孩子们明白，即使陷入了困境，也不能阻挡我们对美的追求，苏珊因治病而暂时失去了头发，但可爱的帽子为她增添了不一样的可爱；我要让孩子们懂得，病魔给了苏珊以身体的伤害，而我们则会给予苏珊以心灵的关怀。苏珊永远是我们最好的朋友，永远是我们最好的玩伴。我相信，在掌声里，在孩子们的欢迎声中，在与小伙伴共同玩乐的欢笑声中，独自戴着帽子的苏珊，同样不会再有犹豫，不会再惶恐不安。我们看到的还是一张和那个飘着美丽金发的快乐女孩一样的笑脸——即使她的主人已是戴着帽子的苏珊。就这样，激励声与鼓掌声让苏珊，也让更多的孩子体会到了什么叫乐观，什么叫勇敢，什么叫承担，什么叫关爱。

作为教师，我们不能缺乏同情与理解，但我们更要培养学生的坚强。因此，我们要有对学生进行挫折教育的意识，有意地培养孩子们的抗挫折能力。

我担任班主任的一个小学六年级班，曾公布过这样一个《关于班队干部评选及评比制度的通知》：

全班同学：

为使我班有一个团结上进、有工作热情的班干部队伍，我们决定对班队干部实行竞岗评选及评比制度。

首先，要想成为班队干部，必须自己在参加竞选之前写好竞选演讲材料，在“竞选日”进行竞岗演讲。再由同学们投票进行差额选举，以票多者当选。

凡担任班干部者，每周要在班会上接受同学的表现评价，排出名次，并按名次打出表现得分，一个月为期限，算出个人总得分，实行末位淘汰制，空缺名额由已写好竞选演讲材料的同学经过竞选演讲后担任（被淘汰的同学依然可以再次参加竞选）。

干部的表现评价方法是，由学生举手选取自己最不满意的三位干部，从而得出最不满意干部排名。最终被选为大家最不满意的干部的同学可以陈述自己的观点，也可对任何一位投自己反对票的同学进行质询。

每月的班委成员交五寸标准像一张，贴在班上。

六年级（1）班班委

2002年9月1日

在这个通知中，我们特别规定了班干部实行每月末位淘汰制，被淘汰的学生依然可以参加竞选。刚开始施行时，不少班干部都很紧张，觉得被淘汰了脸上挂不住，有的被淘汰的学生也不想再参加竞选，本想参加竞选的普通学生也因怕当不了几天又会被淘汰而犹豫不决了。同时，还有学生提出举手投票有些伤朋友的情面，建议还是采取无记名投票更加公平。我在班会上和学生一起讨论应该如何对待这些问题，一起分析举手表决与无记名投票各自的优劣。特别是当有一个学生是因为太正直，在工作中得罪了不少同学而被淘汰，有学生提出该不该推倒重来，我说："下了就下了，下错了有冤也不要叫冤，要学会承受，要学会跌倒了重来。但大家要想一想，这样的结果是不是我们想要的结果？因为私人恩怨而让一个优秀的干部'下课'，你们内心惭不惭愧？下次该怎么办？该怎样对待自己手中神圣的选票？被'冤枉下课'的同学也得想想，自己能不能承受这样的打击，除了受到不公平待遇之外，自己有没有值得反思的地方？想想自己是愿意从此'看破红尘'自暴自弃还是卧薪尝胆东山再起？"

我给孩子们讲到，毛主席在被闲置期间没有气馁，而是认认真真地搞农民运动调查，发现了解决中国革命的唯一出路，走农村包围城市的道路，最终迎来了新中国的成立。邓小平同志同样是"三上三下"，但每一次"下去"，他都没有轻言放弃，而是始终在思考着中国的未来该如何前进发展，耐心地等待"出山"的那一天，最终他成为我国改革开放的总设计师，开创了我国与世界全面接轨的新局面。

就是在这样的一次次与学生的交流、讨论中，我们班的学生很好地处理好了我班特有的干部评选问题。在每一节班会课上，大家总能开诚布公地对干部同学进行评价和投票，同意与不同意都能鲜明地表明态度，没有人会藏藏掖掖。班干部也能正视同学的批评并作必要的解释以赢得别人的理解支持。同时，当他们发现的确是自己的问题时，也能主动作自我批评。被淘汰的学生，也都能再次认真积极地重新参与竞选。

对学生的人文关怀，绝不是对他们面临的问题进行刻意回避，而是要与孩子一起直面挫折，选择坚强，把孩子在日常生活中遇到的体验"挫折"的机会还给他们，这样，才可能增加他们承受"挫折"的能力。

是谁偷了孩子们的"挫折"？是你，是我，是家长们，是老师们！

有谁能增强孩子们抵抗"挫折"的能力？有你，有我，有家长们，有老师们！

相关博文的博友留言：

荷蓧丈人："人不仅要学现存的技术，还要在挫折和教训中积累经验，这样才能真正在成长起来，才能成大器。"

西汪："家庭要有安全意识、生存意识、独立意识，这样孩子有了多次经历体验后，遇到相似的问题就能够自己想办法解决，而不是逃避。家庭可以创设挫折情境，让孩子有磨炼的机会。"

You Zhi Dou
忧之读 6

“为校争光”当在今天

——学校应以今天的学生为荣

“今天我以学校为荣，明天学校以我为荣”是当前能在许多校园里看到的最“假大空”和最功利的口号。我们的校园文化建设如何求实务真？本文将对此问题进行阐述。

经不得推敲的经典校训

当下，在很多学校的校园内，都有这样一条校训或标语：“今天我以学校为荣，明天学校以我为荣。”每当看到这样的文字，我就感慨万千：提出或借用这一提法的校长是否对它进行过深刻的思考？是否真正认为它确确实实地对学生具有激励意义？

徐痴人认为，这句话本身就是不理性和不人性的。

先说它的不理性。我不知道“今天”的学校凭什么能让“我”（学生）以之为荣？如果说它是名校，那么，要有多大名气才能让“我”引以为荣？如果不是以名声地位为标准，那又是什么能让“我”以之为荣？打出这句标语的校长和老师们，是否真的就可以让学生们以自己的学校为荣？如果不是，那么，所谓的“我以学校为荣”也就只是学校单方面的自恋自慰、自说自话、自作多情的文字。可怕的是，如果它并非发自学生的内心，而只是学校借“学生”的口吻来表白自己是学生（“我”）的“荣”，那么，不说它本身有多么不恰当，对学生而言，前一句话已不是发自学生内心，他们又怎么会认为自己也应该在“明天”让学校“以我为荣”呢？

再说它的不人性。如果“我”（学生）真想在“明天”让学校“以我为荣”，那么，能让学校感到“荣”的标准又是什么？是成了名人？成了富人？成了大官？成了诺贝尔奖获得者？是不是没有成为这些，就不值得学校引以为荣呢？其实，我们很多学校打出这样的标语的时候，就是希望有那么一些学生能成为这样的人，好“光学耀校”！那么，这句口号也就只是写给几个“精英”的。对绝大多数学生而言，“明天学校以我为荣”要么是与他们无关的话语，要么就是打击他们自尊的咒语。或许，有的校长会说：“我们可不是那个意思，只要我们的学生能成为一个对社会有用，对自己负责、诚实善良的人，他就是我们的骄傲！”那么，我又要问，如果是这样，为什么“我”（学生）不能在“今天”就成为对社会（学校、家庭、朋友）有用，对自己负责、诚实善良的人？如果今天“我”（学生）都不是这样一个能让学校引以为荣的人，“明天”的“我”又怎么能一下子变成这样的一个人呢？其实，那些认为学生只有在“明天”才能成为学校的“光荣”的校长们，在潜意识里就只认为能“衣锦还校”的人才是学校的“荣”。

我心中的理想校训

我多么希望能看到有一所学校，能以“学生以我为荣，学校以我为荣”作为学校的校训。

“学生以我为荣”是校长和教师对自己的警示。在今天，在当下，作为校长，我们管理的校园一定要美丽、整洁，要给学生以良好的学习环境并给予他们家一般的温暖与亲切，我要让学生为有我这样一个校长而倍感光荣；在今天，在当下，作为一个老师，我的课堂一定要能激发学生的学习热情，带给学生以收获的喜悦，我的一言一行要成为学生的榜样，我要让学生为有我这样一个老师而感到光荣！

“学校以我为荣”是学生对自己的警示。在今天，在当下，我的言行举止要成为同学的榜样，要让校长、老师为有我这样一个学生而感到光荣！

当学生能真心以校长和老师为“荣”的时候，他们是非常愿意也能做到让“学校以我为荣”的！关键在于我们能否从学生平凡的学习生活中发现可以引以为“荣”的细节并加以强化和鼓励。

一次，在学校里参观，我走进一个一年级班，一个高大而端庄质朴的男儿规规矩矩地叫了声“老师好”，我上前，翻看了他桌前的书，对他说：“我发现，你长得特别帅，是个大帅哥，而且你的字也跟你很相配啊！”他不好意思地笑了：“我的字还是差。”我说：“好吧，如果下次我又来了，我还要来看看你的字，看是不是变得比你人更帅了，好不好？”我边说边拍了拍他的肩膀，小伙子点了点头。这时，我对一个看热闹的长得很灵气的小个子女孩说：“你能把你的书给我看看吗？”她很乐意地跑回座位，把书给了我，一看，果然字很端正。我当着众多的学生对她说：“我一下子发现了你三个美：长得乖乖巧巧的，很美；字写得端端正正的，很美；更重要的，是你的行为习惯美，（转向所有学生）大家注意到一个细节没？她去拿书时动作很快但很轻，把书交给我时是双手递过来的，真是有礼貌啊。”后来，我对学校领导说：“请你抽空告诉这两位学生，我看到的不只是一两个学生的具体言行，而看到了一个学校的素质，一个学校的基本状况，特别是那个女孩，请您告诉她，如果我是个外国人，看到她这样的表现我会觉得这个国家的孩子素质很高。”如果我是这个学校的校长，一定会为有这样的学生感到光荣的，我会大张旗鼓地在不同场合向其他同学宣传她给学校带来的“荣”。我相信，以此为起点，会有更多的学生用更多的细节带给学校无上的“荣”！

我希望有一所学校不但能以“学生以我为荣，学校以我为荣”作为学校的校训，而且在日常的教育教学生活中能时时听见校长对老师或老师对校长说：“你做得太好了，学生一定会以你为荣的。”“今天这件事，能让学生引以为荣吗？”能时时听到校长、老师对学生或学生对学生说：“你做得太好了，学校一定会以你为荣的。”“今天，你的表现能让学校引以为荣吗？”

噫！唯此校，我心与随！

相关博文的博友留言：

忙人：“是啊，在学校时不能让学校骄傲，毕业后不见得就能让学校骄傲。人的卓越与成功是在渐进与积累中产生的。”

You Zhi Jian
忧之谏 7

情境创设务求真

本部分通过与刘老师的交流，结合几节小学语文的口语交际课，谈论了当前课堂教学情境创设中的种种问题。其中，痴人特别表达了对情境创设中虚构与作假的区别的认识，并提出了“情境创设务求真”的观点。

让人别扭的口语交际课

刘老师：“听了这么多节口语交际课，我觉得老师们都很注重通过创设情境来激发学生的兴趣并引发其表达的欲望，但我总觉得有些情境创设有点做作，让人感觉有些别扭。您觉得呢?”

徐痴人：“语文口语交际课的主要任务是提高学生的口语交际能力——学会讲述、学会倾听，而学生要做到有话可说，就必须有能触动心灵的情感体验；要做到言而有序，就要对所说话题进行有条理的分析；要使学生听得进去，就要使倾听者与讲述者之间有共同的话题。因此，在教学中联系实际创设出一些好的情境是非常必要的。这样，能将学生的情感、思维置于同一个话题之中，通过口语交际的实践活动提高其口语表达能力。再进一步分析，我们还会发现，口语交际课不但具有提高学生口语交际能力的功能，还有极强的思想品德的渗透教育功能。也正是这个原因，有的教师在创设情境时过于注重教给学生一个道理，所以就出现了你说的‘有点做作，让人感觉有些别扭’的现象。如何创设教育情境，才能避免课堂教学流于说教形式，才能引起学生的真情对白，这是一个非常值得我们探究的问题。”

刘老师：“的确是这样。我一直认为，情境创设要具有生活性，但是我发现，在有些课中，虽然很多情境设计很具生活性，学生在交流中所说的观点也是正确的，但是我却总觉得有一种不真实感。比如在‘发现朋友有缺点该怎么办’的教学中，老师一开始就课件展示了这样一个情境：一群小学生路过一个水果摊时，小东拿了一串葡萄。这应该是个比较生活化的情境，没什么问题。然后，教师请一个学生扮小东，请其他学生指出小东犯了什么错误，并让大家帮助他。于是，其他学生头头是道地对‘小东’进行了一轮又一轮的说教式的‘帮助’：‘小东，你不该偷老爷爷的葡萄，老爷爷这么老了还要摆摊，多不容易啊，你这样做对吗?’‘小东，俗话说“小时偷针，大时偷金”。你这样做，长大了就会变成小偷，你快改正偷东西的坏习惯，把葡萄给老爷爷还回去吧。’‘小东，你妈妈养育你不是让你去偷东西，而是让你好好学习的，你这样做对得起你父母吗?’‘小东’则一个劲地对帮助他的同学说：‘我知道错了，我一定改正，谢谢你的帮助。’我觉得，学生都知道什么是对的，也知道该怎么说，但是我想问的是：同学们的话真正能说服小东吗?”

徐痴人：“问得好！是的，同学们的话是不能真正说服小东的。有些事，大家都知道怎么做是对的，因为我们都知道对在哪里的大道理，但在现实生活中不一定都会这样去做，因为我们有自己不愿意这样做的实际缘由。在这个教学情境里，同学们对小东的帮助，都是在讲这件事情应该怎么做，不应该怎么做。从表面看，帮助者说得头头是道，被帮助者也不得不服，但实质上这种道理式的说教并不能真正触动学生的灵魂。就这个案例而言，它还可能对个别学生造成某种危害，因为在情境的创设和由此展开的教学活动中，教师和学生都缺乏对小东的人文关怀。如果这个小东的案例是由班上某同学的真实事件改编的话，同学们左一个‘偷’右一个‘偷’的批评，可能还会严重伤害这个孩子的自尊心，让小东默认自己就是小偷。应当引起重视的是，当小东有了‘自己就是小偷’这样的心理定势后，对他的教育将不太容易。

“苏霍姆林斯基说过：‘教育技巧的全部奥秘也就在于如何爱护儿童。’爱是连接成人和儿童心灵的通道，是启迪儿童心灵的钥匙，是点燃儿童心灵的火焰。儿童对情感的需求是强烈而敏感的，只有当帮助者和被帮助者之间取得了沟通，获得了共同语言时，被帮助者对帮助者的戒备乃至恐惧的心理才能被消除。被帮助者才愿意袒露心迹，毫无顾忌地表达自己。这样看来，我们从一开始就不应该冠之以‘偷’并对之进行轮番的炮轰。我们首先应该了解小东这样做的真实心理，然后再站在他的角度来与他共同探讨这一行为的得失利害。如果是我，我会先引导孩子们为小东找无数个他这样做的比较合理或者说值得同情的理由。他是不是生活太贫穷？他是不是家庭不幸福？他是不是无亲人照顾？他是不是实在太饥渴而身无分文……然后，我们再来给他找即使在这样的种种情况下，依然不能这样做的更多的理由。

“其实，就‘发现朋友有缺点该怎么办’这个话题来说，本身值得我们讨论的东西就不少。发现朋友有缺点该怎么办，这是每个人都知道‘该怎么办’但在现实生活中却又很难办的难题。理论上的‘该帮助’‘该教育’‘该告发’与现实中的‘伤感情’‘顾面子’‘讲义气’交织在一起，一定会引起每个人强烈的思想斗争。我们把交流讨论的重心放在这里，让大家更深刻地思考这种‘情’与‘理’的冲突下我们该如何取舍，这是一个多么值得探讨又真正体现了对学生人文关怀的好话题啊。”

教育不是作秀

刘老师：“徐老师的话让我很受启发。的确，现在我们在上课时总是很理想化地教育学生，总是设置显得假、大、空的教育情境。如第二册‘我们身边的垃圾’的口语交际教学中，老师带领着学生高喊‘不用塑料袋’之类的口号。我想，在生活中，这是连我们老师都很难做到的，既然做不到，那这样的教学环节设置可取吗？”

徐痴人：“你说到了中国教育的一个很大的问题，作秀。在这个情境中，值得我们思考的是，这位教师和孩子们所呼喊的口号是否来自他们的内心体验？我认为，仅仅一堂课，是不可能让孩子们（也包括那位教师）立即成为从今起‘不用塑料袋’的坚定不移的环保人士。既然不可能，为什么要急于带领孩子们去表白呢？这样的目的是什么呢？对于许多我们成人也难以客观面对的问题，为什么要求孩子们通过一堂课就能正确面对甚至对此高谈阔论？为什么不能在一堂课中先引导学生谈谈‘使用塑料袋’的方便以及它更多的优点，然后再来探讨因其许多年都难以分解等原因，给地球及人类生存环境带来的危害和人类因此面临的巨大挑战，让孩子们用心去思考这些问题，让学生多几分体验、多几分感悟，也允许他们多几分彷徨困惑，多几分内心的痛苦挣扎！路漫漫其修远兮，为什么不让学生带着这些困惑与痛苦，在人生的学习道路上不断上下求索而成熟呢？如果我们不把品德教育真正渗透到学生心中，最终的结果，是无数的学生用脑子而不是用心记住了教师灌输的道德知识，也学会了只在嘴上说一些冠冕堂皇的大道理去迎合大人的心，孩子们也会因此而失去了纯真，学会了虚假，这种后果是多么的可怕！

“创设的情境要真正闯入儿童的内心世界，它必须是现实世界的真实提炼并真实地反映现实世界。甚至，有些大家都不可能亲身再去经历和体验的感受，我们也可通过相对真实的情境再现让学生去深切地感悟。一位美国的历史教师为了让学生了解历史上美国白人是如何压迫黑人并最终引起了黑人暴动以及当时暴动的情形，他一到课堂就讲：‘上次我们进行的测验，同学们的成绩普遍都不及格，但因为你们回家不好向家长交代，所以我可给你们增加 10 分，让你们及格，但有一个条件，你必须付给我 10 美元。’不少学生很高兴。这位老师又接着说：‘不过，只有白人同学有这个权利！’老师一讲完，不少黑人孩子一下就火了，把课本、笔向老师摔过去，这位老师则用事先准备好的一把水枪，射这些学生。这时，有的黑人学生甚至准备冲上讲台揍这位老师，这位老师才大叫停止，并说明他这样做的原因，引出了相关的教学话题。这个情境的创设，让黑人学生真切地体验到了什么叫人格受到侮辱，感受了历史上的种族歧视的不公平。同时，白人学生也被黑人同学的强烈反应震撼了，意识到了种族歧视的危害之大。而我们许多口语交际课上的情境虽来源于现实，但已不能通过它来体验现实生活中的真实情感。如前所述的‘小东“偷”老爷爷的葡萄’的情境，在生活中肯定是有的，但此时观看这个片段的学生已不是现实生活中的学生了，他们早已进入了教育者的角色，等待他们的只是展示自己的口才的机会罢了。在教学中我们还常见到许多如‘遇到扔垃圾的同学’‘遇见打游戏的同学’之类的情境展现，也不过是一个学生对另一个学生进行说教的‘作秀’而已。它们根本不可能是现实生活场景的真实再现，当然也就不能让学生产生真实情感，也就不可能有情真意切的情感交流。”

You Zhi Jian
忧之谏 8

教师不是“包教好”

——尊重教师，尊重教育教学规律

一个貌似有理的口号

洋思学校以校训的形式喊出一句革命性的口号：“没有教不好的学生，只有不会教的老师”（谁这句话最早提出我不得而知）。这立即给中国教育界带来了极大震撼并形成两大阵营，一方为其摇旗呐喊，一方与其针锋相对。

摇旗呐喊者坚持“绝不放弃一个学生”的教育理念，希望借此口号来告诫自己及同行，一定要以忘我的工作精神和高超的教育本领，来教好每一个学生，去挽救每一个他人眼里的“差生”，让他们成人成才。作为自律，这无疑是应赢得人们敬重的提法。

然而，作为“他律”，这样的提法就值得商榷了。随着新课程改革的不断深入，一些矫枉过正的不理性认识也引起了我的反思。一方面，教育管理者与教育专家们非常强调教师应在教育教学过程中注重对学生的人文关怀；另一方面，在对教师专业发展的引导过程中，一些教育管理者和所谓的教育专家自己又忽视对作为学习者的教师的情感尊重，拿“没有教不好的学生，只有不会教的老师”的提法居高临下地向他们进行说教。这种提法的最大弊端就在于，人们可以不问是非就以“只有不会教的老师”为理由对教师横加指责，把学生所出现的一切问题全都推到教师身上，甚至因一个不成功的教育个案而全盘否定一个教师的形象。这给广大教师造成极大的精神压力，极大地伤害了广大教师的感情。

我们常常看到一些江湖游医，打着“包医好”的招牌到处招摇撞骗，对这样的现象我们是恨之入骨的。因为，我们都知道，世上根本就没有什么包治百病的神医啊！那么我不禁要问：为什么觉得老师就该是包教好所有学生的“神教”？

这也正是引起不少一线教师在感情上与“没有教不好的学生，只有不会教的老师”的观点针锋相对的原因！

针锋相对者认为学生需要尊重，教师也需要尊重；教育要追求理想，教育也需要尊重规律。“没有教不好的学生，只有不会教的老师”的提法，缺乏对教师的人文关怀与精神鼓励，也不尊重教育教学规律，将教育功能绝对化了。不少反对者并由此进行了针尖对麦芒式的反驳性推理：“没有教不好书的老师，只有不会管理的校长；没有管不好学校的校长，只有不会引导校长的局长；没有不会抓教育的局长，只有不会管理局长的市长，没有不会当市长的市长，只有不会管理市长的省长；没有当不好省长的省长……”

我相信洋思学校提出这样的校训充满了理想主义的教育激情，并以此为一种教育追求，绝对不是一种评价教师是否合格的具体标准，更不希望以此来伤害广大教师的自尊心，这正如医生以救死扶伤为己任，心中怀抱“没有医不好的病人”的信念努力抢救每一个生命垂危者。同时，人们又都能以理智的心理和宽容的心态去面对病者的撒手人寰。试想，如果我们以“没有医不好的病人，只有不会救人的医生”为理由对医生横加指责，这对医生又是多么不人道。因为人们知道，生老病死，是生命永恒的规律。世界上没有长生不老和包医百病的药，当然也没有包医百病的医生。但是，人们也并没有因此而放弃对绝症和生命极限的不断挑战，我们坚信的是“没有医不好的病人，只有不好医的病人”。所以，我们对任何一个病人始终是充满能医好的希望的。

这种既尊重规律又绝不放弃希望与理想的精神，同样在“更快，更高，更强”的奥林匹克精神中得到了体现。人类追求的高度、速度、强度没有终点，只有永远！试想，如果我们把“更快，更高，更强”换成“没有跑不出的速度，只有不会跑的运动员”“没有跳不过的高度，只有不会跳的运动员”“没有举不起的重量，只有不会举重的运动员”，那么，这样的口号将是多么的可笑与荒唐？同时，它还会对拼尽全力从事奥林匹克运动事业的运动员们造成怎样的打击啊！这，难道还不值得我们教育人反思“没有教不好的学生，只有不会教的老师”这句话吗？

只有不好教的学生

笔者认为，教育工作也只有起点，没有终点；教育效果也只有更好，没有最好。我们应心怀“没有教不好的学生，只有不好教的学生”的教育信念，坚信教育的力量是无穷的。

既然不是“教不好”，只是“不好教”，那么，就一定有“教好”的可能！

既然一定有“教好”的可能，我们对任何一个学生就都要永不言弃！

既然是“不好教”，就一定会花费我们大量的精力，所以我们必须有自我牺牲的精神和诲人不倦的崇高职业道德！

既然是“不好教”，就一定很考验我们的能力，所以我们必须不断进取努力学习，拥有高超的教育教学本领！

总之，不管所遇到的学生有多么难教，我们总要尽自己最大的努力去教育他、帮助他。因为我们坚信不管什么样的学生，一定有一种入情入理的教育方法可以让他心悦诚服，一定有一个能进入他心田的人可以让他得以改变，得以进步。

我们每一位教师都应该努力去寻求这样一种方法，去努力成为这样的一个人。我们要对每一个学生都充满爱，对每一个学生都尽自己最大的努力，正如医生手下不可能没死过垂危病人，运动员不可能一直成功而没有失败的记录，教师亦不可能让所教学生全都成人成才而不留一点遗憾，但是，努力提高自己的教学水平，我们必须努力提升自己的教育修为。当我们一次又一次地遇到“不好教”的学生时，我们要一次又一次地付出我们百倍的爱心、耐心，不断反思自己的教育教学本领，让越来越多“不好教”的学生在自己的教育帮助下成人成才，这就是教育工作者的永恒的追求！

我希望“没有教不好的学生，只有不好教的学生”能得到更多的教育人的关注和认可。希望我们的教育管理者和专家学者们对广大教师不要一味指责和提要求，希望大家能更多地关注教师们的情感；希望大家在强调“没有教不好的学生”的同时，能看到“不好教”的学生给教师带来的沉重的工作压力和困难，能看到“不好教”的学生给教师大大增加的日常工作量，从而多多体谅一线教师工作的艰辛，也希望广大教师为把“不好教”的学生教好而不断提升自己，并努力奋斗在教育战线上！

让我们抛开对“没有教不好的学生，只有不会教的老师”的喋喋不休的争论，用充满理解性和激励性的“没有教不好的学生，只有不好教的学生”将它取替吧。

另单列一个问题请大家思考。医生锯掉患者的一条腿或摘下病人的一个肾，从而挽救了病患的生命，并在病人“康复”之后让其出院了。那么，这个病人算不算被医好了？如果算，那么，我们该如何评价教师对“中差生”的转化工作？能不能拿是否将“问题学生”转变成人们心目中的“优秀学生”作为“教好了”或“没教好”的标准？不弄清这个问题，就可能出现对我们的一线教师不客观不公平的评价和要求，这同样会让我们一线的教育工作者感到寒心的。

You Zhi Jian
忧之谏 9

教师要学会“吃草”

——教师专业成长的策略

大家都知道有关“草”的俗语，“兔子不吃窝边草”“好马不吃回头草”“老牛吃嫩草”“天涯何处无芳草”等。一次，与一位教材培训专家闲谈，听他说起他对这些话的新的解释，我很感兴趣。回来反复琢磨，进行了进一步的总结，归纳成了这样四句话，题曰《四草新说》:“兔子应吃窝边草，好马要吃回头草，老牛更需吃嫩草，天涯处处是芳草。”我想，这对教师的专业成长而言，是有可取之处的。

兔子应吃窝边草

不少教师对本校教师的教学经验不重视，不以为然，总是以为外来的和尚才会念经。其实本校“和尚”也会而且正在念经，“不识庐山真面目，只缘身在此山中”。殊不知，对我们专业发展最有实用价值的就是本校教师的经验。因为，要知道锅是不是铁打的，只需拿在手里看一看，掂量掂量就知道。一个所谓的教学行家能手，他的经验是否有价值，是可以用学生的情况来佐证的。虽然外请的“和尚”确实会“念经”，但其“经”到了你的手里，用在你的学生身上，还不一定真管用。而且，有些道理好讲，而该怎样具体实施，不是一句两句话能说清的，多看看身边的老师在实际工作中是怎么做的才是最有价值的。当然，你不是人家的学生，也不是人家的徒弟，因此，窝边的草也不一定是那么诚心甚至热心地让你吃的，你要学会在日常工作中细心用心地观察——所谓有心处处皆学问嘛。

好马要吃回头草

不愿吃回头草的马一定不是好马，起码是个自欺欺人、自以为是的死要面子活受罪的“傻马”。马本来就是以吃草为生的，该吃的草没能吃到，要么是自己没看到，要么是自己原本并不识货没看上眼，所以，吃没吃上这草不是草的问题而是马自己的问题。当马发现原来是自己错了，是自己对草认识不够因而失去了草，那么，如果自己还有机会重新吃到这草，为什么还要为面子而不去紧紧抓住并把它吃掉呢？所以，我们要学会好好地反思自己的教育教学工作，如果发现是自己错了，就一定要勇于改正，发现别人是对的，我们也要勇于重新接纳人家。比如对一些学生，特别是对自己曾经并不认可并不喜欢的一些差生，也许你曾认为他们不可救药，甚至想放弃，但随着自己教育水平和教育意识的提高，或者当你换个角度看时，你会发现他们原来也是不错的“草”，这时，你就得回过头来，重新接受他们。同样，对一个好的教育理念，我们可能在开始的时候不理解或有误解，也说了些否认的甚至根本瞧不起的话语，但通过实践证明发现其的确是有可取之处的，我们就不能碍于情面或所谓的自尊心而以“好马不吃回头草”来进行自我安慰，不愿重新学习或接纳。人要想真有所进步，就得有气量，能认错，能服输。请记住：真好马，要勇吃回头草！

老牛更需吃嫩草

“老牛吃嫩草”这句话，多有嘲讽之意，但就我们教育者的专业发展而言，老牛还就得多吃嫩草。不少老教师总以为自己教了一二十年书，就有了了不起的教学资本，看不起新教师，不屑于新课程理念。殊不知，一个不善于吸收新知（吃嫩草）的人，定会成为老而无用、老而无能之辈。就教师专业发展而言，新入行前三四年会有极为明显的变化，现实状况会逼着他们自觉与不自觉地不断学习，使他们基本能在三到四年间完成从不适应到适应的过程。如果一个教师，到此阶段就自以为可以应付教育教学工作了，不再抱着学习的态度努力提升自己，那么，十年二十年后的他，也就还是现在的水平而已。说不定还因为少了一份激情，多了一些惰性，因而失去了原有的一点点个性和好学上进精神，最终沦为一个平庸的过去时的教书匠罢了。一个好的教育工作者，要认真学习新理念，要虚心向年轻有为的新生代教师学习，不要倚老卖老，在学习的问题上，要永葆好奇之心。要记住：永吃嫩草的牛，“牛”老心不老！

天涯处处是芳草

我总听到这样的抱怨：要么是学校教学条件不好，自己出去学习的机会太少了；要么是城里的老师埋怨自己的学生不如农村的学生勤奋刻苦，农村的教师抱怨自己的学生没有城里的学生聪明活泼，反正就是自己的命不好，遇不到好学生好环境。他们就不想想自己水平不高、书教得不好的主观原因在哪里。如果我们把好学生、好学校及好教育教学经验比作“芳草”，这倒让我想到了一句关于草的诗“草色遥看近却无”，大家为什么总是把眼光投到远处，看得到远处的内容，却看不到身边的美丽呢？其实，我们所教的学生，各有各的特点，把他们的特点分析透了，我们就可以利用相应的教育春风让这些不同特质的“草”都“绿”起来。

我们说“有心处处皆学问”，的确，前面一直提到“草”，不管是窝边草，还是回头草，又或是嫩草，总之，“草”是无处不有，无处不在的。我们各种行之有效的教育教学方法，也是会无时无刻不涌现在我们眼前的，只是我们往往缺乏发现与总结的眼睛，未养成“处处留心”的习惯，当然也就探不到“学问”之“芳草”了！请记住：莫怨环境命不好，天涯处处是芳草！

相关博文的博友留言：

texiao心灵：“用新说的形式鼓励我们细心用心地观察、反思教育教学，很有新意！

“常吃四‘草’，何患教育无春天，学生这片草原一定会绿起来的！”

益可：“哈哈，还可有这样的新说。真妙啊！虚心向徐老师学习！”

You Zhi jian
忧之谏 10

莫让学生再懵懂

——让学生明白“为什么读书”

在我国的中小学生中，懵懵懂懂生活和学习着的孩子并不在少数。我不得不说，如果学生大面积出现这样的现象，那么，要感到惭愧不应该是他们，而应该是教育，应该是我们这些本该担任孩子们的人生导师的老师们！一直忙于抓分数的我们，什么时候曾静下心来，与孩子们掏心掏肺地讨论过人生的价值和学习的责任呢？

学习是为了让生命增值

不知从何时起，我突然发觉，当了那么多年的学生，我没有认真思考过我们为什么要学习，学习到底是为了什么，又当了那么多年老师，我又从未与学生推心置腹地探讨过我们为什么要学习，学习到底是为了什么。后来问了很多同行，大家的情形也大致差不多。然而，让人感到莫名其妙或者说惊诧不已的是，我们大多数人竟都能在不曾追问过为什么的情况下，懵懵懂懂地进行长达十年的寒窗苦读！我们就这样无奈地认定了学习就是我们成长过程中的一种人生宿命，因而无需知道或者思考读书学习的价值或必要。然而，这种让孩子在懵懵懂懂中学习和成长的教育，是不是太缺乏专业的味道？

其实，也不能说我们完全没有追问学习是为了什么。当父母的可能没有谁没说过这样的话：“你以为读书是为了我们读吗？是为了你自己！你不好好学习，吃亏的还是你自己，我们不需要你来养，我们也不可能养你一辈子。”当老师的可能没有谁没说过这样的话：“你以为读书是为了老师读吗？

是为了你自己！你不好好学习，吃亏的还是你自己，老师又不是靠你才领工资，也不可能教你一辈子。”于是，我们起码知道，读书是为了自己。为了自己什么呢？为了考上大学，上名牌大学。考上名牌大学为了什么呢？为了找好工作，过好日子。仿佛读书的目的在这个特别追求功利的时代真就已经变得这么简单，这么直白，简单直白得让人心里一阵阵发怵。

顺着这样的思路，我们发现，现在的学生，除了为大学而学习，几乎没有了其他义务；现在的家长，为了孩子的学习，几乎可以满足孩子的一切要求。

而学生的学习状况是什么样的呢？有拼命学的：在学习的道路上，只有更好没有最好。能上一本的，争上重本；能上重本的，争上清华北大；能上清华北大的，争上哈佛牛津与剑桥。有被动学的：老师家长逼得紧，就多学；放得松，就少学；不盯着，就不学，能考上什么学校就是什么学校。有拼命逃的：能玩手机就玩手机；能进网吧就进网吧，学习不过就是被家长和老师逼迫的任务。

于是，学习成绩的好坏更成了给学生贴标签的标准。成绩好的叫优生，成绩差的当然就叫差生或后进生，不好不坏的叫中等生。而职业中学竟在社会和家长眼里成为问题学生聚集地的代名词。不知有多少家长，明知自己的孩子文化成绩不行，但非要让孩子上普高而不让孩子去职校，为什么？难道不知道对自己的孩子而言，学得一门职业技术比读没有指望的普高更实惠更有意义？不，他们知道，但他们往往不敢送孩子去，他们怕孩子到了那里，技术没学到，人反而学坏了。然而，最终，我们的职中还是挤满了学生，与普高生基本是各占半边天，而他们有多少是带着自信甚至自豪走向学校的呢？而在重新洗牌后的普通高中里，又有多少学生重新“沦落”成为差生或者说后进生了呢？

这种现象让我们不得不思考：在以分数成绩给学生定性的当下，能称为好学生的越来越少了，被打成差学生的越来越多了，那我们这个社会将来还好得了吗？

难道，我们从小读书，就是为了取得个好成绩，从而得到好学生的名声，最终通过高考得到上好大学的实惠？而没能考取大学的诸多学子就注定拥有失败的人生？

我以为，这样的现象必须得到扼制。首先，我们要认清读书究竟有什么价值，我们究竟是为什么而读书。

一次，我给一个乡镇初中的宏志班的学生上了一节以“做一个有责任心的读书人”为主题的带演讲性质的班会课。这个班里的学生基本上都是很努力很能吃苦的孩子，但他们的家庭条件都不是太好，大多在偏远的农村，父母文化层次都不高，他们的父母有的常年在外地打工，长期不在孩子身边；有的在家务农或在县城里做苦力；有的靠着国家低保生活。

我首先与学生探讨了这样一个话题：学习是为了什么？大多数学生都说是为了考大学，为了将来有个好的前途。一个学生告诉我：“我相信一句话，知识改变命运，我就是想要通过努力学习来改变自己的命运。”我被这样一群为改变自己的命运而努力奋斗着的学生触动着。是的，对这些从小领略生活艰辛的孩子们来说，学习的确是一个改变命运的重要途径，因此，他们在学习中表现出来的刻苦与坚忍，比很多生活条件相对好一些的城市孩子们要明显得多。但即便如此，大多数学生对为什么要读书、读书的本质目的是什么依然没有太明确的认识，也不曾在这方面有太多的思考。难道读书真就只为了将来有个好的生活条件？如果这样理解读书，我们的教育就实在太乏味了。这让我想起一部英国电影《成长教育》，它讲的是一个性格开朗的漂亮女孩儿珍妮，她在学校里绝对是个优等生，牛津大学是她及其父母的梦想。在她父亲看来，上牛津是女儿的必需，牛津是女儿幸福生活的代名词，而现阶段枯燥乏味的学习生活就是为将来的幸福做准备。间接地，她也认同了这样一个观点。然而，就在向牛津冲刺的最后时刻，这个十六七岁的少女意外结识了一位成功男人戴维。这个男人“新奇”的生活方式以及他轻松、快乐的生活圈子，很快便吸引了珍妮的心：开豪车、参加派对、文物拍卖、酒会到最后的性……成年女人需要经历的所有都让她兴奋不已并欣然尝试着。这时，珍妮感觉到，原来，幸福不一定要靠苦读才能获得，甚至他的父亲也因为女儿“钓”到这样一个富人而让步：你可以不考牛津而选择结婚，当然，这要看跟你结婚的是什么样的人。而故事的结局是，这个富人是有妇之夫，珍妮最终只能离开了他并重返学校复读，最终进入牛津。然而，我想的是，如果这位富人单身，真的娶了珍妮，珍妮就真的幸福了吗？在我看来，故事的重点实在不在于这个富人是否单身，是否会娶珍妮。我们要思考的应该是，读书的目的是否就只是“为获取幸福的生活”这么简单。我们能不能在出现其他的所谓通往成功的捷径时就放弃学习之路？假如，我学习就是为了改变我的命运，而且，它的确也改变了我的命运，其原因也是在于，通过知识的学习，我实现了生命的增值！实质上，是增了值的生命让我们能相对稳定在更有质量、更有档次的社会环境中，或者说，是生命的增值确保了我们更能拥有相对幸福的生活。

珍妮的幸福不可能掌握在自己手里，原因在于她如同一块尚未雕琢成型的璞玉，谁也说不清她有没有价值。戴维与她，如一个珠宝商与一块璞玉。这个珠宝商发现了这块璞玉，他可以把它带到很高档的玉器场所，但当他对它不感兴趣了或者因为种种原因而不得不舍弃了的时候，其他人可能对它一点兴趣也没有，它可能就只能沦落到路边的小摊贩手里甚至被抛弃在原野里。这时，它的所有命运，只能是操纵在别人手里的，但是如果它已经被打磨成了一块精美的碧玉，一个珠宝商想放弃它，千万个珠宝商会蜂拥而来；大英博物馆想拥有它，中国故宫也想保存它，它的命运将永远被锁定在所谓的高尚世界里。学习，就是打磨“玉”的过程！

教育就是这样，为的是让每一个人的生命增值。我们读书，就是为了接受这样的增值。每个学生都是这样一块带有主观能动性的“璞玉”，你可以通过自主的学习行为来磨砺自己，也可以通过自己的努力争取到更好的打磨条件。是的，同一块璞玉，在高超与平庸的琢玉师手上，会遭遇迥然不同的命运。所以，我们要努力争取更好的成绩，努力上更好的学校或追随某一位名师，其价值其实就在于此。

如果一个孩子明白了这个道理，他的学习主动性就会发自内心而不是出于一种大人强加给他的压力。

学习一定是为了使生命增值，只是在我看来，让生命增值却不一定只是为了追求个人的名利地位等所谓的幸福。增值生命应该是为了更好地保障自己完成作为社会人的责任。

读书要怀揣责任感

我以为，学习就是为了使自己成为一个对社会有用并由此体现出个人价值的人，是一种长期的艰苦修炼过程。因此，我们必须让学生怀揣一种责任感去读书，无论是为自己还是为父母老师或者为了他人与社会。我们应该也必须把这样一种责任感植入学生心田，并使其不断生根、发芽。

在没有责任感的氛围中，师生间的教与学都将缺乏内驱力。

在宏志班的那堂班会课中，我与那些认为自己是为改变命运而读书的孩子们进行了这样的交流：你们说读书是为了改变自己的命运，这实质上体现了你们对自己的责任。学习，一定是为了某种责任。不同的人对待学习，看似有不同的目的，但不管你意没意识到，认不认可，学习的终极价值只有一个，就是保障一个人完善自己作为一个社会人的责任。这个责任，不仅是对自己的，也是对父母师长的，也是对将来与你有缘并受惠于你的知识与能力的有缘人，即将来的工作对象。

我告诉孩子们，从表面看，学习更多地是在为自己，而实质上，读书是为了别人，是在对别人负责。读书的本质，就是为了学到某种本事，并最终能用这样的本事为别人服务。比如护士学习打针，医生学习开刀做手术，表面看是为了能进入护士或医生行业，但是他们学技能都是为了别人。护士打针，打的是别人，医生开刀，开的也是别人。技术学得好不好，就是对别人负不负责的表现。我们马马虎虎地学，看似对自己不负责，实是对病人不负责！当我们成为好护士、好医生的时候，我们就会得到医院的重用，因而能拿到高工资，有着稳定的收入，同时，我们又能得到病人的尊重，从而获得精神上的幸福。一个人的幸福感，其实很大程度上在于感到自己对别人是有用的，并因此而得到了别人的认同和尊重而产生的。当医生，我能很好地医治病人，我便是幸福的医生；当老师，我能教育好学生，我便是幸福的老师；当商人，我能办出很优秀的公司，我就是幸福的商人；当公务员，我真正能为公民造福，我就是个幸福的公务员……这样的结果，当然也体现了学习是在对自己的幸福负责。对自己的幸福负责了，有了安康稳定的幸福生活，辛苦养育了我们大半辈子的父母就不用再为我们担心，我们也有了足够的能力赡养老人，这样，学习不就是体现了对父母的责任了吗？所以，学习从根本上讲就是为了对自己将来的工作对象负责，并由此惠及自己及家人。

有个孩子接我的话说，读书还是对自己以后的家庭负责任。她说：“我的家庭并不宽裕，我的父母并不是很有学问，他们都是农民，由于这些客观问题的存在，我的学习环境与条件并不是很好，因此，我特别想让自己的子女不要像自己一样，我希望他们可以比我更幸运，更幸福，在更好的环境、条件下更好地学习、生活。所以，我现在努力学习，以便将来能营造这样的幸福家庭。希望自己的孩子能有比自己现在好得多的学习和生活条件。”

这个孩子的话让我百感交集，感慨万千。是的，对于很多生活贫困的孩子，读书或许是能改变他们及他们的后代的唯一路径。因而，为改变自己的命运而拼命读书学习是非常实际并值得我们尊重的选择，然而改变个人命运却不是一个人读书的全部。作为教师，我们还要告诉学生，人之为人，无论现在的生存环境如何，都可以有多种志向。同样是出生于贫困家庭而身处逆境，有的人可能想到的就是要通过努力学习改变自己的命运，而有的人可能胸怀世界，他不仅看到了自己家庭的贫困并决心改变家庭的现状，也思考了与其有着同样命运的贫困阶层的处境以及其形成的原因。于是，他可能会发誓努力读书，为将来能去改变世界。

我和学生一起讨论了少年周恩来“为中华之崛起读书”的学习理想与这样的理想所产生的巨大力量。不知从何时起，教师已不再和学生谈老一辈革命家及科学家为中国的崛起而读书的故事，也不再和孩子们谈论如何立志做一个胸怀远大社会抱负的人。我们的学生也确实没有了什么历史使命感，为祖国为人民而献身的口号已经成为假大空的代名词，仿佛只是在某些场合的一种作秀。如果在真实的教育教学生活中向学生讲解这些，就有些迂腐得不合时宜或显得幼稚。我们给学生灌输得更多的是如何考取重点大学，如何更好地实现个人的人生价值，而这个价值在意识上往往与国家利益无关。对此，我深感焦虑。

在一次为一个国家示范学校高三“清北班”（以考取清华北大为目的的班）的学生作演讲时，我出示了一些贫困山区孩子们读书的图片，问学生：“同样是作为中国的孩子，这个八九岁的小女孩，抱着小弟弟在破旧的教室里读书，她那双大眼睛那么渴望读书；这样一群学生，就在这样的木板搭成的所谓的桌凳上上课；这个同龄人，正在墙壁涂黑就当黑板的破烂不堪的教室里算题。而你们在别人连读书都成问题的时候，坐在政府花大量的钱修建的国家级示范学校里，20来个学生拥有这样安静的特殊的教室，后面还有专为你们提供的心理辅导间。你们不但拥有全市最优厚的学习硬件，还有最优秀的学校中的最优秀的教师专门给你们上课，你们是否想过社会给你们的实在太多了吗？如果把这些用于你们的财力物力人力投向广大的乡村，可以建多少个基本像样的学校，可以让多少学生受益？你们从国家，从社会那里享受到了如此特殊的教育，如果没有一点点报答之心，心中整天只装着自己，甚至总在埋怨自己读书有多苦多累，你能说你对得起这个国家吗？

“少年周恩来为什么要读书？他就是看到了当时中国的愚昧落后，他心里很难过，很着急。他读书，带着一腔热血，是一种责任。所以，他读书有拼劲，因为他想要改变这个世界，他要改变自己的国家，他不是冲着要当官去的，他不是冲着要当总理去的，但是他心里想着要干为人民为国家的事业，结果，他不成为总理都不成，他不但成了总理，而且是人们从心底敬仰的好总理！再想想鲁迅，他为什么要出国学医？他不是冲着当名医去的。他就是想救国，他认为中国之所以被人欺负，就是因为中国人体质太差，被外国人称为东亚病夫，所以他抱着强国人之体质的心愿去了日本。我相信，如果他在学医的道路上走下去，他一定会把学到高超医术为病人服务作为自己的责任，拼命去学，挤出一切时间去学，那么，虽然他不是冲着当名医去的，但他想不成为大医学家也不行。但是他后来看到，中国的问题不是中国人体质的问题，是中国人思想的问题，所以他毅然弃医学文，他学文，同样不是冲着要当大文学家去的，他是冲着要改变国人的思想去的。于是，他的文字、他的语言直指人心，力透纸背，荡涤着我们的心灵。也正因为这样，虽然他不把当大文学家作为自己的追求，但他想不成为大文豪、大思想家都不行。再来看看钱学森，如果他冲着当大科学家而去，他完全可以留在美国，那里有最优厚的工作和生活条件，有最好的科研设备，但是他毅然选择了回到一穷二白的新中国。因为他想的是为中国的强盛尽科学家的一分力量，虽然新中国的核物理研究一切从零开始，但最终“两弹一星”在他们这样的一批爱国科学家的手中产生。钱学森不是冲着当大科学家而去的，但对中国科技事业的担当与强烈的责任感和使命感，促使他成为大科学家！

“所以，我希望你们好好想想你们为什么要把清华北大当成你们学习的目标追求。如果你们读书就只是冲着它们而去的，可能就很难达到这样的目的，还会常常为之感到焦虑，为之患得患失。如果你读书是冲着一种强烈的社会责任感和历史使命感而去的，你就会始终去发现自己现有知识与能力的不足，并拼命地学习，提高自己的品质，从而让自己有完成自己的历史使命的可能，那么，你将会变得无比优秀甚至无比强大，到时候，你想不上清华北大也不行。而就算你没有上清华北大，几年后的你想不超过清华北大学生的水平都不行！“

是的，人生各有各的活法。有的人会选择让自己过得更轻松更快乐点；有的人选择让自己生活得更充实更有品质点；有的人选择让自己对社会的意义更大一点。不管怎样，我们都需要明白一点，作为学生，学习就是我们的基本义务，学习应怀揣这样一种责任感！

让感恩之心伴随学生成长

在没有爱及爱的回报的氛围中进行教与学，师生都不会幸福。

前述的那个宏志班的孩子们，他们的家庭各有各的难处与困扰，好在他们有充满爱心的好老师关心着他们。特别是他们的班主任，自己并不富裕，却为了这些贫困孩子能有更多的课外书读，曾自己掏了上千元为孩子们买了60多本世界名著；看着孩子们读书辛苦，为了给他们解压，班主任又专门给他们买些象棋跳棋之类的让他们课间进行调节。老师们的很多事例深深地感动着我。然而，老师们为孩子们做了这么多，孩子们体会过吗？理解过吗？他们被老师感动过吗？带着这样的思考，我先讲述了我听到老师为他们买书、为他们准备象棋的事迹时的感动，然后，我向孩子们提出了我的疑问：“你关注过你的老师吗？站在你的老师的角度去思考过问题吗？”然后，我请他们闭上眼睛，让他们回忆在两年的学校生活中老师们为他们付出的点点滴滴，请他们凭着自己的良心来作个客观的判断：我们的老师，特别是班主任老师爱我们吗？她能算得上一位理解、关心甚至心疼我们的好老师吗？过了一会儿，我请他们以点头或摇头或不表态的方式来回答这个问题。大家都表示自己的老师是疼爱自己的。这时，我让学生继续闭着眼睛思考：老师疼我，我疼老师吗？老师懂我，我懂老师吗？当孩子们慢慢睁开眼时，我感受到了孩子们那凝重的神情。那一刻，我知道，孩子们对师生关系的认识与理解已经直观并生动起来了。

课后，很多学生给我写来了信：

“身边有那么好的老师，我却从来没有去了解过。或许，我该找找航向了，我已经飘离航线太远太久了……”

“本着自己的一番决定，在听过您的讲座之后，觉得自己十分幸运，在自己迷失航向后还有机会返回航道。您现场的讲解，特别是‘责任’二字，让我似又多了一种明悟、一种理性。”

“敬爱的徐老师，非常荣幸能听到您这么有意义的一节课，感谢您抑扬顿挫的演讲。这节课使我受益匪浅，我在一瞬间明白、领悟了王老师对我们的爱，在那一刻我真的特别感动。猛然间的醒悟，让我回忆起了许多王老师爱我们的场景，不禁潸然泪下。”

“今天听完您的课，有一个同学过来对我说她现在想起来觉得自己真对不起王老师。是啊，我们班谁又能够说对得起王老师呢?”

“身为王老师的学生，以前的我有时在想，老师所做的事与其说是为了我们，还不如说是为了她自己，当她在挑我们刺的时候，我想她是不是更年期到了；在她管着别的事的时候，我们都说她没做好本职工作，自己的语文没教好，却时时刻刻都想着其他的事，可当她让我们学语文时，我们又认为她作业多，总而言之，对于这些我们永远都有说不尽的道理……一堂课，是冷水，是钥匙。希望不会再渺茫，会盖过失望吧!”

……

读着这一段段文字，我深切地感到，我们的孩子不是不懂感恩，只是我们教育者忽视了引导。该检讨的，是我们自己!